Christoph Martin Wieland

Das große Lesebuch

Herausgegeben von
Sascha Michel

Fischer Taschenbuch Verlag

Originalausgabe

Veröffentlicht im Fischer Taschenbuch Verlag,
einem Unternehmen der S. Fischer Verlag GmbH,
Frankfurt am Main, September 2008

Für diese Ausgabe:
© 2008 Fischer Taschenbuch Verlag, in der
S. Fischer Verlag GmbH, Frankfurt am Main
Satz: MedienTeam Berger, Ellwangen
Druck und Bindung: Clausen & Bosse, Leck
Printed in Germany
ISBN 978-3-596-90089-3

Unsere Adressen im Internet:
www.fischerverlage.de
www.fischer-klassik.de

Inhalt

Vorbemerkung

Christoph Martin Wieland ist der unbekannteste Klassiker der großen deutschen Literatur-Epoche um 1800. Tief im Schatten von Goethe und Schiller stehend, ist er von der Öffentlichkeit weitgehend vergessen worden. Eine begeisterte Wiederentdeckung wie bei Hölderlin oder Kleist scheint bei Wieland kaum vorstellbar. Selbst ein ähnlich vergessener Autor wie Jean Paul dürfte zumindest in Insider-Kreisen ein paar Anhänger mehr haben.

Die Gründe für dieses Verblassen von Wielands Ruhm liegen auf der Hand: Der Ironiker Wieland hat nie einen Roman wie den *Werther* geschrieben, mit dem sich vor allem die Jungen und Unglücklichen identifizieren konnten. Für deutschnationales Pathos ließ sich Wielands weltbürgerliches Temperament im 19. und 20. Jahrhundert nur schwer instrumentalisieren. Wer andererseits in der deutschen Literatur mit richtigen Außenseitern und Revolutionären sympathisieren wollte, wurde eher bei Hölderlin fündig als bei Wielands diplomatischen Plädoyers für eine konstitutionelle Monarchie. Und die transzendental Obdachlosen der Moderne fanden sich eher beim krisengeschüttelten Kleist wieder als bei der nüchternen Skepsis von Wielands Spätwerk.

Auch die Unstrittigkeit von Wielands literaturgeschichtlicher Bedeutung ändert nichts an diesem Befund: Ohne Zweifel etwa gilt Wieland als Begründer des modernen deutschen Romans. Wieland übersetzte als Erster die wichtigsten Shakespeare-Stücke ins Deutsche, womit er nicht nur den Anstoß zur Shakespeare-Begeisterung seiner Zeit gab, sondern auch den Wortschatz des Hochdeutschen bereicherte. Nicht zuletzt war der von ihm herausgegebene *Teutsche Merkur* eines der zentralen Organe der Aufklärung und die erste bedeutende Kulturzeitschrift in Deutschland überhaupt. Der Hinweis aber auf solche historischen Verdienste bleibt so lange bloß museal, wie Wielands Texte selber nicht gelesen, ihre sprachliche Eleganz und Lebendigkeit nicht wahrgenommen werden.

Einer, der nicht müde wurde, Wielands alles andere als museale Bedeutung für die Gegenwart zu betonen, war der Schriftsteller Arno Schmidt. Durch Wielands Schreibtisch, so Schmidt, müssten »wir Schriftsteller unsern ersten Meridian ziehen« (Schmidt 1958, S. 275). Wieland – das war für Arno Schmidt vor allem der »jeder Metaphysik abhold[e]«, kritische Intellektuelle: nervös, »zappelig im Kaffeerausch«, »mit einem blitzartig arbeitenden Gehirn, dessen Gangliensystem ein Netz nicht von Einbahnstraßen sondern von Autobahnen war«. Zwar räumte Schmidt ein, dass man möglicherweise selbst ein Intellektueller sein müsse, um Wielands Anspielungsreichtum genießen zu können – womit im Grunde schon alles gesagt war über Wielands Chancenlosigkeit beim Publikum (ebd., S. 264). Vielleicht aber ist es gerade dieser skeptische, dabei religiös durchaus nicht unmusikalische Intellektuelle, der heute mehr denn je gefragt sein könnte.

Wie kein anderer Autor seiner Zeit wusste Wieland um die »Kontingenz und Hinfälligkeit [...] abschließende[r] Vokabulare« und war »nie ganz dazu in der Lage, sich selbst ernst zu nehmen« (Rorty 1993, S. 128). Wieland also zeichnete sich bereits im 18. Jahrhundert durch das aus, was dem amerikanischen Philosophen Richard Rorty zufolge typisch für die liberalen Ironikerinnen der sogenannten Postmoderne ist. Nicht nur jeder Metaphysik, sondern überhaupt jedem Fundamentalismus abhold, setzte Wieland radikal auf die Offenheit des Dialogs: Jede noch so emphatisch vorgetragene Position wird bei Wieland nie so ganz die Anführungszeichen los, in denen sie steht; jede Rede provoziert Gegenrede; letzte Gewissheiten und Utopien, ob von Gläubigen oder politischen Revolutionären, stehen bei Wieland unter Ideologie-, genauer gesagt: unter Schwärmereiverdacht. Entsprechend aktuell erscheint Wieland deshalb gerade in einer

Zeit, die »mit den Trümmern ihrer großen Erzählungen« fertig zu werden versucht (von Petersdorff 2001, S. 55) und dabei entweder in lähmende Melancholie oder in neue Formen (mörderischer) Schwärmerei zu verfallen droht.

Abgesehen aber von solchen Aktualitätserwägungen, möchte das vorliegende Lesebuch auch einfach historisch in jenes faszinierende Textuniversum entführen, das man »Aufklärung« nennt. Schon die relative Zufälligkeit der alphabetisch angeordneten Stichwörter zeigt dabei an, dass ein so vielseitiger Schriftsteller wie Wieland weder auf einen bestimmten Begriff noch auf die Linie einer literaturgeschichtlichen Erzählung zu bringen ist.

Gerade Wielands Skepsis gegenüber dem demokratischen Experiment der Französischen Revolution zum Beispiel lässt ihn frühzeitig den Umschlag in neue Formen der Willkürherrschaft und bereits ein Jahr vor dem Staatsstreich des 18. Brumaire den Erfolg Napoleon Bonapartes erkennen [→ Buonaparte; Französische Revolution]. Als Aufklärer ist Wieland also immer auch ein großer Entzauberer, der utopischen Schwärmereien [→ Divinationskraft] grundsätzlich misstraut. Zugleich aber stehen in seinen Texten bezeichnenderweise immer wieder religiöse oder politische Schwärmer im Mittelpunkt, deren moralischer Glutkern bei aller notwendigen Entzauberung auch auf Wielands Texte ausstrahlt. Anführungszeichen und Rollenprosa hin oder her – wenn es etwa um die Idee eines völkerverbindenden Weltbürgertums geht, kann auch ein Autor wie Wieland erstaunlich schwärmerisch werden [→ Kosmopoliten; Sklaverey]. Ein Roman wie die *Geschichte des Agathon* arbeitet sich bis in die Form hinein an dem Konflikt zwischen Entzauberung und tugendhafter Schwärmerei in einer alles andere als tugendhaften Welt ab. Einen solchen Roman literaturgeschichtlich als ersten deutschen Entwicklungsroman zu feiern, verpasst deshalb genau genommen seinen gesamten Witz: So dominant im Text einerseits der Wunsch nach Harmonie und Happy End sein mag, so disharmonisch klingen andererseits all die Stimmen, die in ihm zur Sprache

9

kommen, und so unzuverlässig erscheint vor allem die immer wieder beschworene Teleologie der Geschichte, die eigentlich für eine ordentliche Entwicklung des Titelhelden sorgen soll [→ Entwicklung; Roman; Zufall].

Wie unruhig und ambivalent Wielands Texte sind, zeigt unter anderem auch die Kritik an der christlichen Religion in *Agathodämon* [→ Christianer] oder die unterschwellige Sympathie für einen Sophisten wie Hippias im *Agathon* [→ Verschiedenheit der Begriffe]. Die poetologische Entsprechung dieser Ambivalenz, Wielands Spiel mit Herausgeberfiktion und Dialog, kann im Rahmen dieses Lesebuches leider nur unzureichend dargestellt werden. Dennoch sollte deutlich werden, wie die beeindruckende Stimmenvielfalt seiner Texte für das oben genannte Kontingenzbewusstsein sorgt.

Was zu dieser Stimmenvielfalt wesentlich beiträgt, sind nicht zuletzt Wielands wunderbare Frauenfiguren. Wieland war im 18. Jahrhundert geradezu berüchtigt für seine spielerischen Imaginationen erotisch-sinnlicher Weiblichkeit [→ Liebe]. Frauen sind bei Wieland aber nicht nur raffinierte Verführerinnen, sondern immer wieder auch kluge und selbstbewusste Philosophinnen. Nicht zufällig rechnet zum Beispiel die Hetäre Lais mit Platons Idee der Unsterblichkeit der Seele ab [→ Hetären; Unsterblichkeit der Seele] und zeichnet sich damit durch das aus, was für die gesamte Epoche der Aufklärung charakteristisch ist: die Kritik des gesunden Menschenverstandes an spekulativer Schwärmerei [→ Ideen; Philosophen].

Da bei der Textauswahl für den vorliegenden Band ausschließlich literarische und publizistische Arbeiten herangezogen wurden, erfährt man wenig über Wielands Biographie. Die wichtigsten biographischen Informationen werden deshalb in den Daten zu Leben und Werk nachgereicht, die exklusiv von der Redaktion der Zeitschrift für Literatur TEXT+KRITIK verfasst wurden. Wer mehr über Wielands Person, seine pietistische Herkunft etwa oder die gesellschaftliche Situation am Weimarer Hof, wissen möchte, dem sei vor allem der von der Berlin-Brandenburgischen Akademie der Wissenschaften herausgegebene Briefwechsel in zwanzig Bänden empfohlen. Eine Auswahl weiterführender Literatur befindet sich am Ende des vorliegenden Bandes.

Sascha Michel

Also I. »Was ist *Aufklärung?*«

Antwort: Das weiß jedermann, der vermittelst eines Paars sehender Augen erkennen gelernt hat, worin der Unterschied zwischen Hell und Dunkel, Licht und Finsternis besteht. Im Dunkeln sieht man entweder gar nichts oder wenigstens nicht so klar, daß man die Gegenstände recht erkennen und voneinander unterscheiden kann: sobald Licht gebracht wird, klären sich die Sachen auf, werden sichtbar und können voneinander unterschieden werden – doch wird dazu zweierlei notwendig erfodert: 1) daß Licht genug vorhanden sei, und 2) daß diejenige, welche dabei sehen sollen, weder blind noch gelbsüchtig seien, noch durch irgendeine andere Ursache verhindert werden, sehen zu können oder sehen zu wollen.

II. »Über welche Gegenstände *kann* und *muß* sich die Aufklärung ausbreiten?«

Drolligte Frage! Worüber, als über alle sichtbare Gegenstände? Das versteht sich doch wohl, dächte ich; Oder muß es dem Herrn noch bewiesen werden? Nun wohlan! Im Dunkeln (ein einziges löbliches und gemeinnütziges Geschäfte ausgenommen) bleibt für ehrliche Leute nichts zu tun als zu schlafen. Im Dunkeln sieht man nicht, wo man ist? noch wo man hingeht, noch was man tut, noch was um uns her, zumal in einiger Entfernung, passiert; man läuft Gefahr, bei jedem Schritte die Nase anzustoßen, bei jeder Bewegung etwas umzuwerfen, zu beschädigen oder anzurühren, was man nicht anrühren sollte, kurz, alle Augenblicke Mißgriffe und Mißtritte zu tun; so daß, wer seine gewöhnliche Geschäfte im Dunkeln treiben wollte, sie sehr übel treiben würde*. Die Anwendung ist kinderleicht. Das Licht des

---

* Dies leidet einige Ausnahmen, ich weiß es wohl; aber in den meisten Fällen bleibt es doch bei der Regel.

Geistes, wovon hier die Rede ist, ist die Erkenntnis des Wahren und Falschen, des Guten und Bösen. Hoffentlich wird jedermann zugeben, daß es ohne diese Erkenntnis ebenso unmöglich ist, die Geschäfte des Geistes recht zu treiben, als es ohne materielles Licht möglich ist, materielle Geschäfte recht zu tun. Die Aufklärung, d. i. so viel Erkenntnis, als nötig ist, um das Wahre und Falsche immer und überall unterscheiden zu können, *muß* sich also über alle Gegenstände ohne Ausnahme ausbreiten, worüber sie sich ausbreiten *kann*, d. i. über alles dem äußern und innern Auge sichtbare. – Aber es gibt Leute, die in ihrem Werke gestört werden, sobald Licht kommt; es gibt Leute, die ihr Werk unmöglich anders als im Finstern, oder wenigstens in der Dämmerung, treiben können; – z. B., wer uns Schwarz für Weiß geben oder mit falscher Münze bezahlen oder Geister erscheinen lassen will; oder auch (was an sich etwas sehr Unschuldiges ist), wer gerne Grillen fängt, Luftschlösser baut und Reisen ins Schlaraffenland oder in die glücklichen Inseln macht, – der kann das natürlicherweise bei hellem Sonnenschein nicht so gut bewerkstelligen als bei Nacht oder Mondschein oder einem von ihm selbst zweckmäßig veranstalteten Helldunkel. Alle diese wackern Leute sind also natürliche Gegner der Aufklärung, und nun und nimmermehr werden sie sich überzeugen lassen, daß das Licht über alle Gegenstände verbreitet werden müsse, die dadurch sichtbar werden können; *ihre* Einstimmung zu erhalten ist also eine pure Unmöglichkeit; sie ist aber, zu gutem Glücke, auch nicht nötig.

III. »Wo sind die *Grenzen* der Aufklärung?«

Antwort: Wo, bei allem möglichen Lichte, nichts mehr zu sehen ist. Die Frage ist eigentlich von gleichem Schlage mit der: wo ist die Welt mit Brettern zugeschlagen? und die Antwort ist wirklich noch zu ernsthaft für eine solche Frage.

IV. »Durch welche *sichere* Mittel wird sie befördert?«

Das unfehlbarste Mittel zu machen, daß es heller wird, ist, das Licht zu vermehren, die dunkeln Körper, die ihm den Durchgang verwehren, soviel möglich, wegzuschaffen und besonders alle finstern Winkel und Höhlen sorgfältig zu beleuchten, in welcher das Nro. 2. erwähnte lichtscheue Völkchen sein Wesen treibt.

Alle Gegenstände unsrer Erkenntnis sind entweder geschehene Dinge oder Vorstellungen, Begriffe, Urteile und Meinungen. Geschehene Dinge werden aufgeklärt, wenn man bis zur Befriedigung eines jeden unparteiischen Forschers untersucht, ob und wie sie geschehen sind? Die Vorstellungen, Begriffe, Urteile und Meinungen der Menschen werden aufgeklärt, wenn das Wahre vom Falschen daran abgesondert, das Verwickelte entwickelt, das Zusammengesetzte in seine einfachem Bestandteile aufgelöst, das Einfache bis zu seinem Ursprung verfolgt und überhaupt keiner Vorstellung oder Behauptung, die jemals von Menschen für Wahrheit ausgegeben worden ist, ein Freibrief gegen die uneingeschränkteste Untersuchung gestattet wird. Es gibt kein anderes Mittel, die Masse der Irrtümer und schädlichen Täuschungen, die den menschlichen Verstand verfinstert, zu vermindern als dieses, und es kann kein anderes geben.

Die Rede kann also auch hier nicht von Sicherheit oder Unsicherheit sein. Niemand kann etwas dabei zu befürchten haben, wenn es heller in den Köpfen der Menschen wird – als diejenigen, deren Interesse es ist, daß es dunkel darin sei und bleibe; und auf die Sicherheit dieser letztern wird doch wohl bei Beantwortung der Frage keine Rücksicht genommen werden sollen? Wahrlich, wir können ihrentwegen ganz ruhig sein; sie werden schon selbst für ihre Sicherheit sorgen. Sie werden auch künftig, wie bisher, ihr möglichstes tun, alle Öffnungen, Fenster und Ritzen, wodurch Licht in die Welt kommen kann, zu verbauen, zu vernageln und zuzustopfen; werden nicht ermangeln, uns andern, die wir uns zu unserm und andrer Leute notdürftigem Gebrauch mit etwas Licht versehen, die Laternen zu zerschlagen, sobald sie die stärkern sind, und, wo sie das nicht sind, alle nur ersinnliche Mittel anwenden, die Aufklärung wenigstens in ein böses Geschrei zu bringen. Ich denke nicht gern Arges von meinem Nebenmenschen: aber ich muß gestehen, die Sicherheit der Aufklärungsmittel, die unserm Frager so sehr am Herzen liegt, könnte mir seine Lauterkeit wider Willen verdächtig machen. Sollte er etwa meinen, es gebe respektable Dinge, die keine Beleuchtung aushalten können? Nein, so übel wollen wir von seinem Verstande nicht denken! Aber er wird vielleicht sagen: »Es gebe Fälle, wo zuviel Licht schädlich sei, wo man es nur mit Behutsamkeit und stufenweise einfallen lassen dürfe.« Gut! nur kann dies mit der Aufklärung, die durch Unterscheidung des Wahren und Falschen bewirkt wird, in Teutschland wenigstens, der Fall nicht sein; denn so stockblind ist unsre Nation nicht, daß sie wie eine Person, die am schwarzen Star operiert worden ist, behandelt werden müsse. Es wäre Spott und Schande, wenn wir, nachdem wir schon dreihundert Jahre lang nach und nach einen gewissen Grad von Licht gewohnt worden sind, nicht endlich einmal imstande sein sollten, hellen Sonnenschein ertragen zu können. Es greift sich mit Händen, daß das bloße Ausflüchte der lieben Leute sind, die ihre eigenen Ursachen haben, warum es nicht hell um sie sein soll.

V. »Wer ist *berechtigt*, die Menschheit aufzuklären?«

Wer es kann! – »Aber wer kann es?« – Ich antworte mit einer Gegenfrage, wer kann es *nicht*? Nun mein Herr? da stehen wir und sehn einander an? Also, weil kein Orakel da ist, das in zweifelhaften Fällen den Ausspruch tun könnte (und wenn eines da wäre, was hälf' es uns ohne ein zweites Orakel, das uns das erste erklärte?), und weil kein menschliches Tribunal berechtigt ist, sich einer Entscheidung anzumaßen, wodurch es von seiner Willkür abhinge, uns so viel oder wenig Licht zukommen zu lassen, als ihm beliebte: so wird es wohl dabei bleiben müssen, daß jedermann – von Sokrates oder Kant bis zum obskursten aller übernatürlich erleuchteten Schneider und Schuster, ohne Ausnahme, berechtigt ist, die Menschheit aufzuklären, wie er kann, sobald ihn sein guter oder böser Geist dazu treibt. Man mag die Sache betrachten, von welcher Seite man will, so wird sich finden, daß die menschliche Gesellschaft bei dieser Freiheit unendlichmal weniger gefährdet ist, als wenn die Beleuchtung der

Köpfe und des Tuns und Lassens der Menschen als Monopol oder ausschließliche Innungssache behandelt wird. Nur wollte ich allenfalls raten, ne quid Res publica detrimenti capiat – eine höchst unschuldige Einschränkung dabei zu verfügen; und diese wäre: das sehr weise Strafgesetz der alten Kaiser des ersten und zweiten Jahrhunderts gegen die heimlichen Konventikel und geheimen Verbrüderungen zu erneuern, und demzufolge allen, die nicht berufen sind, auf Kanzeln und Kathedern zu lehren, kein anderes Mittel zur beliebigen Aufklärung der Menschheit zu gestatten als die Buchdruckerpresse. Ein Narr, der in einem Konventikel Unsinn predigt, kann in der bürgerlichen Gesellschaft Unheil anrichten: ein Buch hingegen, was auch sein Inhalt sein mag, kann heutzutage keinen Schaden tun, der entweder der Rede wert wäre oder nicht gar bald zehnfältig und hundertfältig durch andere vergütet würde.

VI. An welchen *Folgen* erkennt man die *Wahrheit* der Aufklärung?

Antwort: Wenn es im ganzen heller wird; wenn die Anzahl der denkenden, forschenden, lichtbegierigen Leute überhaupt, und besonders in der Klasse von Menschen, die bei der Nichtaufklärung am meisten zu gewinnen hat, immer größer, die Masse der Vorurteile und Wahnbegriffe zusehends immer kleiner wird; wenn die Scham vor Unwissenheit und Unvernunft, die Begierde nach nützlichen und edeln Kenntnissen und besonders, wenn der Respekt vor der menschlichen Natur und ihren Rechten unter allen Ständen unvermerkt zunimmt; und (was ganz gewiß eines der unzweideutigsten Kennzeichen ist), wenn alle Messen einige Frachtwagen voll Broschüren gegen die Aufklärung in Leipzig ein- und ausgeführt werden. Denn die figürlichen Nachtvögel sind, in diesem Punkte, gerade das Widerspiel der eigentlichen: diese werden erst bei Nacht laut; jene hingegen schreien am grellsten, wenn ihnen die Sonne in die Augen sticht.

Sagt, hab ich recht? Was dünkt euch von der Sache
Herr Nachbar mit dem langen Ohr?

Timalethes.

Ein paar Goldkörner aus –
Maculatur oder Sechs Antworten auf sechs Fragen.
In: Der Teutsche Merkur, April 1789, S. 97–105.

Wilibald

[...] Die vielgestaltigen und niemahls ruhenden *Fakzionsgeister* arbeiten dem guten Dämon der Nazion zu eifrig entgegen, als daß Sie auf das Bedürfniß der Ruhe, wie stark es auch von dem Volke gefühlt wird, so sicher rechnen dürften. Aber ich wüßte Ihnen einen Rath, und ich müßte mich sehr irren, oder es ist das einzige Mittel, Ihr *Gemeinwesen*, mitten unter seinen Siegen, Triumfen und Eroberungen, vor dem immer näher rückenden Untergange zu retten.

Heribert

Wie Sie sprechen! Sie könnten einem, der leichter als ich zu schrecken wäre, angst und bange machen. Aber – weil doch auch der Rath eines Feindes nicht immer zu verachten ist, – Ihr einziges Rettungsmittel, wenn ich bitten darf?

Wilibald

Es ist – entsetzen Sie Sich nicht gar zu sehr! – es ist – weil Sie doch keinen *König* mehr wollen, und in der That auch, so lang' es noch *Bourbons* giebt, keinen haben *können* – Ihre Konstituzion vom Jahre 1795, die nach dem ungeheuern Riß, den sie am achtzehnten Fruktidor bekommen hat, ohnehin nicht lange mehr halten kann, je eher je lieber selbst ins Feuer zu werfen, und – einen *Diktator* zu erwählen.

Heribert

Einen Diktator?

Wilibald

Oder *Lord Protektor*, oder *Protarchon*, oder wie ihr ihn sonst nennen wollt. Der Nahme thut wenig zur Sache; wenn es nur ein Mann ist, dem ihr die unumschränkte Gewalt, welche das alte Rom, wenn es um Rettung der Republik zu thun war, einem *ad hunc actum* ernannten Diktator beylegte, mit Sicherheit anvertrauen könnt. Ich räsoniere so. Wenn ihr dem Königthum nicht einen so unauslöschlichen Haß geschworen hättet, und wieder einen König haben wolltet und könntet, so müßte es ein liebenswürdiger junger Mann, von großem hohem Geist, von den größten Talenten im Krieg und Frieden, von unermüdlicher Thätigkeit, von eben so viel Klugheit als Muth, von dem festesten Karakter, von reinen Sitten, einfach und prunklos in seiner Lebensart, immer Meister von sich selbst; ohne irgend eine Schwachheit wobey ein andrer ihn fassen könnte, zugleich offen und verschlossen, sanft und heftig, geschmeidig und hart, mild und unerbittlich, jedes zu seiner Zeit, kurz, ein Mann seyn, wie es in jedem Jahrhundert kaum Einen giebt, und dessen Genius alle andre in Respekt zu halten und zu überwältigen wüßte. Ein anderer als ein solcher könnte euch, in der außerordentlichen Lage, in welche die Revoluzion euch geworfen hat, nichts helfen. Da ihr nun keinen solchen *König* haben könnt, so müßt ihr einen *Diktator* suchen, der alle diese Eigenschaften in sich vereinige. Er darf aber, aus vielerley Rücksichten, kein eigentlicher Franzose, wenigstens von keiner alten und bekannten Familie seyn; und wenn er sogar einen ausländischen Nahmen hätte, so wäre es nur desto besser. Auch muß er eine Menge Proben abgelegt haben, daß er alle die Eigenschaften, die ich zu eurem Diktator nöthig finde, und von denen ich ihm keine nachlassen kann, wirklich be-

20

sitze; und wenn er sich bereits einen großen Nahmen in der Welt gemacht hätte, und im Besitz der allgemeinen Achtung stände, so sehe ich nicht, was ihm noch abginge, um euer und der ganzen Welt Retter zu werden. Das Außerordentlichste bey der Sache ist, daß ihr diesen Mann nicht erst zu suchen braucht; denn, durch einen Glücksfall, den man wohl in seiner Art einzig nennen kann, *ist er schon gefunden.*

Heribert

Buonaparte also?

Wilibald

Wer anders?

Heribert

Und auf wie lange?

Wilibald

So lange als er es ausdauert. Ich besorge, ihr werdet ihn nur zu bald verlieren. Also je länger je besser.

Heribert
mit komischem Ernst

Buonaparte Diktator der großen Nazion! Der Vorschlag hat etwas Einleuchtendes. Wir werden ihn in Überlegung nehmen.

Wilibald

Ich fordre alle eure Köpfe in beiden Senaten heraus, einen bessern zu thun.

Heribert

Fast sollt' ich es selbst glauben.

Wilibald

Die Sache mag einige Schwierigkeiten haben. Aber der Hauptpunkt ist doch, euch recht von den großen Vortheilen zu überzeugen, welche die *Alleinherrschaft*, zumahl eines solchen Mannes wie mein Diktator ist, vor einer jungen, unerfahrnen, launenvollen und zwischen so vielen Parteyen und Fakzionen hin und herschwankenden *Demokratie* hat, wenn es darauf ankommt, einen zu Grunde gerichteten und bereits in moralische Verwesung gehenden Staatskörper von dreyßig Millionen Gliedern wieder zu beleben und aufblühen zu machen.

Gespräche unter vier Augen (1798): SW, Bd. 31, S. 86–91.

Unstreitig war ein so seltner und von dem herrschenden Egoism unsrer Zeit so stark abstechender Gemeingeist eine der wirksamsten Ursachen der so schnellen Vermehrung der Christianer. Wer wollte nicht in eine zahlreiche Gesellschaft zu treten wünschen, deren Glieder in jedem Fall auf die thätigste Unterstützung von allen übrigen rechnen dürfen? Es kommen aber noch verschiedene andere hinzu, wovon ich nur die hauptsächlichsten berühren will. *Erstens*: alle weichen, gutartigen, von der Ansteckung des herrschenden Verderbnisses frey gebliebenen, und zu einer gewissen herzerhebenden Schwärmerey geneigten Seelen, zumahl unter dem zärtern Geschlecht, sind, so zu sagen, als natürliche Kandidaten des Christenthums zu betrachten, und werden schon durch den bloßen Anblick der Liebe und Eintracht, der Gemüthsruhe, der guten Ordnung und Zucht, und der stillen unscheinbaren, aber beglückenden häuslichen Tugenden, die unter den Christianern herrschen, für diese guten Menschen, und folglich auch für den Glauben, der sie dazu macht, eingenommen und gewonnen. *Zweytens*: auf der andern Seite finden sich auch unter denen, die der Welt bis zum Überdruß genossen haben, oder die von ihr verlassen worden sind, so wie unter der Menge von großen Sündern, die von ihrem erwachten Gewissen schwer gedrückt und geängstiget werden, manche, denen das Asyl, das ihnen hier aufgethan wird, – die Hoffnung von allen ihren Sünden rein gewaschen und sogar in die *Gemeine* der *Heiligen* aufgenommen zu werden – um so willkommener ist, da die Eleusinischen und andere Mysterien, wo diese Bequemlichkeit sonst auch zu haben war, ihren Kredit immer mehr und mehr verlieren. *Drittens*: die Religion, die in gewissem Sinne der Menschheit überhaupt unentbehrlich ist, wird insonderheit für gewisse Gattungen von Menschen, in irgend einer Epoke des Lebens, ein *dringendes Bedürfniß* der *Einbildungskraft* und des *Herzens*. Aber dann ist ihnen auch mit einer Religion, die in bloßen religiösen Gebräuchen und Festivitäten besteht, und deren Ansehen sich bloß auf ein hohes Alterthum gründet, wenig gedient. Sie verlangen eine Religion, die in Geist und Herz eingreift, die auf beide wohlthätig wirkt, die dem Niedergeschlagenen aufhilft, den Betrübten tröstet, den Schwachen stärkt, den Leidenden erquickt. Wer sich in diesem Falle befindet, wird natürlicher Weise eine *neue* Religion, die alles dieß verspricht und *hält*, einer alten vorziehen, die nur noch ein leeres Fantom ohne Geist und Leben ist, und weder den Kopf noch das Herz befriediget.

Ich sagte dir vorhin, der erste Stifter des Christenthums scheine die Absicht nicht gehabt zu haben, der Urheber einer neuen *Religion*, in der gewöhnlichen Bedeutung dieses Wortes, zu seyn. Allein so bald sein Institut von den Juden zu den übrigen Völkern überging, mußte es nun gewisser Maßen für das besondere Bedürfniß der letztern eingerichtet werden, und, da es mit der alten Vielgötterey nicht wohl bestehen konnte, nothwendig die *Gestalt* einer *neuen Religion* annehmen, die an die Stelle der alten träte, und das alles wirklich leistete, was jene durch eitle *Täuschungen* vergebens zu bewirken gesucht hatte. Diese Nothwendigkeit scheinen die Vorsteher der Christianer immer mehr einzusehen, und ihre ganze Verfassung darnach einzurichten. Was im Geiste des ersten Stifters bloße reine Angelegenheit des Herzens war, gewinnt nun unvermerkt eine *Form*, in der ich bereits die ganze Anlage zu künftigen *Tempeln* und *Altären*, zu *Priestern* und *Opfern*, zu einem *öffentlichen Gottesdienste*, der unsern Griechischen und Römischen an Pracht, und zu einer *Priesterherrschaft*, welche die alte Jüdische an Furchtbarkeit hinter sich zurück lassen, ja sogar zu einer neuen Art von *Mythologie* und von *Dämonism*, unter welchem der Geist und das Wesen des ersten Instituts endlich erdrückt werden wird, erblicke. Schon jetzt haben die Christianer sich zu einer geheimen Gesellschaft, die ihre *exoterische* und *esoterische Lehre* hat, gebildet; schon jetzt haben sie ihre *Mysterien*, die kein *profanes* Auge entweihen darf; und indem sie von den unsern, als von Erfindungen der bösen Geister, mit Verachtung und Abscheu sprechen, finden ihre Vorsteher es doch (um dem Reiche Gottes desto mehr Unterthanen zu gewinnen) wohl gethan, die Formen und die Sprache des geheimen Gottesdienstes zu *Eleusis* auf die feierliche Begehung einer gewissen, von ihrem Meister kurz vor seinem Tode zu seinem Andenken gestifteten symbolischen Handlung, anzuwenden. »Sie allein sind im Besitz des *wahren Lichts* und des wahren Mittels die *Seelen* zu *reinigen*; auch sie haben ihre *unaussprechlichen Worte*; und was der *Hierofant* zu *Eleusis* seinen Eingeweihten betrüglicher Weise verspricht, *ein frohes Gemüth im Leben*, und *Hoffnung eines bessern im Tode*, davon können sie allein den ihrigen die vollständigste Gewißheit geben.« – Wie stolz und anmaßend auch diese Behauptungen der *Christlichen Hierofanten* klingen, so gründen sie sich auf das Bewußtseyn ihrer guten Sache, und es ist nicht zu läugnen, daß in dieser Rücksicht der Vortheil ganz auf ihrer Seite ist.

Zu allem diesem kommt noch eine Art von *innerer Polizey*, wodurch ihre Gemeinen, und (vermöge der engen Verbindung, worin sie mit einander stehen) das ganze Christianische Wesen als *Ein Leib*, der von *Einem Geiste* regiert wird, so zu sagen einen besondern Staat im Staate ausmachen, der entweder von *diesem* noch in Zeiten unterdrückt werden muß, oder ihn selbst zuletzt verschlingen wird. Die *Diener* ihrer Gemeinen sind in verschiedene Klassen abgetheilt, und die so genannten *Aufseher* haben sich, als Stellvertreter der Apostel, bereits eine Art von obrigkeitlichem Ansehen zu verschaffen gewußt, welches sich mit dem Wachsthum der Gemeinen natürlicher Weise immer weiter ausdehnen wird. Einen Glaubensgenossen, oder, nach ihrer Art zu reden, einen *Bruder*, vor die ordentliche Römische oder von Römern angeordnete Obrigkeit zu ziehen, ist eines der größten Verbrechen in ihren Augen. Ihre Vorsteher schlichten nicht nur alle unter ihnen über streitige Rechtsfragen, wiewohl selten vorfallende Händel, sondern üben auch ein sehr scharfes Censur- und Strafamt über ihre Untergebenen aus; und da alle Verbrechen, die etwa in ihrem Mittel begangen werden, zu Vermeidung des *Skandals* (wie sie es nennen) mit der äußersten Sorgfalt verheimlicht und dem Auge des gesetzmäßigen Richters entzogen werden, so leuchtet die Unschuld und Unsträflichkeit der Christianer, in Vergleichung mit den Anhängern der alten Religion, welche noch die ungleich größere Mehrheit ausmachen, um so viel stärker hervor, erhält sich immer in ihrem alten Ruf, und erwirbt ihnen unter dem bessern Theile des Volks immer neue Anhänger.

Was dieser, auf möglichste Unabhängigkeit vom Staat abzweckenden, obgleich bis jetzt noch unschuldigen Verfassung die Krone aufsetzt, ist die Einrichtung, vermöge deren jede Gemeine, die nicht etwa ihrer Armuth oder zufälliger Umstände wegen selbst Unterstützung bedarf, eine mehr oder weniger reiche *Gemein-Kasse* besitzt, die mit der größten Gewissenhaftigkeit verwaltet, und zu allen Arten von *Liebeswerken*, (wie sie es nennen) zu Unterstützung armer Wittwen, Erziehung verlaßner Waisen, Verpflegung dürftiger oder zu Arbeit unvermögender alter Leute, kranker, gefangener, oder vertriebener Brüder und Schwestern, u. dergl. auch im Nothfall zu Handreichung an andre nothleidende Brüder-Gemeinen, verwendet wird. Da es nichts seltnes ist, daß begüterte Christianer (deren Anzahl immer zunimmt) ihr ganzes Vermögen, oder doch einen beträchtlichen Theil, diesem *heiligen Gemeinschatz* schenken, so ist leicht zu sehen, daß diese ökonomische Einrichtung für die Fortdauer und den immer steigenden Flor eines so wohl organisierten, höchst moralischen kleinen Staats in dem äußerst unmoralischen großen Staate mit der Zeit wichtig werden kann.

✳

Dieß, lieber Hegesias, ist das Wesentlichste, was ich von dem Ursprung und der innern Verfassung der Christianer bisher zu erfahren Gelegenheit hatte. Wie viel auch zur Vollständigkeit daran fehlen mag, so ist es doch mehr als hinlänglich, dir zu zeigen, wie sehr sie sich von allen übrigen Menschen, die *in ihrer*

Sprache verachtungsweise unter dem Nahmen *Welt* begriffen werden, unterscheiden. Denn du wirst aus meiner Erzählung bemerkt haben, daß sie für alles, was an ihnen karakteristisch ist, entweder *neue Wörter* oder *neue Bedeutungen* der alten erfunden, und sich überhaupt an eine Menge sonderbarer *figürlicher Redensarten* gewöhnt haben, welche zusammen genommen eine eigene *Sprache* ausmachen, die den Profanen ohne einen besondern Schlüssel unverständlich ist, und weit mehr, als man meinen sollte, zur Befestigung und Ausbreitung ihrer Sekte beyträgt. Und nun sage mir, was meinst du, was, bey so bewandten Sachen, aus diesen Leuten werden, oder (um mich in ihrer Manier auszudrücken) was dieser Baum für Früchte bringen wird?

Ich. Wenn du selbst, ehrwürdiger Apollonius, mir *deine* Meinung davon nicht bereits zu erkennen gegeben hättest, so würde ich sagen, daß ich wenig oder nichts von ihnen erwarte. Da sie im Lauf von sechzig Jahren, ohne es selbst zu merken, schon so weit von dem Pfade ihres ersten Führers abgekommen sind, wie weit werden sie sich erst in fünf oder sechs Generazionen von ihm verirret haben! Je zahlreicher die Sekte wird, desto mehr muß die Einfalt und Lauterkeit ihrer ersten Glieder abnehmen; je mehr ihr Institut an *Form* gewinnt, desto weniger wird es von dem *Geiste* des Urhebers übrig behalten. Formulare, Symbole und Gebräuche abgerechnet, werden ihre Nachkommen unvermerkt wieder werden wie andere Menschen, und in weniger als zwey hundert Jahren dürfte leicht von den ersten Christianern nichts als der Nahme übrig seyn. *So*, dünkt mich, bringt es die Natur der Sache, oder vielmehr die menschliche Natur mit sich, die über jedes ihr entgegen strebendes Institut mit der Zeit immer die Oberhand behält. Wenn also *unsre* Priester und Obrigkeiten nur so weise sind, von diesen guten frommen Schwärmern und ihren harmlosen theurgischen Mysterien keine Kenntniß zu nehmen, – was von der natürlichen Toleranz des Polytheism billig zu erwarten ist – so müßte, sollt' ich denken, auch *diese* Schwärmerey das Schicksal aller übrigen haben, und man wird von den Christianern in vierzig bis funfzig Olympiaden nicht *mehr* reden hören, als von den *Orfikern* oder den ehemahligen *Therapeuten* in Ägypten, deren Institut mir (im Vorbeygehen zu sagen) dem Christianischen so ähnlich scheint, daß es ihm wohl gar zum Muster gedient haben könnte. Aber, wie gesagt, in diesem, wie in allem andern, wird dein Urtheil mir immer mehr gelten als mein eigenes.

Apollonius. Nicht so, Freund Hegesias! Die menschlichen Dinge können und sollen von mehr als Einer Seite betrachtet werden. Es ist, denke ich, viel Wahres in der Vorstellung, die du dir von der zunehmenden Abartung der Christianer machst; nur die Folgerung, die du daraus ziehst, scheint mir unrichtig zu seyn. Höre die Gründe, warum ich über diesen Punkt anders denke. Ohne Zweifel kam die Gleichgültigkeit des Polytheism gegen alle Arten von Religionen, die sich mit ihm vertragen, Anfangs den Christianern sehr zu Statten, und würde ihnen noch ferner zum Schirme dienen, wenn sie nicht die *Obrigkeit* durch ihren Ungehorsam gegen das Verbot geheimer Zusammenkünfte, und die *Priester* durch ihre Unduldsamkeit gegen den noch herrschenden Götterdienst, wider sich aufreitzten, und sich dadurch von Zeit zu Zeit wohl verdiente Bestrafungen zuzögen, die in ihrer Sprache *Verfolgungen* heißen, aber, im Ganzen genommen, bisher von geringer Bedeutung und noch geringerer Wirkung gewesen sind. Indessen ist nicht zu läugnen, daß gewöhnlich allenthalben, wo die kaiserlichen Befehlshaber und Beamten so klug und menschlich sind, durch die Finger zu sehen, und die Angeber vielmehr abzuschrecken als zu begünstigen, auch die Christianer an ihrem Theile sich ziemlich ruhig zu verhalten pflegen, und, nach dem weisen Rath ihres Meisters, Schlangenklugheit mit Taubeneinfalt zu paaren suchen. Auf der andern Seite ist mehr als wahrscheinlich, daß die *Halcyonischen Tage*, die das bevorstehende Jahrhundert unter der Regierung Trajans und seiner ersten Nachfolger erwarten hat, der Ausbreitung dieser neuen Religion (die aus den vorangeführten Ursachen nothwendig immer schneller und weiter um sich greifen muß) günstig seyn werden. Aber die Unbeständigkeit der menschlichen Dinge wird, in längerer oder kürzerer Frist, wieder Tyrannen, oder schwache, wollüstige und der Weltregierung nicht gewachsne Fürsten auf den Thron der Cäsarn setzen. Das ungeheure Römerreich nähert sich unvermerkt seinem Verfall, und muß zuletzt unter seiner eigenen Last zusammen stürzen. Glaubst du, daß die Christianer, die indessen zu mehrern Millionen angewachsen sind, müßige Zuschauer dabey abgeben werden? *Ich* glaub' es *nicht.* Ihre Religion, die, je weiter sie sich von dem milden, *humanen* Enthusiasm des Stifters entfernt, desto mehr von dem ausschließlichen *unduldsamen* Fanatism des alten *Judenthums* in sich aufnimmt, wird ihnen dann zugleich das Ziel ihrer Bestrebungen zeigen, und die *Mittel* es zu erreichen in die Hand geben. Der *Christ* (so sagen sie schon jetzt) ist in die Welt gekommen, die Feinde Gottes, die bösen Geister, die sich von den bethörten Menschen auf dem ganzen Erdboden als Götter anbeten lassen, zu bekämpfen, ihre Werke zu zerstören, und das Reich Gottes und seines Gesandten auf den Trümmern des ihrigen zu errichten. Jeder, der sich zu ihm bekennt, ist ein Kämpfer in diesem heiligen Kriege. Glücklich, wer die Zeit des Triumfs erleben wird; noch glücklicher, wer sein Leben für die Sache Gottes aufopfert. Der Krieg, in den sie angeworben sind, ist ein *Vertilgungskrieg*, und *muß* sich also, da der Allmächtige auf *ihrer* Seite ist, oder vielmehr seine eigene Sache durch sie führt, nothwendig mit dem Untergang *seiner Feinde* endigen. Heißt dieß, in *unsre Sprache übersetzt*, etwas anders als: die Christianer *dürfen* und *werden* nicht eher ruhen, bis ihre Religion die *allein herrschende* ist, und den Polytheism gänzlich verschlungen hat? – Aber wie könnte dieß jemahls geschehen, so lange die *Abgötter* im Besitz der höchsten Gewalt im Staate bleiben, die Gesetze den Götzendienst und seine Priester mit ihrer ganzen Macht schützen, und der Kaiser selbst der oberste Priester Jupiters ist? – Die höchste Gewalt muß also über lang oder kurz, es koste was es wolle, in die Hände der Christianer gespielt werden, – und, glaube mir, Hegesias, so wenig es auch jetzt noch das Ansehen hat, daß sie mit so großen Dingen umgehen, dieß ist *schon jetzt* das *wahre Geheimniß*, das eigentliche *unaussprechliche Wort ihrer Mystagogen*, deren große Mehrheit, bey aller ihrer anscheinenden Demuth, und bey aller Verachtung der irdischen Dinge, mit welcher sie jetzt ihren Stolz befriedigen, die Zeit kaum erwarten kann, da der Triumf ihrer Partey sie in den Besitz des Ansehens, der Einkünfte und der reichen Tempelgüter unsrer Priester setzen wird. Diese Zeit wird kommen, Hegesias; ich sehe sie im Geist; ich glaube sogar einen Theil der Umstände, welche sie herbey führen werden, vorher zu sehen: und wenn ich mich auch *hierin* täuschte, in dem *Haupterfolg* kann ich mich nicht täuschen; dafür bürgt mir der mächtige Genius, der das Christenthum gegen seine *Feinde* und *Freunde* schützt, der es nie unterliegen lassen, sondern gerade dann, wenn es seinem Untergang am nächsten zu seyn scheint, gleich seinem Stifter wieder erwekken, und in reinerm Glanz als jemahls über die Menschheit, die es zu veredeln und zu beglucken bestimmt ist, aufgehen lassen wird.

Aber durch wie viele Veränderungen, Umwandlungen, Verbildungen und Entweihungen, durch welche Stürme, Gefahren, Erschütterungen und Katastrofen wird es gehen, bis es seine *ganze Bestimmung* erfüllt hat, wenn es anders in der unendlichen Folge der Zeiten einen solchen Punkt giebt! Von wie vielem Unheil und Jammer, von welchen Verbrechen und Gräueln wird es bald die Veranlassung, bald der Vorwand, bald der Deckmantel seyn! Wie oft wird der Kurzsichtige sein wohlthätiges Licht von der dicksten Finsterniß verschlungen sehen! Wie tief wird es oft unter sich selbst herunter gesunken zu seyn, und seinen großen Zweck gänzlich verfehlt zu haben scheinen!

Es war (wie du sehr richtig bemerkt hast) unmöglich, daß der ursprüngliche Geist des Christianism, indem er von Christus selbst in seine unmittelbaren Anhänger, von diesen in die ersten Gemeinen, und so immer weiter von den Juden zu den polytheistischen Völkern, und von der ersten Generazion zur zweyten und dritten überging, nicht unvermerkt von seiner Lauterkeit hätte verlieren sollen. Das Göttlichste wird menschlich, sobald es sich Menschen mittheilt; und die aufrichtigste Sinnesänderung kann einen *verderbten* Menschen nicht so gänzlich umschaffen, daß nicht eine Anlage zu neuer Verderbniß übrig bleibe. Es war leicht, zu einem neubekehrten Syrer, Asiaten, Griechen, Römer, Gallier u. s. w. und, unter allen diesen so verschiedenen Völkern, zu einem Sklaven, Freygelaßnen, oder Freygebornen von niedrigerm oder höherm Stande, schlechter oder besser erzogen, mehr oder weniger gebildet oder verbildet, mit mehr oder weniger natürlicher Anlage zu einer edlen Sinnesart, mit mehr oder minder hartnäckigen Vorurtheilen und bösen Gewohnheiten behaftet, – es war ein leichtes, zu allen diesen so ungleichartigen Menschen zu sagen: *Seyd gesinnt wie Christus gesinnt war.* Um *gesinnt* zu seyn wie *Er*, müßte man er *selbst* seyn. Wer es unternahm, *seinen* göttlichen Sinn, *seine* einfältig erhabene Theosofie, *seinen* Glauben, *seine* Liebe, *seine* reinen anspruchlosen Tugenden in *solche Menschen* zu verpflanzen, glich einem Gärtner, der die Früchte eines reichen Bodens und einer glühenden Sonne unter einem kalten Himmel in einem undankbaren Boden erziehen will: sie werden gar bald aus der Art schlagen, und, wo es auch am besten gelingt, doch nie zu der Güte und Vollkommenheit derjenigen gelangen, die in ihrem angebornen Klima reiften; sie werden diesen mehr oder weniger an Gestalt, Farbe, Geruch und Geschmack ähnlen, aber an Geist und Kraft immer weit unter ihnen bleiben. – Doch dabey wollen wir uns, da es Natur der Sache ist, nicht länger aufhalten. Die Umgestaltung des primitiven Christenthums zu einer ausschließlich herrschenden *Volks-* und *Staatsreligion* wird noch *besondere*, zuvor *unbekannte* Übel theils herbey führen, theils zur Begleitung haben, die mir für eine Reihe künftiger Jahrhunderte eine traurige Aussicht geben. Das menschliche Geschlecht, zu dessen *Befreyung* Christus erschienen war, wird von seinen vorgeblichen Bevollmächtigten in neue Fesseln geschlagen werden. Statt des *Lichts*, das über die Welt aufgehen sollte, wird sich eine fast allgemeine langwierige Finsterniß über sie verbreiten, und statt der *Humanität*, zu welcher die ausgearteten Menschen gleichsam wiedergeboren werden sollten, werden sie in eine noch größere Barbarey und Verwilderung zurück fallen, als die, woraus unsre alten Gesetzgeber unsre Vorältern gezogen haben. Aber gegen alle diese Übel trägt das Christenthum auch Heilkräfte in seinem Schooße, die immer, so oft es Zeit seyn wird, ihre Wirkung thun, und das, was ich von der wohlthätigen Tendenz und unzerstörbaren Natur desselben gesagt habe, rechtfertigen werden.

Ich hätte Tage lang zu reden, wenn ich dir hierüber alles sagen wollte, was mich ein durch so lange Beobachtung der menschlichen Dinge geschärftes *Divinazionsvermögen* mit einer Art von Gewißheit voraus sehen läßt. Es sey also zur Probe an folgendem genug.

Ich sagte, Christus habe keine vollständige Vorschrift dessen, was seine Nachfolger für *wahr* anzunehmen hätten, kein eigentliches Glaubensformular hinterlassen. Alles war bey ihm praktisch, nichts Spekulazion: es kam darauf an, den Willen des Vaters, den er als bekannt voraussetzte, wirklich *zu thun*; Gott über alles, die Menschen als sich selbst zu lieben; nicht spitzfindige Untersuchungen über das Wesen Gottes und über den ersten Grund und die äußersten Grenzen des Rechts und der Pflicht anzustellen. Von diesem Wege haben die Christianer ziemlich bald angefangen sich zu entfernen, und ich höre, daß sie sich wegen Verschiedenheit der Meinungen über Dinge, worüber vernünftige Menschen gar keine Meinung haben, bereits in mehrere Sekten gespalten haben, die einander wechselweise für irrgläubig erklären, und mit großer Bitterkeit verdammen und verfolgen. Einige von ihnen, die sich, weil sie von den übersinnlichen und göttlichen Dingen mehr als andre wissen wollen, *Gnostiker* nennen, haben bereits die Fragen, was Christus eigentlich sey? Wie und in wie fern er Gottes Sohn sey? Ob nur der erste unter den Erschaffnen, oder wirklicher Gott? u. s. w. auf eine Art zur Sprache gebracht, die leicht voraus sehen läßt, daß die Streitigkeiten und Spaltungen, welche sich über diese und eine Menge ähnlicher Fragen, wozu es ihnen an Stoff nicht fehlt, erheben werden, nicht eher aufhören können, bis eine große Staatsrevoluzion die höchste Gewalt in die Hände der Christianer gelegt, und eine der streitenden Parteyen es in ihre Macht bekommen haben wird, die übrigen mit Hülfe des weltlichen Arms zu unterdrücken. Je mehr Anhänger das Christenthum unter den substilen, von Alters her sofistischen und disputiersüchtigen *Griechen* gewinnt, desto mehr wird dieser vorwitzige Geist der Spekulazion über unbestimmbare und unbegreifliche Dinge, die Wuth Recht zu behalten, und die Anmaßung andere zu unsrer Meinung zu nöthigen, unter diesen Leuten überhand nehmen, so daß die *Bruderliebe* unter dem Gezänk über die *Glaubenslehren* oft sehr ins Gedränge kommen wird. Denn das schlimmste ist, daß sie – aus Verwirrung dessen, was ihr Stifter bey dem Worte *Glauben* dachte, mit dem Begriff, den *sie* damit verbinden – jeden *Irrthum* in *Glaubenssachen* für *verdammlich*, und die Beharrlichkeit bey einer Überzeugung, die ihnen irrig scheint, für ein *sakrilegisches Verbrechen* erklären, welches sie, sobald sie die Macht dazu haben, aufs strengste zu bestrafen nicht ermangeln werden. Das Unheil, das durch diese schwerlich jemahls beyzulegenden Fehden zwischen *Rechtgläubigkeit* und *Irrgläubigkeit* dereinst über die Christliche Welt kommen wird, ist unübersehbar. Je größer die Autorität ihrer *Aufseher* und *Lehrer* alsdann sey wird, desto schrecklicher wird diese bisher nie gekannte Pest wüthen; und wenn dann noch vollends schwachsinnige oder tyrannische Fürsten auf den unglücklichen Einfall kommen sollten, sich in diese heillosen Händel zu mischen und Partey zu nehmen, so würde man nur zu oft, um einer spitzfindigen *Distinkzion*, oder um eines beiden Parteyen unverständlichen *Wortes* willen, Ströme Bluts fließen, und blühende Städte und Provinzen, von heiligen Bürgerkriegen verheert, Gott und seinem Christ zu Ehren in Einöden verwandelt sehen.

Ich wünsche, daß meine Fantasie diese Gräuel der Zukunft um vieles übertrieben haben möge: aber ich sehe nur zu große Ursache das Gegentheil zu besorgen, wenn ich bedenke, zu welchem Grade von Ansehen, Einfluß und Macht die künftige Priesterschaft der Christianer sich empor zu schwingen wissen wird.

Denn, glaube mir, *Priester* werden sie haben, wie sie *Tempel* haben werden; wiewohl weder diese noch jene dem Sinn und Zweck ihres Meisters gemäß sind. Die ganze Anlage zu einer künftigen *Hierarchie* ist bereits in den verschiedenen Abstufungen der gegenwärtigen Vorsteher und Diener ihrer *Ekklesien* sichtbar. Schon jetzt ist die Ehrfurcht vor den *Aufsehern, (Episkopen,)* und der Glaube an die Heiligkeit, Unfehlbarkeit und geistliche Gewalt dieser vermeinten Stellvertreter des *Herrn* beynahe grenzenlos. Was wird erst werden, wenn unter einem zum Christenthum sich bekennenden *Autokrator* die *allgemeine Ekklesia* über das *Reich der Dämonen* (die alte Religion und ihre Anhänger) triumfiert haben wird? Sollten sie sich wohl alsdann, wenn die Umstände ihnen nur einiger Maßen günstig sind, an den *Schlüsseln des Himmelreichs*, die ihnen (ihrem Vorgeben nach) anvertraut sind, genügen lassen, und sich derselben nicht vielmehr, zu *größrer Ehre Gottes*, klüglich zu bedienen wissen, um, so viel möglich, *alle Gewalt im Himmel und auf Erden* an sich zu ziehen? – Wenn du den *Priestergeist* kennst, so denke hiervon – was du kannst: so viel bleibt immer gewiß, daß, das alte Ägyptische und Jüdische Priesterthum ausgenommen, kein anderes, zu einem so hohen Ziel zu gelangen, größere Vortheile in Händen gehabt hat, als das Christliche. Denke dir nun noch, zu allem Überfluß, einen Kaiser, der die Unterstützung der Christianer gegen eine noch nicht ganz unterdrückte Gegenpartey nöthig hat, oder vor Verlangen brennt, ihnen seine Dankbarkeit für bereits geleistete treue Dienste zu zeigen, und sie – zu noch größern aufzumuntern; oder einen andern Fürsten, der für nöthig hält, der Macht der großen seines Reichs durch Vergrößerung des Ansehens und der Einkünfte des Priesterthums ein Gegengewicht zu geben: so wirst du um so leichter begreifen, wie es möglich wäre, daß die künftigen Nachfolger dieser *Aufseher*, die gegenwärtig noch eine sehr demüthige Rolle spielen und nur für die *Diener* der *Diener Gottes* angesehen seyn wollen, dereinst eine sehr vornehme Figur in dieser von den Christianern jetzt so sehr verachteten und mit Füßen getretenen *Welt* machen könnten.

Doch sie bedürfen solcher günstigen Zufälle von außen nicht einmahl, ihre geistliche Gewalt, der goldene Schlüssel des Himmels und der eiserne der Hölle, die in ihren Händen sind, die Macht *Sünden* zu *vergeben* oder *vorzubehalten*, das Recht zu entscheiden was man glauben soll und lehren darf, die unumschränkteste Herrschaft über den Verstand und die Gemüther der Gläubigen, das Recht die Vernunft schweigen zu heißen, und ihre Entscheidungen dem Gewissen selbst bey Strafe zeitlicher und ewiger Verdammniß aufzudringen, – wahrlich, wer im Besitz einer solchen Macht steht, – einer Macht, die ihm durch alles was dem Volke heilig ist garantiert wird, und die ihm der größte Monarch sogar nicht streitig zu machen wagt, – der kann was er will, und man ist ihm noch Preis und Dank schuldig, wenn er sich seiner Übermacht mit einiger Mäßigung bedient.

Sollte es wohl in der menschlichen Natur seyn, wenn man das Ziel so nahe vor sich sieht, freywillig stehen zu bleiben? Ich denke, nein. Mein Genius müßte mich sehr betrügen, oder die Priester der Christianer werden unsern Nachkommen dereinst etwas zeigen, was die Welt noch nie gesehen hat: – einen *Priester*, der gleichsam der *sichtbare Gott* auf Erden ist; vor dem alle Völker mit ihren Fürsten die Kniee beugen; der sich, kraft seines Oberpriesterthums, der wirklichen Oberherrschaft über den Erdboden und den Ocean (was in gewissem Sinne mehr sagt, als *im Himmel und auf Erden*) anmaßt, und dem sie, wenigstens von einem großen Theile des menschlichen Geschlechts, zugestanden wird; der Könige einsetzt und absetzt, große Reiche nimmt und giebt wem er will; kurz, und um alles auf einmahl zu sagen, der sogar über seine geistlichen Brüder und Söhne, die übrigen Aufseher und Priester, eine eben so unumschränkte Gewalt ausübt, als über die gemeinen Menschen.

Sollte mich meine Einbildungskraft auch hierin über die Grenzen des Möglichen führen? Das wolle der Himmel! Denn in Wahrheit, wenn ich recht diviniere, so stehen der Menschheit von dieser Christlichen *Theokratie* – die gewiß das *Reich Gottes* nicht ist – unbeschreibliche Übel aller Art bevor. Eine so grenzenlose Macht, eine so übermenschliche Würde kann kein Sterblicher weder ertragen noch behaupten. Welche Verbrechen, welche Gräuel würde der Mißbrauch einer solchen Gewalt, – wie viele Verwirrung im bürgerlichen Leben, welche auf Tod und Leben kämpfende Fakzionen, welche *heilige Kriege* würde die nothwendig von Zeit zu Zeit ausbrechende Ungeduld der Monarchen, ein so unleidliches Joch zu tragen, in der Christlichen Welt nach sich ziehen! Und zu welcher tiefen Sklaverey müßte unter der willkührlichen Oberherrschaft eines Priesters, der in dieser und jener Welt verdammen könnte, der menschliche Geist, dessen Element Freyheit ist, nach und nach herunter sinken!

Wenn ich mich nun vollends in die Folgen, die das alles für die Moralität der künftigen Christianer haben wird, einlassen wollte, welche traurige Gemählde hätte ich dir noch aufzustellen! welche Verdunklung der klärsten Begriffe des allgemeinen Menschenverstandes! welche Zerrüttung des moralischen Sinnes! welche Vermengung des Heiligen mit dem Profanen! Du würdest Wahrheit als Irrthum und Verbrechen bestraft, verderbliche Grundirrthümer zu unzweifelhaften Wahrheiten erhoben, die Vernunft unter die Füße des blinden Glaubens getreten, Laster zu Tugend, Verbrechen zu verdienstlichen Handlungen, Wahnsinn und Aberwitz zu Gegenständen der öffentlichen Verehrung gestempelt sehen, und deine Augen mit Ekel und Unwillen von dem häßlichen Anblick wegwenden. Aber es mag an diesem Wenigen genug seyn. –

[...]

Wie groß aber auch der Mißbrauch seyn mag, den die künftige Christliche Hierarchie und Theokratie von ihrem Übergewichte machen kann und wird, so sehe ich doch im Schooß der nächst kommenden Jahrhunderte eine *Weltbegebenheit* reifen, die *ohne dasselbe* die größte Kalamität seyn würde, die das menschliche Geschlecht je betroffen hat.

Es fällt einem nachdenkenden Beobachter der Zeit nur zu sehr in die Augen, daß das Römische Reich sich seinem Verfall nähert, und daß die größten Theils noch unpolicierten barbarischen Völker, die den Norden von Europa und Asien inne haben, sich immer näher an uns andrängen, und immer mehr über uns gewinnen. Etliche kluge und tapfre Regenten werden dem reißenden Strom Einhalt thun; aber auch nur zu bald werden auf sie folgende wahnsinnige Tyrannen, oder schwache und übel berathene Fürsten, den Umsturz des aus so vielerley Ursachen nicht länger haltbaren Kolosses beschleunigen. Die schönsten Provinzen von Europa, Asien und Afrika werden nach und nach von jenen rohen Skythischen, Gothischen und Germanischen Horden überschwemmt werden. Alles wird dem unwiderstehlichen Eindringen dieser neuen *Titanen* weichen müssen, gegen deren gewaltige, rauhe, aber von unverdorbenem Blute geschwellte Riesenkörper und Herkulische Naturen die muthlosen, von Weichlichkeit und Ausschweifungen aller Art entmannten Römer sich selbst wie Heuschreken vorkommen werden. Die Eroberer werden von den Ländern der Schwächlinge Besitz nehmen, und sie mit einem neuen, kraftvollen und dauerhaften Geschlecht von Menschen anfüllen, durch welche (was jetzt am meisten Noth war) vorerst der fysische Theil der Menschheit wieder hergestellt werden wird. Aber diese Barbaren sind größten Theils noch bloße Naturmenschen, wild und ungebändigt, wie die Thiere der ungeheuern Wälder und Gebirge, aus denen sie hervorbrachen, ohne Künste, ohne Wissenschaft, sogar ohne die Elemente von beiden, mit Einem Worte, Menschen, wie diejenigen waren, die von unsern ältesten Gesetzgebern und Religionsstiftern in bürgerliche Gesellschaften vereinigt und humanisiert wurden. Wer wird nun den schönsten Theil des Erdbodens, die so viele Jahrhunderte durch Polizey, Künste, Wissenschaften, Gewerbe, Handlung und Schiffahrt angebaute, gebildete und verschönerte Welt, von den alles zerstörenden und zertretenden Fäusten und Fersen dieser Wilden retten? Was ehemahls geschah, wird auch jetzt geschehen. Das Einzige, was solchen ungeschlachten Erdensöhnen imponieren kann, die *Religion*, ehemahls die *Stifterin* der Humanität, wird jetzt ihre *Retterin* seyn. Glücklicher Weise ist die neue Volksreligion der rohen Fassungskraft dieser sinnlichen Menschen eben so angemessen, als sie geschickt ist, ihre Wildheit zu zähmen, und sie allmählich das Joch der sittlichen Disciplin dulden zu lehren. Reiner und geistiger würde sie ihnen unverständlich und unbrauchbar seyn; gerade so, wie sie dann seyn wird, ist sie was sie seyn muß, um mit Erfolg auf *solche* Menschen zu wirken. Aber Jahrhunderte werden vorbey gehen, bis diese in ungezügelter Freyheit von Krieg und Raub zu leben gewohnten Barbaren ihren alten Gewohnheiten entsagen, und sich in die Verhältnisse und Pflichten, Vorstellungsweisen und Sitten des bürgerlichen Gesellschaftsstandes fügen gelernt haben werden; Jahrhunderte, bis ihre Fürsten und Edeln den Künsten des Friedens die gebührende Achtung zu erweisen, ihren ungestümen Soldatentrotz durch Klugheit zu mildern, und ihres neuen Reichthums und Wohlstandes in Ruhe, mit Würde, Mäßigung und Geschmack zu genießen, gebildet genug seyn; Jahrhunderte, bis sie in der großen Kunst, einen Staat zu regieren und blühend zu machen, nur einige Fortschritte gethan haben werden. Wer wird, in dieser Zeit einer fast allgemeinen Zerrüttung und Verwilderung, der Ohnmacht der Gesetze, der Rohheit und Unwissenheit der Regenten, der Vernichtung oder Stockung aller Federn, Gewichte und Räder der Staatsmaschinen zu Hülfe kommen ? Wer *dürfte* sich zum Beschützer der Völker, zum Handhaber der Ordnung, zum Vormünder, und, wo es Noth thut, zum Richter und Zuchtmeister der Könige aufwerfen, und wer *vermöchte* es, als eben diese Hierarchie, die wir, von einer andern Seite betrachtet, so viel Unheil stiften sahen? In der That wird in diesen Zeiten *sie allein* im Besitz der Mittel seyn, sich um die Menschheit ein so großes Verdienst zu machen, und du wirst mir gerne glauben, daß es ihr, wiewohl nicht aus den reinsten Bewegungsgründen, am Willen dazu nicht fehlen wird. Ohne sie würde der policierteste Theil der Welt in eine vielleicht ewige Verwilderung versinken. Sie und ihre Priesterschaft allein werden die aus den Ruinen des Römerreichs hervorgehenden neuen Staaten mit Gesetzgebern und Gesetzauslegern, Räthen, Richtern, Lehrern, Ärzten, u. s. w. versehen; sie allein die Reste der Künste und Wissenschaften des Alterthums, die dem *Fanatism* ihrer eignen Vorfahren entgingen, jetzt den Klauen der *Barbarey* entreißen, und zum Gebrauch einer bessern Zeit aufbewahren. Und wer anders, als ein mit der höchsten Gewalt im Himmel und auf Erden bekleideter, und von der allgemeinen Meinung mit unendlich furchtbarern Blitzen als unser armer Jupiter bewaffneter Oberpriester, hätte Ansehen genug, in so stürmischen Zeiten den Völkern von Zeit zu Zeit einige Ruhe, den Gesetzen und Verträgen einige Achtung, den Personen und ihrem Eigenthum einige Sicherheit zu verschaffen, mächtige Verbrecher zur Strafe zu ziehen, und das gesellschaftliche Band unter dem unaufhörlichen Zusammenstoß unbändiger Leidenschaften, die alles mit der Schärfe des Schwerts zu entscheiden gewohnt sind, vor gänzlicher Auflösung zu bewahren?

Du siehest hieraus wenigstens die *Möglichkeit*, daß eine Zeit eintreten könne, wo die künftige Priester-Theokratie der Christianer, wie weit sie sich auch von dem Zweck und Sinn des primitiven Instituts zu entfernen scheint, durch die Kunst, »den Stoff und die Formen desselben zur *Nahrung* eines neuen *Aberglaubens,* und diesen Aberglauben zu einem allgewaltigen Hebel ihres eigenen Ansehens und Einflusses zu machen,« der Welt wohlthätig werden könnte, und daß, in diesem Fall, die Summe der Übel, die durch sie verhindert oder erleichtert, und des positiven Guten, das durch sie bewirkt wurde, alles Böse, was sie stiften oder veranlassen kann, weit übersteigen würde.

Wenn ich richtig im Buche des Schicksals gelesen habe, so wird diese Zeit wirklich kommen; aber sie wird auch wieder ein Ende nehmen. Die Priesterregierung wird aufhören den Christlichen Völkern unentbehrlich zu seyn; der Druck ihres Mißbrauchs wird endlich unerträglich werden, alles wird gegen sie aufstehen, und die Menschheit ihre Fesseln so lange schütteln bis sie abfallen. Ihr Jahrhunderte lang gefangen gehaltner Geist wird seine Kräfte wieder versuchen; neue Erfindungen und Entdeckungen werden vielleicht einen höhern Grad von Kultur und Aufklärung befördern, als das menschliche Geschlecht noch nie erreicht hat; diese Aufklärung wird sich wahrscheinlich auch über den Christianism verbreiten; seine Geschichte, seine wahren oder vorgeblichen Urkunden, seine vielfachen Verbildungen und Verunstaltungen, was an ihm wesentlich, und was bloß zufällig, lokal und temporär ist, wird einer scharfen aber unbefangenen Untersuchung unterworfen, und sein Jahrhunderte lang verkannter *Geist* schon allein dadurch wieder erkannt werden, daß man ihn von den alten *Judaismen,* in die er eingewindelt war, völlig los wickeln, und, da ihm doch zum Wirken ein *Organ* unentbehrlich ist, ihn eine allgemein verständliche Sprache reden lassen wird.

Doch – ich bin des *Weissagens* müde, lieber Hegesias, und werde, wiewohl etwas spät, gewahr, daß ich deine Geduld bereits auf eine zu starke Probe gesetzt habe. Es ist eine Schwachheit, die das hohe Alter mit der ersten Jugend gemein hat, daß wir nicht aufhören können, wenn wir von einem Gegenstande sprechen, der ein großes Interesse hat, und ich läugne nicht, daß ich in meinen schönen Traum, von dem, was die so humane, so herzerfreuende und herzerhebende, von aller Schwärmerey so reine *praktische Theosofie* jenes in seiner Art einzigen Lehrers der Menschheit seyn und wirken müßte, wenn sie, ohne Einmischung fremdartiger Zusätze, zur allgemeinen Religion des Menschengeschlechts erhoben werden könnte, – vielleicht ein wenig mehr verliebt bin, als einem weisen Mann in meinen Jahren ziemt. Es ist Zeit aufzuhören. Laß mich also nur dies Einzige noch hinzu setzen: Eben deßwegen, weil jene Theosofie, in ihrer lautersten Reinheit gedacht, das höchste Ideal der moralischen Güte und Vollkommenheit der menschlichen Natur ist, kann ihre heilsame Einwirkung auf das tief verderbte Menschengeschlecht nicht anders als langsam, und, aus einem niedrigen Gesichtskreise betrachtet, fast unmerklich seyn. Aber sie ist auf die Dauer eines unsterblichen Geschlechts berechnet, auf eine Folge von Zeiten, in welcher vielleicht ein Jahrtausend nicht mehr als im Leben der Sterblichen ein einzelner Tag ist. Der Zeitpunkt, wo sie ihre ganze Wirkung gethan haben wird, gleicht vielleicht dem Mittelpunkt im unendlichen Zirkel des Hermes, und rückt immer weiter zurück, je mehr wir uns ihm nähern. Genug, *daß* wir nun ohne Aufhören vorwärts schreiten, und von der Zeit an, da dieß Licht über die Menschheit aufgegangen seyn wird, ein *wirklicher* Rückfall in die alte Finsterniß nicht mehr möglich ist.

Agathodämon (1799): SW, Bd. 32, S. 429–467.

Peregrin

Täuschen mich meine Augen, oder ist es wirklich mein alter Gönner *Lucian von Samosata*, den ich nach so langer Zeit wiedersehe?

Lucian
ihn aufmerksam betrachtend.

Wir sind also bessere Bekannte als ich weiß. Und doch ist mir selbst als ob mir deine Züge nicht fremd wären; sie mahnen mich an jemand den ich einst gesehen habe, wiewohl ich mich nicht besinne an wen.

Peregrin

Es sind freylich über sechzehn hundert Jahre, seitdem wir uns auf der Ebene zwischen *Harpine* und *Olympia* zum letzten Mahle sahen.

Lucian

Wie? Was für Erinnerungen weckst du plötzlich in mir auf? Solltest du wohl gar der Filosof *Peregrinus Proteus* seyn, der den seltsamen Einfall hatte, sich freywillig zu Olympia zu verbrennen?

Peregrin

Eben der, dem du in deinen Werken ein nicht sehr beneidens-
würdiges Denkmahl gesetzt hast.

Lucian

Närrisch genug, daß ich in meinem Kopfe hatte, du müßtest
nothwendig über und über mit Brandblasen überdeckt und so
schwarz wie ein Köhler seyn! Du hättest noch zehnmahl vor mir
vorbey gehen können, ohne daß ich dich in der glänzenden Figur, die du jetzt machst, erkannt hätte.

Peregrin

Du dachtest wohl damahls nicht, daß wir uns nach sechzehn
hundert Jahren in *Elysium* wieder sehen würden?

Lucian

Aufrichtig zu reden, nein. Schwärmen war nie meine Sache, wie
du weißt.

Peregrin

Und doch lehrt dich nun die Erfahrung, daß es nicht geschwärmt
gewesen wäre, wenn du damahls über diese Dinge gedacht hättest wie du jetzt denkst.

Lucian

Um Vergebung! Wie oft sieht man sogar im gemeinen menschlichen Leben Dinge geschehen, welche nicht voraus gesehen zu haben dem klügsten Manne nicht zum Vorwurf gereichen kann! Die Natur hatte mich mit einem kalten Kopfe ausgesteuert; ich hätte das hitzige Fieber in einem hohen Grade haben müssen, um mir damahls, als ich dich zu Harpine in die Flammen springen sah, einzubilden, daß ich dich an einem Orte wie dieser und so wohlbehalten wiederfinden würde.

Peregrin

Indessen beweisen deine Werke, daß es dir nicht an Einbildungskraft fehlte; oder vielmehr, daß nur wenige sich rühmen können, dich an Fruchtbarkeit und Stärke dieser Seelenkraft übertroffen zu haben.

Lucian

Aber sie beweisen auch, dächte ich, daß ich die Imaginazion nie anders als zum *Spielen* gebrauchte. Im Scherz machte ich wohl mit ihrer Hülfe *Reisen in den Mond* und nach der *Jupitersburg:* aber daß ich im Ernst hätte glauben sollen, mit ihr über die Grenzen hinaus fliegen zu können, die unsern *fünf Sinnen*, und folglich auch unsrer *Vernunft*, in jenem Leben von der Natur gesetzt waren so etwas konnte eben so wenig in einen Kopf wie der meinige kommen, als der Gedanke, mir im Ernste einen Adlers- und einen Geiersflügel an die Arme zu binden und damit nach dem Monde zu fliegen.

Peregrin

Dieß geb' ich dir willig zu; denn alles was daraus folgt, ist, daß es zu deiner eignen Art zu seyn gehörte, deine Einbildungskraft nur zum Scherz, zum Erfinden und Ausmahlen abenteuerlicher Bilder, und zur Belustigung deiner Zuhörer oder Leser zu gebrauchen. Aber ich denke nicht, daß dir dieß ein Recht gab diejenigen zu verspotten, die einen ernsthaftern Gebrauch von der ihrigen machten, und, indem sie sich die Bestimmung und das künftige Loos des Menschen ungefähr so einbildeten wie wir es wirklich befunden haben, *durch die That bewiesen*, daß eine gewisse *Divinazionskraft* in unsrer Seele schlummert, die vielleicht (wie so viele andere Fähigkeiten) in den meisten Menschen nie erweckt wird, aber denen, in welchen sie erwacht und zu einem gewissen Grade von Lebhaftigkeit gelangt, ein *Vorgefühl des Unsichtbaren und Zukünftigen* giebt, das in einer feurigen und thätigen Seele natürlicher Weise nicht ohne Wirkung bleiben kann.

Lucian

Freund Peregrin, wenn es erlaubt ist über einen *Thersites* zu spotten, der schöner als *Faon* und *Adonis* zu seyn wähnt, oder einen Zwerg lächerlich zu finden, der sich unter einer sechs Schuh hohen Thür bückt, aus Furcht im Durchgehen die Stirne anzustoßen: so sehe ich nicht, warum es so unrecht seyn sollte, über einen Ehrenmann zu lachen, der, zum Beyspiel, sich einbildete, vermittelst ich weiß nicht welches eigenen Sinnes das Gras wachsen zu hören, und den Umstand, daß das Gras wirklich gewachsen ist, als eine Bestätigung dieser ihm beywohnenden Gabe geltend machen wollte.

Peregrin

Und ich sehe eben so wenig, wie man ihm beweisen könnte, daß er diesen Sinn *nicht* habe, als warum man ihm seinen Wahn, wenn es auch Wahn wäre, nicht unverspottet lassen sollte, zumahl wenn er sonst ein unschuldiger und guter Mensch ist.

Lucian

Es giebt wohl unter der ganzen unermeßlichen Last von Thorheiten, woran der Verstand der armen Erdenkinder krank ist, wenige, die nicht *an sich selbst* so unbedeutend und unschuldig *sind* oder *scheinen*, daß sie nicht mit gleichem Rechte sollten fordern können, unverspottet ihren Weg gehen zu dürfen: und doch sind eben diese kleinen unschuldigen Thorheiten *zusammen genommen* die Quellen der größten Übel, von denen das Menschengeschlecht geplagt wird. Keine Thorheit, wie unschuldig sie auch scheinen mag, kann also einen Freybrief gegen den Spott verlangen, der beynahe das einzige wirksame Verwahrungsmittel gegen ihren schädlichen Einfluß ist.

Peregrin

Gut! aber gestehe mir auch, daß gerade dieser große Hang der Menschen zur Thorheit, und diese fast allgemeine Bethörung, womit selbst diejenigen, die sich die klügsten dünken, unwissend angesteckt sind, es ihnen oft schwer macht, sich in ihren raschen Urtheilen über das, was thöricht oder nicht thöricht ist, vor Irrthum zu bewahren. Immer wird viel Behutsamkeit vonnöthen seyn, damit wir den Menschen, indem wir ihnen gutes zu thun glauben, nicht Schaden zufügen, wenn unsre Arzney noch viel schlimmere Wirkungen thut, als das Übel ist, dem wir abhelfen wollen. Welcher weise und gute Mann wird sich gern der beschämenden Reue aussetzen, eine Meinung, die den Menschen veredelt, die ihn über sich selbst erhebt und zu allem was schön und groß ist begeistert, als einen thörichten Wahn dem Spotte der Narren und Gecken Preis gegeben zu haben?

Lucian

Nicht alles was gleißt ist Gold, mein edler Freund, und manche Meinung, die kein guter Mensch ihrer selbst wegen anfechten würde, wird durch den thörichten Gebrauch, welchen alberne oder brennende Köpfe von ihr machen, belachenswürdig. Überhaupt, lieber Peregrin, hat mich ein ruhiger Blick auf die menschlichen Dinge in jenem Leben etwas mißtrauisch gegen alle hoch fliegenden Anmaßungen gewisser Leute, deren Absichten selten lange zweydeutig bleiben, gemacht; und ich argwohne immer eine Natter unter den Blumen, wenn ich von Mysterien oder magischen Operazionen höre, wodurch die menschliche Natur über sich selbst erhoben, wo nicht gar vergöttert werden soll. Meistens habe ich gesehen, daß diese Dinge nichts als goldfarbige Fliegen sind, womit Betrüger ihre Angeln bestecken und gutherzige Schwindelköpfe damit anlocken, um, wenn sie einmahl in den Hamen gebissen haben, etwas weniger als Menschen, oder, rund heraus zu reden, Narren und blinde Werkzeuge ihrer geheimen Absichten aus ihnen zu machen. Wer zum Menschen geboren wurde, soll und kann nichts edleres, größeres und besseres seyn als *ein Mensch* – und wohl ihm, wenn er weder *mehr* noch *weniger* seyn will!

Peregrin

Aber, lieber Lucian, gerade um nicht *weniger* zu werden als ein Mensch, muß er sich bestreben *mehr* zu seyn. Unläugbar ist etwas *Dämonisches* in unsrer Natur; wir schweben zwischen Himmel und Erde in der Mitte, von der Vaterseite, so zu sagen, den höhern Naturen, von unsrer Mutter Erde Seite den Thieren des Feldes verwandt. Arbeitet sich der Geist nicht immer empor, so wird der thierische Theil sich bald im Schlamme der Erde verfangen, und der Mensch, der nicht ein Gott zu werden strebt, wird sich am Ende in ein Thier verwandelt finden.

Lucian

Es wäre denn daß ihn die wohlthätige Natur, wie Merkur den Ulysses beym Homer, mit einem *Moly* beschenkt hätte, durch dessen Tugend er allen solchen Bezauberungen Trotz bieten kann.

Peregrin

Und wie nennest du diesen wundervollen Talisman? Denn so viel ich mich aus meinem Homer besinne, ist Moly nur der Nahme, dem ihm die Götter gaben.

Lucian

Verstand nenne ich ihn, lieber Peregrin, gemeinen aber gesunden Menschenverstand.

Peregrinus Proteus (1788 ff.): SW, Bd. 27, S. 29–38.

In moralischen Romanen finden wir freilich Helden, welche sich immer in allem gleich bleiben – – und darum zu loben sind – – denn wie sollte es anders sein, da sie in ihrem zwanzigsten Jahre Weisheit und Tugend bereits in eben dem Grade der Vollkommenheit besitzen, den die Socraten und Epaminondas nach vielfachen Verbesserungen ihrer selbst kaum im sechzigsten erreicht haben? Aber im Leben finden wir es anders. Desto schlimmer für die, welche sich da immer selbst gleich bleiben – – Wir reden nicht von Toren und Lasterhaften – – Die Besten haben an ihren Ideen, Urteilen, Empfindungen, selbst an dem worin sie vortrefflich sind, an ihrem Herzen, an ihrer Tugend, unendlich viel zu verändern. Und die Erfahrung lehrt, daß wir selten zu einer neuen Entwicklung unsrer Selbst, oder zu einer merklichen Verbesserung unsers vorigen innerlichen Zustandes gelangen, ohne durch eine Art von Medium zu gehen, welches eine falsche Farbe auf uns reflectiert, und unsre wahre Gestalt eine Zeitlang verdunkelt.

Geschichte des Agathon (1766/67): GA, S. 470.

–

Er wurde diese eben so unmerkliche als unleugbare Einflüsse, und die Veränderungen, welche sie verstohlner Weise in seiner Seele verursacheten, eben so wenig gewahr, als ein gesunder Mensch die geheimen und schleichenden Zerrüttungen empfindet, welche die Unbeständigkeit der Witterung, die kleinen Unordnungen in der Lebensart, die heterogene Beschaffenheit der Nahrungs-Mittel, und das langsam würkende Gift der Leidenschaften, stündlich in seiner Maschine verursachen. Die Veränderungen, die in unserer innerlichen Verfassung vorgehen, müs-

sen beträchtlich sein, wenn sie in die Augen fallen sollen; und wir
fangen gemeiniglich nicht eher an, sie deutlich wahrzunehmen,
bis wir uns genötigt finden, zu stutzen, und uns selbst zu fragen,
ob wir noch eben dieselbe Person seien, die wir waren?

Geschichte des Agathon (1766/67): GA, S. 534.

–

Es ist eine so unbeständige Sache um die Begriffe, Meinungen
und Urteile eines Menschen! Die Umstände, der besondere Ge-
sichts-Punct, in den sie uns stellen, die Gesellschaft worin wir leben, tausend kleine Einflüsse, die wir einzeln nicht gewahr werden, haben soviel Gewalt über dieses unerklärbare, launische,
widersinnische Ding, unsre Seele! – – daß wir nicht Bürge dafür
sein wollten, was aus unserm Helden hätte werden können, wofern er mit solchen Dispositionen in eine Gesellschaft von Hip-
piassen und Alcibiaden, oder zurück in die schöne Welt zu
Smyrna versetzt worden wäre. Zu gutem Glück sehen wir ihn im
Begriff, zu Leuten zukommen, welche ihn mit der Menschheit
wieder aussöhnen, und seinem schon erkaltenden Herzen diese
beseelende Wärme wieder mitteilen werden, ohne welche die Tugend eine bloße Speculation ist, die zwar einen unerschöpflichen
Stoff zu scharfsinnigen Betrachtungen gibt, aber unter den vielerlei chymischen Processen, welche die allzuspitzfündige Vernunft mit ihr vornimmt, endlich ein so abgezogenes, so feines, so
delicates Ding wird, daß sich kein Gebrauch davon machen läßt.

So sehr sich auch die Einbildungs-Kraft unsers Helden ab-
gekühlt hat, so unzuverlässig, übertrieben und grillenhaft er die
Geister-Lehre und die metaphysische Politik seines Freundes
Plato zu finden glaubt; so comisch ihm seine eigene Ausschweifungen in dem Stande der Bezauberung, worin er sich ehemals
befunden, vorkommen; so klein er überhaupt von den Menschen
denkt, und so fest er entschlossen zu sein vermeint, von dem
schönen Phantom, wie er es izo nennt, von dem Gedanken, sich

Verdienste um seine Gattung zu machen, in seinem Leben sich nicht wieder täuschen zu lassen; so ist es doch bei weitem noch nicht an dem, daß er diese zarte Empfindlichkeit der Seele, und diesen eingewurzelten Hang zu dem idealischen Schönen verloren haben sollte, der das geheime Principium seiner ehemaligen Begeisterung, und aller der manchfaltigen Schwärmereien, Bezauberungen und Entzückungen, in deren magischem Labyrinthe sie ihn, nach Maßgabe der Umstände, herumgeführt, gewesen ist. Die verstohlnen Blicke, die er noch so gerne in die Scenen seiner glücklichen Jugend wirft; das Bild der liebenswürdigen Psyche, welches durch alle Veränderungen, die in seiner Seele vorgegangen, nichts von seinem Glanze verloren hat; die Erinnerung dieser reinen, unbeschreiblichen, fast vergötternden Wollust, in welcher sein Herz zerfloß, als er es noch in seiner Gewalt hatte, Glückliche zu machen; und als die Reinigkeit dieser göttlichen Lust noch durch keine Erfahrungen von der Undankbarkeit und Bosheit der Menschen verdüstert und trübe gemacht wurde – – diese Bilder, denen er sich noch so gerne überläßt – welche sich selbst in seinen Träumen seiner gerührten Seele so oft und so lebhaft darstellen – – die Seufzer, die Wünsche, die er diesen geliebten verschwindenden Schatten nachschickt – – alle diese Symptomen sind uns Bürge dafür, daß er noch Agathon ist […].

Geschichte des Agathon (1766/67): GA, S. 549–551.

Kaum hatten sich die guten Abderiten von dem wunderbaren Theaterfieber, womit sie des ehrlichen, arglosen Euripides *Götter- und Menschenherrscher Amor* heimgesucht hatte, wieder ein wenig erhohlt! kaum sprachen die Bürger wieder in Prosa mit einander auf den Straßen, kaum verkauften die Drogisten wieder ihre Niesewurz, schmiedeten die Waffenschmiede wieder ihre Rappiere und Transchiermesser, machten sich die Abderitinnen wieder keusch und emsig an ihr Purpurgewebe, und warfen die Abderiten ihr leidiges Haberrohr weg, um ihren verschiednen Berufsarbeiten wieder mit ihrem gewöhnlichen guten Verstande obzuliegen: als die Schicksalsgöttinnen ganz ingeheim, aus dem schalsten, dünnsten, unhaltbarsten Stoffe, der jemahls von Göttern oder Menschen versponnen worden ist, ein so verworrenes Gespinst von Abentheuern, Händeln, Verbitterungen, Verhetzungen, Kabalen, Parteyen, und anderm Unrath heraus zogen, daß endlich ganz Abdera davon umwickelt wurde, und, da das heillose Zeug durch die unbesonnene Hitze der Helfer und Helfershelfer nun gar in Flammen gerieth, diese berühmte Republik darüber beynahe, und vielleicht gänzlich, zu Grunde gegangen wäre, wofern sie nach des Schicksals Schluß durch eine geringere Ursache als – *Frösche und Ratten* hätte vertilgt werden können.

Die Sache fing sich (wie alle große Weltbegebenheiten) mit einer sehr geringfügigen Veranlassung an. Ein gewisser Zahnarzt, Namens *Struthion*, von Geburt und Vorältern aus *Megara* gebürtig, hatte sich schon seit vielen Jahren in Abdera häuslich niedergelassen; und weil er vielleicht im ganzen Lande der einzige von seiner Profession war, so erstreckte sich seine Kundschaft über einen ansehnlichen Theil des mittäglichen Thraciens. Seine gewöhnliche Weise, denselben in Kontribuzion zu setzen, war, daß er die Jahrmärkte aller kleinen Städte und Flecken auf mehr als dreißig Meilen in der Runde bereiste, wo er, neben seinem Zahnpulver und seinen Zahntinkturen, gelegentlich auch verschiedene *Arkana* wider Milz – und Mutterbeschwerungen, Engbrüstigkeit, böse Flüsse u. s. w. mit ziemlichem Vorteil absetzte. Er hatte zu diesem Ende eine wohlbeleibte Eselin im Stalle, welche bey solchen Gelegenheiten zugleich mit seiner eignen kurz – dicken Person, und mit einem großen Quersack voll Arzneyen und Lebensmittel beladen wurde.

Nun begab sich einsmahls, da er den Jahrmarkt zu *Gerania* besuchen sollte, daß seine Eselin Abends zuvor ein Füllen geworfen hatte, folglich nicht im Stande war, die Reise mitzumachen. Struthion miethete sich also einen andern Esel, bis zu dem Orte, wo er sein erstes Nachtlager nehmen wollte, und der Eigenthümer begleitete ihn zu Fuße um das lastbare Thier zu besorgen und wieder nach Hause zu reiten. Der Weg ging über eine grosse Haide. Es war mitten im Sommer und die Hitze des Tages sehr groß. Der Zahnarzt, dem sie unerträglich zu werden anfing, sah sich lechzend nach einem schattigen Platz um, wo er einen Augenblick absteigen und etwas frische Luft schöpfen könnte. Aber da war weit und breit weder Baum noch Staude, noch irgend ein andrer Schatten gebender Gegenstand zu sehen. Endlich, als er seinem Leibe keinen Rath wußte, machte er Halt, stieg ab, und setzte sich in den Schatten des Esels.

Nu, Herr, was macht ihr da, sagte der Eseltreiber, was soll das?

Ich setze mich ein wenig in den Schatten, versetzte Struthion, denn die Sonne prallt mir ganz unleidlich auf den Schädel.

Nä, mein guter Herr, erwiederte der andre, so haben wir nicht gehandelt! Ich vermiethete euch den *Esel*, aber des *Schattens* wurde mit keinem Worte dabey gedacht.

Ihr spaßt, guter Freund, sagte der Zahnarzt lachend; der Schatten geht mit dem Esel, das versteht sich.

Ey, beym Jason! das versteht sich *nicht*, rief der Eselmann ganz trotzig; ein andres ist der Esel; ein andres ist des Esels Schatten. Ihr habt mir den Esel um so und so viel abgemiethet. Hättet ihr den Schatten auch dazu miethen wollen, so hättet ihrs sagen müssen. Mit Einem Wort, Herr, steht auf und setzt eure Reise fort, oder bezahlt mir für des Esels Schatten was billig ist.

Was? schrie der Zahnarzt, ich habe für den Esel bezahlt, und soll jetzt auch noch für seinen Schatten bezahlen? Nennt mich selbst einen dreyfachen Esel wenn ich das thue! Der Esel ist einmahl für diesen ganzen Tag mein, und ich will mich in seinen Schatten setzen so oft mirs beliebt, und darin sitzen bleiben so lange mirs beliebt, darauf könnt ihr euch verlassen!

Ist das im Ernst eure Meinung? fragte der andre mit der ganzen Kaltblütigkeit eines Abderitischen Eseltreibers.

In ganzem Ernste, versetzte Struthion.

So komme der Herr nur gleich stehenden Fußes wieder zurück nach Abdera vor die Obrigkeit, sagte jener, da wollen wir sehen wer von uns beiden Recht behalten wird. So wahr Priapus mir und meinem Esel gnädig sey, ich will sehen, wer mir den Schatten meines Esels wider meinen Willen abtrotzen soll!

Der Zahnarzt hatte große Lust, den Eseltreiber durch die Stärke seines Arms zur Gebühr zu weisen. Schon ballte er seine Faust zusammen, schon hob sich sein kurzer Arm: aber als er seinen Mann genauer ins Auge faßte, fand er für besser den erhobnen Arm allmählich wieder sinken zu lassen, und es noch einmahl mit gelindern Vorstellungen zu versuchen. Aber er verlor seinen Athem dabey. Der ungeschlachte Mensch bestand derauf, daß er für den Schatten seines Esels bezahlt seyn wollte; und da Struthion eben so hartnäckig dabey blieb *nicht* bezahlen zu wollen, so war kein andrer Weg übrig, als nach Abdera zurückzukehren, und die Sache bey dem Stadtrichter anhängig zu machen.

Geschichte der Abderiten (1774–1781): SW, Bd. 20, S. 3–8.

[*Jacinthe*, nachdem *Don Gabriel* das berühmte Märchen vom Prinzen Biribinker erzählt hat:] Wenn ich Ihnen die Wahrheit sagen soll, so halte ich es für unmöglich, das Abenteuerliche und Ungereimte weiter zu treiben; und Don Sylvio müßte gar zu glaubig seyn, wenn er nicht schon lange gesehen hätte, daß Ihre Absicht ist, die Feen um allen ihren Kredit bey ihm zu bringen.

Sie urtheilen sehr streng, versetzte *Don Eugenio*: es ist wahr, daß die Natur in dieser ganzen Geschichte von Anfang bis zum Ende auf den Kopf gestellt ist; daß die Karakter eben so abgeschmackt als die Begebenheiten unglaublich sind, und daß, wenn man die einen und die andern nach den Gesetzen der Vernunft, der Wahrscheinlichkeit und der Sittlichkeit beurtheilen wollte, nichts widersinnigers erdacht werden kann. Allein das wäre nicht billiger, als wenn man das Klima von Sibirien nach dem Klima von Valencia, oder die Höflichkeit der Sineser nach der unsrigen beurtheilen wollte. Das *Land der Feerey* liegt *außerhalb* der Grenzen der *Natur*, und wird nach seinen eigenen Gesetzen, oder richtiger zu sagen, (wie gewisse Republiken, die ich nicht nennen will) nach *gar keinen Gesetzen* regiert. Man kann ein Feenmährchen nur nach andern Feenmährchen beurtheilen, und aus diesem Gesichtspunkt finde ich den *Biribinker* nicht nur so wahrscheinlich und lehrreich, sondern in allen Betrachtungen interessanter, (die *vier Fakardins* vielleicht allein ausgenommen) als irgend ein andres Mährchen in der Welt.

Ich möchte doch wissen, was Sie *Lehrreiches* in diesem Mährchen finden, fragte Jacinte.

Moralisten von Profession, erwiederte *Don Eugenio*, Leute, die im Stande sind ein ganzes System von Sittenlehre aus einer *Elegie des Tibullus* auszuziehen, würden ohne Zweifel geschickter seyn als ich, diese Frage zu beantworten. Aber, damit ich meinen Satz nicht gänzlich unerwiesen lasse, wird nicht in dieser Geschichte die Ausschweifung und das Laster durchgängig bestraft? Wird nicht die Unschuld in der Person des Milchmädchens am Ende belohnt? Und ist nicht das Ganze eine überzeugende Bestätigung der moralischen Maxime: daß der Vorwitz über unser künftiges Schicksal, in der Absicht uns demselben zu entziehen, thöricht und gefährlich sey? Hätte der König mit dem majestätischen Wanste den großen Karamussal unbefragt gelassen, so würde man nie gewußt haben, daß es dem Prinzen gefährlich sey, vor seinem achtzehnten Jahre ein Milchmädchen zu sehen, und so würde er auch den Nahmen *Biribinker* nie bekommen haben. Er würde, wie andere Prinzen, am Hofe seines Vaters aufgewachsen seyn; und wenn es Zeit gewesen wäre ihn zu vermählen, so würde man durch Gesandte um die Prinzessin Galaktine haben werben lassen, und alles wäre den natürlichen Gang gegangen. Der *Vorwitz* des Königs und das fatale *Orakel* des großen Karamussal war ganz allein an allem Unheil Schuld. Die Mittel, wodruch man ihn vor dem Milchmädchen verwahren wollte, dienten zu nichts als sie desto geschwinder zusammen zu bringen; und der Nahme *Biribinker*, der ihm freylich aus allen seinen Abenteuern heraus half, würde das nicht nöthig gehabt haben, weil der Prinz nie in diese Abenteuer verwickelt worden wäre, wenn er nicht Biribinker geheißen hätte.

Sie haben hierin vollkommen Recht, sagte *Donna Felicia*: aber eben darin besteht das Lustige von der ganzen Komödie; oder vielmehr, wenn man diesen einzigen Umstand wegthäte, so würde die ganze Geschichte des Prinzen Biribinker, anstatt eines der possierlichsten Feenmährchen, eine Alltagshistorie seyn, die aufs höchste gut genug gewesen wäre, einen Artikel in den Zeitungen oder Kalendern seiner Zeit auszufüllen. Und das wäre doch wohl Schade gewesen! Kurz, ungereimt oder nicht, ich nehme den Prinzen Biribinker in meinen Schutz; und wenn ich die Ehre hätte Hut und Degen zu tragen, so wollte ich gegen alle und jede behaupten, daß die Liebe des Prinzen Biribinker, die

Tugend der Dame Krystalline, die Delikatesse der schönen Mirabella mit ihrer Kleidung von trocknem Wasser und ihren Zerstreuungen, der Riese *Karakuliamborix*, der sich die Zähne mit einem Zaunpfahle ausstochert, das mit Nymfen und Tritonen gefüllte Pfaueney, der Wallfisch, die Seen, Inseln und bezauberten Schlösser, die er im Leibe hat, der Palast von gediegenem Feuer, und der redende Kürbiß der sich auf den Lauf der Sterne versteht, mit allen andern wundervollen und unerwarteten Dingen, wovon es in diesem Mährchen wimmelt, alles hübsch unter einander gemischt, das allerdrolligste Zeug ausmachen, das ich in meinem Leben gehört habe.

Sie haben den Karpfen vergessen, der so schöne Opernarien singt, sagte *Jacinte*, das Hündchen, das auf dem Seile tanzt, und die feurigen Blicke, womit Biribinker die Steine am Bache, wo sein Mädchen saß, in Glas verwandelte.

Erlauben Sie mir noch hinzu zu setzen, sagte *Don Gabriel*, daß man schwerlich ein Mährchen finden wird, wo die kostbarsten Materialien so sehr verschwendet wären. Ich bin gewiß, daß man in keiner Raritätenkammer von Europa einen Melkkübel von Rubin antreffen wird; und ich kenne keine bezauberten Gärten, worin sogar die Brunnen mit diamantenen Quaderstücken gepflastert wären.

Don Sylvio hatte bisher so ausgesehen, als ob er dem, was gesprochen wurde, sehr aufmerksam zuhöre. Als aber alle ihre Meinung gesagt hatten, und er merkte: daß man nun auf seine Entscheidung warte, so sagte er ganz ernsthaft: Ich muß gestehen, daß ich gewünscht hätte, der Prinz Biribinker wäre entweder seinem Milchmädchen (das in der That eine sehr liebenswürdige Person ist) getreuer gewesen, oder er möchte für seine Ausschweifungen schärfer gestraft worden seyn; aber (diesen einzigen Umstand und den Karakter sowohl als die Aufführung einiger anderer Personen, die niemand billigen wird, ausgenommen) sehe ich nicht, was in der ganzen Geschichte dieses Prinzen Ungereimtes, geschweige denn Unnatürliches und Unmögliches seyn sollte.

Wie, Don Sylvio? sagte *Jacinte*; Sie finden alle diese Wunderdinge, den Riesen der sich den Zahn mit einem Zaunpfahl ausstochert, den Wallfisch, der auf funfzig Meilen in die Runde Wolkenbrüche aus seinen Nasenlöchern spritzt, die weichen Felsen, die singenden Fische, und die redenden Kürbisse natürlich und möglich?

Ohne Zweifel, schöne Jacinte, gab *Don Sylvio* zur Antwort; wenn wir anders nicht den *unendlich kleinen Theil der Natur* den wir vor Augen haben, oder das was wir alle Tage sich zutragen sehen, *zum Maßstabe dessen was der Natur möglich ist* machen wollen. Es ist wahr, *Karakuliamborix* ist in Vergleichung mit einem gewöhnlichen Menschen ein Ungeheuer; aber er wird selbst zum *Pygmeen*, wenn wir ihn mit den Einwohnern des *Saturnus* vergleichen; die nach dem Bericht eines großen Sternkungigen mit Meilenstäben ausgemessen werden müssen. Warum sollte es nicht einen Wallfisch geben können, welcher groß genug wäre, um Seen und Inseln in sich zu halten, da es kleine Wasserthiere giebt, gegen welche ein Grönländischer Wallfisch zum wenigsten so groß ist, als jener gegen diese?

Was den Wallfisch betrifft, unterbrach ihn *Don Gabriel*, so kann seine Möglichkeit keine Frage seyn, weil es allen Umständen nach der nehmliche ist, von welchem *Lucian* in seinen wahrhaften Geschichten eine umständliche Beschreibung macht, und worin er selbst ein großes Land entdeckt hat, welches damahls von fünf oder sechs verschiedenen Nazionen bewohnt war, die immer gegen einander zu Felde lagen, und vermuthlich, als Padmanaba sich einen Palast in dem Bauche dieses Wallfisches bauen ließ, einander schon aufgerieben hatten. Das einzige, was die Sache unglaublich machen könnte, ist der Umstand, daß Biribinker Sonne, Mond und Sterne darin gesehen haben soll.

Ich glaube nicht, sagte Don Sylvio, daß das so viel sagen will, als ob eine wirkliche Sonne und wirkliche Sterne ihren Lauf in des Wallfisches Bauche gehalten hätten sondern nur, daß es den Prinzen so *däuchte*, welches Padmanaba durch seine Kunst leicht zuwege bringen konnte. Diese Sonne und diese Sterne konnten, zum Beyspiel, eben so viele Salamander seyn, welche Padmanaba nöthigte in gewissen angewiesenen Entfernungen und Kreisen zu leuchten und ihren Lauf zu halten; und ich vermuthe aus allen Umständen, daß es wirklich so gewesen ist.

Ich möchte wohl wissen, sagte Jacinte, was Don Sylvio *numöglich* heißt? Denn so wie Er die Grenze der Möglichkeit ausdehnt, sollte, däucht mich, alles möglich seyn, was man sich in der Schwärmerey eines hitzigen Fiebers einbilden kann. Wenn es *gediegenes Feuer* und *trockenes Wasser* giebt, warum sollte es nicht auch *bleyernes Gold* und einen *viereckigen Zirkel* geben können?

Vergeben Sie mir, Jacinte, versetzte *Don Sylvio*, das schließt nicht so gut, wie Sie zu glauben scheinen. Die Ründe gehört zum *Wesen* des Zirkels, und es ist also an sich selbst unmöglich, sich einen viereckigen Zirkel einzubilden. Aber woher läßt sich erweisen, daß die Flüssigkeit eine wesentliche Eigenschaft des Wassers und des Feuers sey? Sehen wir nicht im Winter Eis, welches nichts anders als festes oder gediegenes Wasser ist? Warum sollte die Macht oder die Kunst der elementarischen Geister nicht auch trocknes Wasser oder festes Feuer hervorbringen können? Mich däucht, (fuhr er fort) die wahre Quelle der irrigen Urtheile, die man über alles was man *wunderbare* Begebenheiten nennt zu fällen pflegt, entspringe aus der falschen Einbildung, als ob alles unmöglich sey, was sich nicht aus körperlichen und in die Sinne fallenden Ursachen erklären läßt; gleich als ob die *Kräfte der Geister*, von welchen die *körperlichen* Dinge bloß todte und grobe *Werkzeuge* sind, nicht nothwendiger Weise die mechanischen und geborgten Kräfte eben dieser Werkzeuge unendlich übersteigen müßten. In dieser Betrachtung glaube ich allerdings, daß unzählige Dinge möglich sind, die wir aus keinem bessern Grunde für unmöglich halten, als weil sie unserer Unwissenheit unbegreiflich vorkommen; worin wir ungefähr eben so weise sind, als ein Wilder, der die bezaubernde Modulazion, die ein Meister aus einer Querflöte hervor bringt, für unmöglich halten wollte, weil er selbst aus seinem Schilfrohr nur heisere und einförmige Töne erzwingen kann. Ich finde also in der Geschichte des Prinzen *Biribinker* nichts *unmögliches*, und (die Glaubwürdigkeit des Geschichtschreibers vorausgesetzt) sehe ich nicht, warum sie nicht von einem Ende zum andern eben so gut wahr seyn und eben so viel Glauben verdienen sollte, als irgend eine andere Geschichte.

Jetzt haben Sie den rechten Punkt berührt, sagte *Don Gabriel*; auf *die Glaubwürdigkeit der Zeugen* kommt alles an. Denn ob wir gleich allen den Wunderdingen, womit die Geschichtschreiber und die Dichter die Welt angefüllt haben, oder doch dem größten Theil davon eine *bedingte Möglichkeit* einräumen können: so sind sie doch darum nichts desto weniger bloße *Schimären,* so lange nicht bis zur Uberzeugung der Vernunft erwiesen werden kann, daß sie wirklich existieren oder existiert haben. Und da gestehe ich Ihnen, daß es sehr schlecht um die historische Wahrheit der Feen- und Geistergeschichten steht, wenn sie keine bessere Gewähr ihrer Wahrheit aufzuweisen haben als Biribinkern.

Warum dieß? fragte *Don Sylvio.*

Weil diese ganze Geschichte von meiner eigenen Erfindung ist, antwortete *Don Gabriel.*

Von *Ihrer* Erfindung? rief jener etwas betroffen aus. O Don Gabriel, dieß hätte ich Ihnen nicht zugetraut! Sie nannten uns ja einen Geschichtschreiber, woraus sie hergenommen seyn sollte?

Vergehen Sie mir, Don Sylvio, erwiederte der andere, es ist nicht anders als wie ich sage. Ich wollte einen Versuch machen, wie weit ihre Vorurtheile für die Feerey gehen könnten; ich strengte (nehmen Sie mirs nicht übel auf) allen Aberwitz, dessen ich fähig bin, an, um eine so widersinnige und ungereimte Wundergeschichte zu erdenken als man nur jemahls gehört haben möchte, und so entstand der *Prinz Biribinker.* Aber ich gestehe Ihnen freylich, daß es mir nicht möglich war etwas ungereimtes zu ersinnen, das nicht in allen Feenmährchen seines gleichen hat, und ich hätte voraus sehen sollen, daß diese *Analogie* Sie verführen würde. Glauben Sie mir, Don Sylvio, die Urheber der

Feenmährchen und der meisten Wundergeschichten haben so wenig im Sinne, klugen Leuten etwas weiß zu machen, als *ich* es haben konnte. Ihre Absicht ist die Einbildungskraft zu belustigen; und ich gestehe Ihnen, daß ich selbst ein größerer Liebhaber von Mährchen als von metafysischen Systemen bin. Ich kenne unter den Alten und Neuern Leute von großen Fähigkeiten, und selbst Leute von Ansehen, die sich in müßigen Stunden damit abgegeben haben, Mährchen zu schreiben; und viele größere Männer als ich bin, und die einen ernsthaftern Karakter behaupten als ich jemahls zu behaupten verlange, welche diese Spielwerke allen andern Werken des Witzes vorzogen. Wer liebt nicht, zum Beyspiele, den *Orlando* des *Ariost*, der doch in der That nichts anders als ein Gewebe von Feenmährchen ist? – Ich könnte noch vieles zu Gunsten derselben sagen, wenn es jetzt darum zu thun wäre ihnen eine Lobrede zu halten. Aber bey dem allen bleiben Mährchen doch immer – *Mährchen*; und so viel Vergnügen uns unter den Händen eines Dichters, der damit umzugehen weiß, die Salamander und Sylfiden, die Feen und Kabbalisten machen können, so bleiben sie nichts desto weniger schimärische Wesen, für deren Wirklichkeit man nicht einen einzigen bessern Grund hat, als ich für meinen *Biribinker* anzuführen im Stande wäre.

Sie scheinen nicht zu bedenken, sagte *Don Sylvio*, daß Sie die Feen und elementarischen Geister, nebst der Kabbala, oder geheimen Filosofie, die den Weisen die Macht giebt sich diese Geister unterwürfig zu machen, – nicht läugnen können, ohne *den Grund aller historischen Wahrheit* umzustoßen. – Denn wie durchgängig und übereinstimmend ist nicht das Zeugniß der *ganzen Geschichte* zu ihrem Vortheile?

Sie haben vermuthlich die *Nachrichten* von dem *Grafen von Gabalis* gelesen, erwiederte *Don Gabriel*, worin dieses Argument auf den höchsten Grad der Stärke getrieben ist die es haben kann. Aber alles was man damit beweisen kann, ist weder mehr noch minder, als *daß die Geschichte mit Fabeln und Unwahrheiten untermischt* ist; ein großes Übel, welches den schwachen Verstand oder dem bösen Willen, oder wenigstens der Eitelkeit der Geschichtschreiber zu Schulden liegt, und in meinen Augen die wahre Quelle so vieler schädlichen Irrthümer ist, womit wir die verschiedenen Gesellschaften der Menschen behaftet sehen. Glauben Sie, zum Beyspiele, daß Biribinker nur um den vierten Theil eines Grans glaubwürdiger wäre, wenn er von Wort zu Wort von dem Geschichtschreiber *Paläfatus* erzählt würde? Woher könnten wir wissen, ob ein Autor, der vor drey tausend Jahren gelebt hat, und dessen Geschichte und Karakter uns gänzlich unbekannt sind, den Willen gehabt habe uns die Wahrheit zu sagen? Und gesetzt, er hatte ihn, konnte er nicht selbst *leichtgläubig* seyn? Konnte er nicht aus *unlautern Quellen* geschöpft haben? Konnte er nicht durch *vorgefaßte Meinungen* oder *falsche Nachrichten* hintergangen worden seyn? Und gesetzt, dieß alles fände nicht bey ihm Statt: kann nicht in einer Zeitfolge von zwey und drey tausend Jahren seine Geschichte unter den Händen der Abschreiber verändert, verfälscht, und mit untergeschobenen Zusätzen vermehrt worden seyn? So lange wir nicht im Stande sind, von jedem besondern Abenteuer des *Biribinker,* und so zu reden von Zeile zu Zeile zu beweisen, daß keiner von allen diesen möglichen Fällen dabey Platz finde, so würde *Livius* selbst kein hinlänglicher Gewährsmann für die Wahrheit dieser anmaßlichen Geschichte seyn. Ich gestehe Ihnen, das Zeugniß eines *Xenofon* oder *Tacitus*, oder gar eines solchen *Zweiflers* wie *Sextus Empirikus*, würde dem Daseyn der Elementargeister und eines jeden andern Dinges, das nicht innerhalb des bekannten Zirkels der allgemeinen Erfahrung liegt, sehr zu Statten kommen; allein zum Unglück für das Wunderbare, können sie sich keiner *so vollgültigen Zeugen* rühmen. Aber auch zugegeben, daß sich unter der unendlichen Menge von Wunderdingen dieser Art, die seit dem Anbeginn der Welt bey allen Völkern des Erdbodens erzählt und geglaubt worden sind, einige wenige fänden, die ein *unverwerfliches Ansehen* für sich hätten; so würde dieses weder die übrigen glaubwürdiger machen, noch den allgemeinen Grundsatz entkräften können: Daß alles und jedes, was keine

Übereinstimmung mit dem ordentlichen Laufe der Natur, in so fern sie unter unsern Sinnen liegt, oder mit demjenigen hat, was der größte Theil des menschlichen Geschlechts alle Tage erfährt, eben deßwegen die allerstärkste und gewisser Maßen die unendliche *Präsumzion der Unwahrheit* wider sich habe; ein Grundsatz, den das allgemeine Gefühl des menschlichen Geschlechts rechtfertiget, ob er gleich der ganzen Feerey mit allen ihren Zubehören auf einmahl das Leben abspricht.

Die Damen hatten sich zurück gezogen, so bald sie sahen daß die Unterredung einen *scientifischen* Schwung nehmen würde. *Don Sylvio* ergab sich nicht so leicht als sein Gegner erwartet haben mochte. Er bediente sich aller Vortheile, die ihm die *scheinbare Verwandtschaft* dieser Materie mit andern, wo Don Gabriel, nach Husarenart, nur *fliehend fechten* konnte, zu geben schien. Allein, nachdem er sich durch die überwiegende Geschicklichkeit seines Gegners aus allen seinen Schlupfwinkeln heraus getrieben sah, so blieb ihm endlich nichts übrig, als sich gleichfalls auf die *Erfahrung* zu berufen, durch welche ihn jener zu überweisen gedacht hatte. Doch er fand bald, daß er wenig gewinnen würde, einen Filosofen wie Don Gabriel mit seinen eigenen Waffen anzugreifen; man bewies ihm, daß *besondere* und *außerordentliche Erfahrungen*, so bald sie der Analogie der *allgemeinen* Erfahrung widersprechen, allezeit verdächtig sind; und daß zu einer *Evidenz*, der sich *die Vernunft* ergeben müßte, ein *so scharfer Beweis* erfordert würde, daß unter zehn tausend solchen außerordentlichen Erfahrungen kaum Eine zu finden sey, die bey genauer Untersuchung nur so viel Wahrscheinlichkeit übrig behalte, als zu einer starken *Präsumzion* erfordert werde. Er nahm, zu Erläuterung seiner Lehrsätze die *Visionen* der Schwester *Maria* von *Agreda* zum Beyspiel, und vertiefte sich unvermerkt in Spekulazionen, die der Übersetzer für die meisten Leser dieses Buchs zu tiefsinnig gehalten, und um so lieber weggelassen hat, als aus dem Vorberichte, der dem Spanischen Manuscript voran gesetzt ist, erhellet, daß der ehrwürdige Dominikanermönch, dem selbiges zur Censur gegeben worden, von diesem Diskurse den Unschuldigen Anlaß genommen, den Druck des ganzen Werkes zu untersagen.

Dem sey wie ihm wolle, so fand *Don Eugenio* selbst für gut die Fortsetzung dieser allzu metafysischen Untersuchungen zu hemmen. Ich glaube kaum, sagte er, daß es zum Beweis, wie leicht uns in diesem Stücke unsere vorgefaßten Meinungen oder eine allzu wirksame Fantasie hintergehen kann, etwas andres braucht, als sich auf unsers jungen Freundes *eigene Erfahrung* zu berufen. Ich wette was man will, Don Sylvio, Sie glaubten beym Eintritt in diese Gärten, und beym Anblick dieses Pavillons, in einen *Feensitz* gekommen zu seyn; und doch ist nichts gewisser, als daß Sie in eben diesem *Lirias* sind, welches mein Großvater *Gil-Blas von Santillana* der dankbaren Großmuth des Don Alfonso von Leyva zu danken hatte, und welches seitdem theils von ihm selbst, theils von meinem Vater Don Felix von Lirias erweitert und verschönert worden. Sie scheinen noch so wenig von der wirklichen Welt gesehen zu haben, daß die Ähnlichkeit, die Sie zwischen den Gärten und Gebäuden zu Lirias mit denen, womit Ihre Einbildungskraft in den Mährchen bekannt geworden ist, gefunden haben, Sie leicht verführen konnten, dasjenige, was von ganz alltäglichen Menschenhänden gemacht ist, für ein Werk der Geister und der Feerey zu halten. Gestehen Sie, Don Sylvio, daß Sie bey Erblickung meiner *Schwester* keinen Augenblick anstanden, sie für eine *Fee* zu halten: und doch kann Ihnen mein Pfarrer mit dem Taufregister beweisen, daß sie eine Sterbliche ist, und von guten alten Christen abstammt, die niemahls der Magie verdächtig gewesen sind; eine Enkelin der liebenswürdigen *Dorothea von Iutella*, welche bestimmt war meinem Großvater den Verlust seiner geliebten *Antonia* zu ersetzen, und mit welcher sie in der That eine so große Ähnlichkeit hat, daß man das Bildniß der einen für der andern ihres hält.

Dieses einzige Argument *ad hominem* wirkte mehr als alle subtilen Schlußreden des Don Gabriel. Don Sylvio hatte außer einem Kompliment, welches er bey diesem Anlasse den Reitzungen der Donna Felicia machte, so wenig gründliches darauf zu antworten, daß er allmählich still wurde, und, wie es schien, in Gedanken verfiel, die seinen Kopf merklich verdüsterten. Zu gutem Glück war es eben Zeit, in ein Schauspiel zu gehen, welches Don Eugenio durch eine herum wandernde kleine Schauspielergesellschaft veranstaltet hatte. Diese angenehme Zerstreuung und die Gegenwart der Donna Felicia stellten nach und nach die gute Laune unsers Helden wieder her. Die aufmunternde Freundlichkeit, oder sollen wir die Zärtlichkeit sagen, die in Feliciens ganzem Betragen gegen ihn herrschte, machte ihn gar bald lebhaft, gesprächig und begierig zu gefallen; und der Ton der scherzenden Fröhlichkeit, in welchen sie über dem Nachtessen die ganze Gesellschaft stimmte, wirkte zuletzt so mächtig auf ihn, daß er unvermerkt die Rolle vergaß, die er zu spielen übernommen hatte, und sich über den Prinzen Biribinker und seine Feen so lustig machte, als ob er nie Feen geglaubt, und keinen Sommervogel geliebt hätte.

[...]

Don Sylvio hatte einen guten Theil der Nacht mit Betrachtungen zugebracht, welche den Feen nicht sehr günstig waren. Die Wahrheit zu sagen, seit dem kleinen Betruge, den ihm Don Gabriel mit dem Mährchen vom Prinzen *Biribinker* spielte, hatte sein Glaube an diese Damen und ihre Geschichtschreiber keine geringe Erschütterung erlitten. Die Geschichte des Herrn Biribinker kam ihm jetzt selbst so abgeschmackt vor, daß er nicht begreifen konnte, wie er den Betrug nicht augenblicklich gemerkt habe. Er fand endlich, die wahre Ursache davon könnte schwerlich eine andere seyn, als die Ähnlichkeit dieses Mährchens mit allen andern, und das Vorurtheil, das er einmahl für die Wahrheit der letztern gefaßt hatte. Er konnte sich selbst nicht länger verbergen, daß, wenn auch die Ungereimtheiten im Biribinker um etwas weiter getrieben wären als in andern Mährchen, dennoch die Ähnlichkeit noch groß genug sey, um ihm (zumahl in Betrachtung alles dessen was Don Gabriel und Don Eugenio dagegen eingewandt hatten, alle Mährchen ohne Ausnahme *verdächtig* zu machen). Unter dergleichen Betrachtungen war er endlich eingeschlafen, und nach einem Schlummer von drey Stunden, in welchem er an Einem fort von Donna Felicia geträumt hatte, war er wieder aufgestanden, um bey einem einsamen Spaziergange in der Kühle des Morgens seine Betrachtungen über eine für ihn so wichtige Sache mit desto besserm Erfolge fortsetzen zu können.

Es währte eine geraume Zeit bis ihn Pedrillo fand; denn er hatte sich, indessen daß sich dieser ankleidete und herunter stieg, in den Alleen des Labyrinths vertieft, welches wegen seiner Größe und der Mannigfaltigkeit der Gänge, Sommerlauben, kleinen Lustwäldchen, Kaskaden, Griechischen Tempel, Pagoden, Bildsäulen und hundert andern Dingen, die geschickt waren ihm ein romantisches Ansehen zu geben, den angenehmsten Ort von der Welt ausmachte. Unser Held – der nicht länger zweifeln konnte, daß alles dieses, so sehr es einer bezauberten Gegend gleich sah, ein Werk der Kunst sey, die, von einer dichterischen Einbildungskraft geleitet, aus der geschickten Verbindung der verschiedenen Schönheiten der Natur und der nachahmenden Künste ein so angenehmes Ganzes hervor zu bringen gewußt habe – kam beym ersten Eintritt in diesen anmuthsvollen Hain auf den Gedanken: daß die Fantasie vielleicht die einzige und wahre Mutter des *Wunderbaren* sey, welches er bisher, aus Unerfahrenheit, für *einen Theil der Natur selbst* gehalten. Er hatte diesem Gedanken schon eine ziemliche Weile mit dem Vergnügen, womit lebhafte Geister eine neue Entdeckung zu verfolgen pflegen, nachgehangen, als er auf einmahl den Pedrillo ansichtig wurde, der hinter einem Gebüsche von wildem Lorber, das sich um die Ruinen eines kleinen Tempels herum zog, mit großer Freude auf ihn zugelaufen kam. – Je, guten Morgen, Herr Don Sylvio, schrie ihm dieser entgegen so bald er ihn erblickte, leben Sie auch noch? Sapperment! gnädiger Herr, man kriegt Sie ja den ganzen Tag nicht einen Augenblick zu sehen! Wenn ich nicht von der Jungfer Laura gehört hätte, daß Sie noch da wären, ich hätte, verzeih' mirs Gott, denken mögen, die Feen hätten Euer Gnaden durch die Luft davon geführt. – Ich habe weit mehr Ursache mich über *dich* zu beschweren, versetzte Don Sylvio lachend: du mußt sehr von deiner Sylfide bezaubert seyn, weil ich dich seit dem Augenblick, da du bey der Ankunft der Donna Felicia aus dem Sahle weggiengst, nicht wieder zu sehen bekommen habe. – Gnädiger Herr, antwortete Pedrillo, ich glaube, Sie irren Sich nicht um die Hälfte, wenn Sie denken daß ich bezaubert bin: man sagt, die Bezauberten essen und trinken nichts, ohne daß sie um ein Quentchen magerer werden als sie gewesen sind; ich will gleich gehangen seyn, (aber verstehen Sie mich recht, nur an meines Mädchens Hals, meine ich) wenn ich seit vorgestern so viel gegessen habe als eine Fliege auf ihren Flügeln wegtragen könnte. Sehen Sie, wenn wir bey Tische sitzen, so sitze ich allemahl der Jungfer Laura gegen über, und das gaffe ich sie halt eines Gaffens an, und da giebt es alle Augenblicke etwas anders, und da sehe ich ihr zu wie ihr das Essen so wohl ansteht, und gucke ihr in ihr kleines Maul; denn sie hat ein Maul voll Zähne daß es eine Lust ist, so weiß und gleich gesetzt wie eine Schnur Perlen, und – was ich sagte, da neckt sie mich alle Augenblicke, oder winkt mir oder tritt mich mit dem Fuß oder macht etwas an ihrem Halstuche zu rechte; und mit all dem Spaße vergäß' ich, meiner Six, Essen und Trinken, wenn sie mir nicht zuweilen selbst einen Bissen ins Maul steckte. Und doch bin ich, wie Euer Gnaden sieht, so frisch und stark als ob ich mit dem Bel zu Babel um die Wette fräße. Das macht die gute Gesellschaft! Beym Velten! man sieht Euer Gnaden auch keinen Mangel an: Sie sehen so frisch und rothbackig wie ein Bräutigam; und doch wollt' ich wetten, daß Euer Gnaden heute Nacht nicht viel geschlafen hat.

Das macht, wie du sagst, die gute Gesellschaft, erwiederte Don Sylvio: aber wie gefällt es dir denn in diesem Schlosse, Pedrillo? Wollen wir uns nicht bald wieder auf den Weg machen?

Auf den Weg machen? rief Pedrillo, indem er einen Sprung zurück that und seinem Herrn mit einer schelmischen Miene ins Gesicht sah; beym Element! wir wollen erst recht ankommen, ehe wir wieder ans Weggehen denken. Wir haben nicht so sehr zu eilen, gnädiger Herr! man trifft nicht hinter allen Zäunen ein Quartier an wie dieses; und hernach, wenn mirs Euer Gnaden nicht übel nehmen will, die Feen mögen sagen was sie wollen, so denk' ich halt, es ist doch immer besser unter Christenmenschen zu leben, als unter solchem Zaubervolk, unter Kobolden und Geistern, wo man nie gewiß weiß wen man vor sich hat. Die Dame Laura gefiel mir gleich das erste Mahl, ob ich sie gleich für ein Sylfenmädchen ansah, ich kann Ihnen nicht sagen wie wohl; aber seitdem ich weiß daß sie eine gute Christin ist und Fleisch und Blut hat wie andere ehrliche Leute, und daß sie weder Sylfin noch Gnomin, sondern Jungfer Laura, der gnädigen Frau Donna Felicia von Kardena ihr Kammermädchen ist, seitdem ist sie mir noch tausendmahl lieber. Mit Einem Wort, Herr Don Sylvio, ich hoffe, daß es Euer Gnaden nicht Ernst war, dieses Schloß schon wieder zu verlassen, wo es uns so wohl geht daß wir es nicht besser wünschen könnten. Wenn es schon weder von Saffir noch Diamantsteinen gebaut ist, so ist es doch (wie mir Laura versichert hat) eines von den schönsten in der ganzen Gegend, und mir däucht, ich wollte mir mein Leben lang kein schöneres wünschen, wenn ich an Euer Gnaden Platz wäre. Ich weiß schon was ich weiß, ob ich schon nicht dergleichen thue; aber man findet manchmahl mehr als man sucht, und ein Feldhuhn läßt sich wohl gegen einen Fasan vertauschen. Ich will nichts gesagt haben, aber denken Sie an *mich*, gnädiger Herr, ob wir nicht zwey oder drey Hochzeiten erleben ehe wir aus diesem Schlosse kommen; ich bitte Euer Gnaden sich seiner Zeit daran zu erinnern, daß ichs vorher gesagt habe.

Ich möchte doch wohl wissen, sagte Don Sylvio, was das für Geheimnisse sind, die dich, wie es scheint, so stark drücken, daß du es kaum erwarten kannst, bis du dich ihrer erlediget hast!

Wenn mich Euer Gnaden für einen solchen Schwätzer ansehen, erwiederte Pedrillo, so hätte ich gute Lust, daß ich meinen Kopf auch aufsetzte und Ihnen fein hübsch nichts sagte. Sie könnten Sich leicht einbilden, als ob ich nichts bey mir behalten könnte; und hernach hab' ich noch meine besondern Ursachen;

und ich denke, Jungfer Laura hatte die ihrigen auch, da sie mir so scharf verbot daß ich Ihnen nichts davon sagen sollte daß die Prinzessin – Sapperment! Schier wäre mirs entwischt! aber ich ertappe mich selbst noch zu rechter Zeit. – Nur noch eine kleine Geduld, gnädiger Herr! Die Birnen fallen von sich selbst wenn sie reif sind; es werden, eh' es lange währen wird, seltsame Dinge an den Tag kommen. – Aber das muß ich gestehen, gnädiger Herr, daß Sie in einem glückseligen Zeichen geboren sind! Sapperment! es leben die Feen und die bezauberten Schmetterlinge! Denn das ist nun einmahl richtig, wenn wir nicht Narren gewesen wären und den blauen Schmetterling gesucht hätten – Mehr sag' ich nicht! Genug, daß ich weiß was ich weiß, und daß Euer Gnaden sehen daß ich schweigen kann. Gelt? wenn ich ein solcher Plauderer wäre, wie Sie immer sagen, so hätt' ich es sauber bey mir behalten können, daß wir das Bild zusammt der Prinzessin gefunden haben?

Was sagst du? unterbrach ihn Don Sylvio; du hast das Bildniß meiner Prinzessin gefunden? Wo ist es, wo ist es?

Ich bitte Euer Gnaden um Vergebung, antwortete Pedrillo mit der größten Gleichmüthigkeit von der Welt; ich habe kein Bildniß, und ich sagte auch nicht daß ich das Bildniß Ihrer Prinzessin gefunden habe, und ich würde auch lügen, wenn ich das sagte –

Was plauderst du denn von einem Bild und von einer Prinzessin die man gefunden habe? sagte Don Sylvio.

Sie haben mich nicht recht verstanden, gnädiger Herr, erwiederte Pedrillo; das sagt' ich gewiß nicht! denn das ist eben das Geheimniß, sehen Sie; und weil ich nun einmahl versprochen habe daß ich nichts verrathen wollte, so soll es auch nicht aus meinem Munde kommen, und wenn Sie mir goldene Berge versprächen. Ich bitte Sie, gnädiger Herr, fragen Sie mich nicht; der Teufel ist ein Schelm, es könnte einem unversehens ein Wort entwischen – Kurz und gut, Herr Don Sylvio, ich sage so viel, wenn wir gewußt hätten was ich jetzt weiß, so hätte uns die Fee Rademante die Mühe dem blauen Schmetterling durch dick und dünn nachzulaufen, und eine gute Tracht Schläge die wir um seinet-

71

willen bekommen haben, ersparen und uns fein sauber zu Hause lasen können. – Aber bin ich nicht ein Narr? *Dann* hätten wir unsere Prinzessin nicht gefunden – das ist auch wahr; und man mag sagen was man will, wenn sie gleich nur eine – Sachte! da war mirs beym Element! schon wieder auf der Zunge –

Was denn, du abgeschmackter Dummkopf? rief Don Sylvio ungeduldig. Entweder schweige gar, oder rede daß man begreifen kann was du willst.

Sey ich ein Esel, Herr Don Sylvio, sagte jener, wenn ich selbst etwas davon begreife. Wenn man die Sache auf der einen Seite ansieht, so meinte man die Fee habe Sie nur zum besten gehabt; und doch ist es auf der andern Seite richtig daß sie ihr Wort gehalten hat: das Bildniß ist da, das hat seine Richtigkeit, und die Prinzessin ist auch da, ob sie gleich eigentlich zu reden, weder ein blauer Schmetterling, noch, was man sagen möchte, eine Prinzessin ist. Der Henker mag dieß verworrene Zeug aus einander lesen! Denn Etwas muß man doch seyn, und wenn das Bildniß – Ich weiß selbst nicht was ich sagen wollte, der Kopf wird mir ganz warm davon wenn ich unsern Begebenheiten nachsinne. Daß Feerey darin ist, das laß ich mir nicht ausreden! denn man kann es, meiner Six, mit Händen greifen, daß sich das alles nicht von ungefähr so wunderlich zusammen fügen konnte.

Die Abenteuer des Don Sylvio von Rosalva (1764): SW, Bd. 12, S. 277–296; S. 305–313.

Der Stand der Wilden ist die wahre Jugend der Welt, sagt Rousseau, und alle weitere Progressen sind zwar, dem Anschein nach, eben so viele Schritte zur *Vollkommenheit* des *einzelnen* Menschen, in der That aber zur *Abnahme, Verunstaltung und Ausmergelung der Gattung* gewesen.

Gerade das Widerspiel, guter *Jean-Jaques!* Die Vereinigung der Menschen in große Gesellschaften ist in vielen Stücken dem *einzelnen* Menschen nachtheilig, befördert hingegen offenbar die Vollkommenheit der *Gattung*.

Der *policierte Mensch* ist nicht so stark, nicht so gesund, nicht so behende, nicht so herzhaft, nicht so frey, nicht so zufrieden mit seinem Zustande als *der Wilde*. – Dieß ist von dem größten Theile der *einzelnen Personen* in dem einen und in dem andern Stande wahr; *Rousseau* selbst hat es so gut bewiesen, als man es nur verlangen kann.

Aber *der policierte Mensch* weiß sich aller seiner Kräfte unendliche Mahl besser zu bedienen, ist unendliche Mahl geschickter seinen Wohlstand dauerhaft zu machen, weiß sich unendliche Mahl mehr Vergnügungen zu verschaffen, eröffnet sich tausend neue Quellen von Glückseligkeit die dem *Wilden* ganz unbekannt sind, ist unendliche Mahl mehr Herr über die Natur, u. s. w. – Alles dieß ist von den meisten Einzelnen mehr oder weniger falsch, und von der ganzen Gattung wahr.

Rousseau hat also eine unrichtige Bemerkung gemacht; und wenn etwas dabey zu verwundern ist, so ist es, wie er sie hinschreiben konnte, ohne zu merken, wie wenig sie die Probe hält.

Nimmermehr wird unter Wilden, oder unter irgend einem kleinen Volke, das dem *ursprünglichen Stande* noch nahe ist, eine *Palladio*, ein *Rafael*, ein *Erasmus*, ein *Bakon*, ein *Galilei*, ein *Locke*, ein *Shaftesbury*, ein *Montesquieu*, ein *Newton*, ein *Leib-*

nitz gebildet werden. – Und wer kann so unwissend, oder so unbillig seyn, die großen Vortheile zu mißkennen, welche sich nur allein von zehn solchen Männern unvermerkt über ganze Nazionen ausbreiten, und mit der Zeit über die ganze Gegend ausbreiten werden?

Bedürfnisse und Talente vermehren und verfeinern *sich in großen* oder wenigstens *empor strebenden* Gesellschaften, durch eine wechselweise Wirkung in einander, ins unendliche. Die Liebe zur Bequemlichkeit und zum Vergnügen, die Begierde sich in Achtung zu setzen und Einfluß zu haben, – um der Vortheile zu genießen die damit verbunden sind – (denn welcher unter uns bekümmert sich um die Achtung der *Japaner*?) nöthigt Hunderttausende zu einer Anstrengung ihrer Kräfte, die dem Ganzen nützlich wird; und so wird durch den feinsten Mechanismus der Natur die *Trägheit* selbst, deren Gewicht den Wilden zu den Thieren herab zieht, in der bürgerlichen Gesellschaft zu einer *Quelle* wetteifernder *Thätigkeit*.

Ohne Vereinigung kleiner Gesellschaften in große, ohne Geselligkeit der Staaten und Nazionen unter einander, ohne die unzähligen *Kollisionen* der mainnigfaltigen Interessen aller dieser größern und kleinern *Systeme der Menschen*, würden die edelsten Fähigkeiten unsrer Natur ewig im Keim eingewickelt schlummern.

Ohne sie würde die Vernunft des Menschen nie zur Reife gelangen, sein Geschmack immer roh, seine Empfindung immer thierisch bleiben. Mit gedankenlosen Augen würde er ewig den gestirnten Himmel anschauen, ohne sich träumen zu lassen, daß er fähig sey die Bewegungen dieses unermeßlichen Uhrwerks zu berechnen. Seine Stimme würde niemals ein Mittel geworden seyn, seinen geistigsten Gedanken einen Leib zu geben, und die leisesten Regungen seines Herzens andern verständlich zu machen. Tausend bewundernswürdige Künste würden, in seinem Gehirne begraben, von seinem plumpen Witz nicht entdeckt worden, und seiner ungeübten Hand unmöglich geblieben seyn. Die *Musen* würden seinen Geist nicht verändert, die *Grazien* seine Freuden nicht veredelt, die *Wissenschaften* ihn nicht auf den Weg geleitet haben, sich die ganze Natur zu unterwerfen. Welche Vortheile für die *Gattung*! Wie ist es möglich sie zu mißkennen?

Und wie wenig kommen dagegen die zufälligen Übel, welche mit dem gesellschaftlichen Stande verbunden sind, in Betrachtung, wenn wir erwägen, daß eben in jenen wohlthätigen Ursachen auch die bewährtesten Mittel gegen diese liegen; daß, vermöge der Natur der Dinge, so wie jene steigen, diese abehmen, und jeder Schritt, den wir zur Vervollkommnung der Gattung thun, eine Quelle von fysischen oder sittlichen Übeln stopft, welche der allgemeinen Glückseligkeit hinderlich waren!

Über die Behauptung dass ungehemmte Ausbildung der menschlichen Gattung nachtheilig sey (1770): SW, Bd. 14, S. 280–284.

–

Wie dem auch sey, nichts bedarf wohl weniger einer *ernsthaften* Widerlegung, als die Meinung von einer immer zunehmenden *Entkräftung der Natur* und stetem Abnehmen der *Menschheit*. Wo man jemahls Abnahme gesehen hat, da hat man sie bey *einzelnen Völkern* gesehen – und immer waren es *sittliche Ursachen*, immer war es stufenweise Entnervung und Verderbniß durch Tyranney, übermäßige Ungleichheit, Hoffahrt, Üppigkeit und zügellose Sitten, was endlich im ganzen Staatskörper diese *Kachexie* hervorbrachte, die sich mit seinem Tod endigte. – Die Verderbniß und Schwäche ging nie ins unendliche; sie hatte immer ihr gewisses Maß, wie Gesundheit und Stärke auch.

Als es mit den *Römern* dahin gekommen war, daß der Nahme Römer, der vormahls Königen Ehrfurcht einflößte, bey den *Gothen* zu einem Schimpfnahmen wurde, den kein ehrlicher Kerl auf sich sitzen lassen konnte, – so war es auch aus mit ihnen. Diese ausschweifendsten, raubgierigsten, niederträchtigsten aller Menschen, die das Schändlichste zu thun und zu leiden fähig waren, wurden zuletzt auch die feigesten und wehrlosesten des Erdbodens. – Tiefer ist nie ein anderes Volk gesunken. Aber ihr Verderben war, gleich einer Seuche die nicht über einen gewissen Kreis hinaus kam, in die Grenzen ihrer *Sitten* eingeschlossen. Die Gothen, Vandalen, Langobarden, Franken, Sueven und so weiter, die ihre Herren wurden, blieben lange unangesteckt. Das große ungeheure Aas lag und moderte; aber was noch von gesunden Bestandtheilen übrig war, verlor sich in einer neuen Schöpfung. Neue Völker, neue Nahmen, neue Reiche, Verfassungen, Sitten und Sprachen, gingen aus den Trümmern der alten Welt hervor; und nun fing sich der Zirkel wieder an. Die Römer, denen *Horaz* so viel Böses weissagte, waren den Römern aus den Zeiten der *Koriolanus, Kurius, Cincinnatus,* nicht unähnlicher, als wir heutigen Europäer unsern Stiftern und Altvordern sind. Unser Fortgang ins Schlechtere wird, trotz aller unsrer Palliative und Betäubungsmittel, immer sichtlicher. Eine Kraft, die mächtiger ist als wir, stößt uns immer näher gegen jenen Punkt, der noch allen Völkern, die ihn berührt haben, verderblich gewesen ist. Werden wir vielleicht allein die Ausnahme machen?

Aber, was daraus auch werden mag, die menschliche *Gattung* überhaupt wird nichts dabei verlieren. Andre Völker, die jetzt noch in der Wildheit ihres kindischen Alters herum laufen, werden ihre *Jugendstufe* besteigen; unverdorbne, kraftvolle, gutartige Menschen – wenn anders *unsre* kosmopolitische Neigung, auf dem ganzen Erdenrunde herum zu schwärmen, und allen Völkern, von Grönland bis in die Südseeinseln, unsre Künste zu zeigen und unsre häßlichen Krankheiten mitzutheilen, bis dahin noch unangesteckte Menschen übrig läßt – werden *die Patriarchen neuer Zeitalter* werden; neue *Helden,* neue *Argonauten,* neue *Orfeen* und *Ossiane,* neue Ritter von der *Tafelrunde* – kurz, die ganze Geschichte, wie sie *Virgil* in seiner vierten Idylle in so schönen Versen weissagt, wird unter *andern Formen* und in *andern Gegenden* wieder kommen; und in dieser Ordnung der Natur wird sich die Menschheit vielleicht noch lange fortdrehen, und von Zeit zu Zeit neu geboren werden, wachsen, blühen, reifen, abnehmen, verderben, und dann wieder auferstehen, und wieder blühen, und wieder verderben; bis die Erde endlich ihre Zeit erfüllt hat, und eine Begebenheit, die alle übrigen verschlingt, die Scene schließen wird.

Ich will damit nicht sagen, daß diese kreisförmige Bewegung, womit sich die menschlichen Dinge umwälzen, ein *wahrer* Zirkel sey. Man hat vielmehr Ursache (wie mich däucht) zu glauben daß es keiner sey. Kein Volk hat jemahls die Stufe wieder betreten, von der es einmahl herabgefallen, noch durch irgend ein Wunder der Kunst die natürlichen Kräfte wieder bekommen, die es einmahl verloren hatte. Die *Perser* sind nie wieder geworden was sie unter *Cyrus* waren; die *Athener* haben sich nie von ihrem *Alcibiades*, die *Spartaner* nie von ihrem *Lysander* wieder erhohlen können. Es scheint, die Reihe des Steigens und Fallens müsse nach und nach an *alle* Völker kommen – welche nicht, wie die Grönländer, Lappen, Kamtschadalen und ihres gleichen, mit eisernen Banden des Klima's gefesselt, ihr Daseyn im starren Nebel der Dumpfheit, wie halb erfrornen Menschen zukommt, hinträumen.

[...]

Aber hier ist es hohe Zeit zu schweigen! – Denn der Natur *heiligen Schleier* aufzudecken, in ihr inneres Räderwerk zu schauen, und zu zeigen – wie eins ins andre greift, und wie, durch den ewigen Streit und die scheinbare Verwirrung der Theile, das Ganze im Gang erhalten wird; wie alles Übel *gut*, aller Tod *Leben* ist, und wie alle die tausendfachen Bewegungen der Dinge, auf und nieder, vorwärts und rückwärts, in koncentrischen und excentrischen Kreisen, am Ende doch nur *Eine* unmerklich fortrückende *Spirallinie* machen, die alles ewig dem allgemeinen Mittelpunkt nähert, – dieß ist eine Aufgabe, deren Auflösung ganz andere Organen und einen ganz andern Gesichtskreis als den unsrigen zu erfordern scheint.

Über die vorgebliche Abnahme des menschlichen Geschlechts (1777):
SW, Bd. 14, S. 324–328.

Hochmögende Herren!

Ich bin zwar nur ein einzelner unbedeutender Weltbürger, und spiele, Dank sey den Göttern! in den tragikomischen oder komitragischen Haupt- und Staatsakzionen, die auf dem allgemeinen Weltschauplatze aufgeführt werden, weder eine große noch kleine Rolle. Da ich aber gleichwohl die Ehre habe ein Mensch zu seyn, und als solcher genöthigt bin, an allen menschlichen Dingen mehr oder weniger Antheil zu nehmen: so habe ich mich nicht entbrechen können, auch bey dem höchst interessanten und in seiner Art einzigen großen *Drama*, welches Ew. Hochmögenden dem übrigen Europa auf Unkosten Ihrer Nazion zum Besten zu geben geruhen, von dem Augenblick da der Vorhang aufgezogen wurde bis zu dieser Stunde, einen der aufmerksamsten und wärmsten Zuschauer abzugeben.

Vermöge des Ordens, zu welchem ich mich bekenne, hege ich sowohl von den Rechten und Pflichten des Menschen als von dem letzten Zweck aller bürgerlichen Einrichtungen mit Ew. Hochmögenden ziemlich einerley Begriffe. Ich konnte also denjenigen unter Ihnen, die seit der Eröffnung des Reichstages mit eben so viel Weisheit als Muth und Standhaftigkeit den geheimen Bemühungen, wodurch eine andere Partey die wohlthätigen Absichten Ihrer Zusammenberufung vereiteln zu wollen schien, entgegen arbeiteten, meinen Beyfall nicht versagen. Ich gestehe sogar, daß die vorbelobten Eigenschaften, und der heldenmüthige, zu jeder Aufopferung eigener Vortheile bereitwillige Patriotismus, der alle Ihre Reden zu beseelen, alle Ihre Schritte zu leiten schien, mir eine so leidenschaftliche Bewunderung für Sie, und so warme Wünsche für den glücklichen Erfolg der weisen Entwürfe einflößte, die ich Ihnen zuzutrauen mich verbunden

glaubte, daß ich auch da, wo mir Ihre Schritte zu rasch, Ihre Maß-
nehmungen zu gewagt zu werden schienen, lieber ein Mißtrauen
in die Richtigkeit *meines* Urtheils als in die Weisheit des *Ihrigen*
setzte. Mit Einem Wort – es gehörte die enthusiastische Scene der
berühmten *Nacht vom vierten August* dazu, um meine Augen zu
entzaubern, und mir die ganze Reihe von Handlungen, wodurch
Sie Sich seit der Entfernung und Wiederkunft des Herrn *Neckers*
karakterisiert haben, in dem Lichte zu zeigen, worin sie, so viel
ich wahrnehmen kann, allenthalben von allen unbefangenen und
kaltblütigen Zuschauern gesehen wird.

Seit dieser Zeit sind, ich kann es nicht bergen, einige *Zweifel*
über die Art und Weise, wie Sie das Werk der *Palingenenesie* der
Französischen Monarchie angefangen haben, in mir aufgestie-
gen; und diese Zweifel haben sich bey einigem Nachdenken in
eine Anzahl von *Fragen* aufgelöst, wovon ich mir hiermit die
Freyheit nehme Ew. Hochmögenden eine kleine Probe vorzule-
gen. Nicht als ob ich so eitel und zudringlich wäre mir zu schmeicheln, daß Sie es der Mühe werth finden sollten, sie einer von Ihren vielen *Comités* zur Untersuchung zu übergeben, um auf
erstatteten Bericht darüber *zu debattieren*, und nach einer Anzahl pro und contra gehaltener eleganter Reden den Beschluß zu
fassen: *qu' il n' y avoit lieu à deliberer*; sondern weil es, da diese
Fragen doch *an jemand gerichtet seyn* müssen, am natürlichsten
schien, sie an diejenigen zu richten, die den Anlaß dazu gegeben
haben.

Ich nehme mir also die kosmopolitische Freyheit, in aller geziemenden Ehrerbietung zu fragen:

I.

Ist das Recht, dessen Sich *Ew. Hochmögenden* im Nahmen des
Französischen Volkes dermahlen bedienen, der Französischen
Monarchie *eine neue Konstituzion* zu geben, *ein allgemeines un-
verlierbares Naturrecht*, das allen Völkern ohne Ausnahme zu
allen Zeiten zukommt, so bald sie sich dessen zu bedienen Lust
und Belieben tragen? Oder kommt es allen Völkern nur in *dem*

Falle zu, wenn sie ihren Zustand unter der gegenwärtigen Staatsverfassung nicht länger erträglich finden? Oder ist es etwa ein besonderes *ausschließliches Vorrecht*, dessen sich die Französische Nazion ganz allein zu erfreuen hat?

Die Beantwortung dieser drey Fragen – in welche die große *Frage aller Fragen*: »worauf gründet sich das Recht der Franzosen, im Jahre 1789 ihre alte Konstituzion von Grund aus umzustürzen und eine ganz neue zu errichten?« von selbst zerfällt – scheint einigen Schwierigkeiten unterworfen zu seyn. Wie man sie auch auflöset, so entstehen neue Fragen, auf welche die Antwort immer schwerer wird.

Wenn das besagte Recht *ein allgemeines Naturrecht* ist, folgt daraus nicht unmittelbar:

Daß jede große oder kleine Nazion auf dem Erdboden, ohne Ausnahme, zu allen Zeiten, so bald sie es für gut befindet, befugt ist dasselbe in Ausübung zu bringen?

Folgt nicht ferner: daß, da der Wille des Menschen so veränderlich ist als seine Vorstellungsart, und als die Eindrücke die er von außen empfängt, ein jedes Volk die Konstituzion, die es sich heute gegeben hat, in vier Jahren oder vier Monaten oder auch vier Wochen oder Tagen, kurz so oft es ihm einfällt, wieder einwerfen und eine neue machen kann und darf?

Und muß nicht endlich, als eine dritte ganz natürliche Folgerung, zugegeben werden: daß mehr besagtes Recht sich auf jede besondere *Provinz*, jede *Stadt*, jeden *Marktflecken*, jedes *Dorf*, kurz auf jede *besondere Gemeinheit*, ja sogar auf jede einzelne *Familie* erstreckt? sintemahl ihnen allen, kraft ihrer natürlichen Freyheit, die *Autonomie*, oder das Recht sich selbst Gesetze zu geben, eben so gut und eben so unverlierbar zukommt als der größten Nazion in der Welt, und dergestalt zukommt, daß sie sich desselben niemahls auf eine nur *für sich selbst*, geschweige *für ihre Nachkommen* verbindliche Art begeben können?

Wenn es nun, wie ich glaube, mit diesen *spekulativen* Folgerungen seine Richtigkeit hat, was für *praktische* Folgen möchten sich wohl daraus – zumahl wenn man von den Erfahrungen, welche die Französische Nazion seit acht Wochen hierüber zu machen das Glück gehabt hat, auf ähnliche Fälle schließen darf – auf die Ruhe und den Wohlstand, ja selbst auf die Sicherheit des Eigenthums und Lebens der Bürger eines jeden Staats in Europa verbreiten?

Wofern aber das mehr besagte Recht einem jeden Volke *nur alsdann* zukommt, *wenn demselben* – wie dermahlen bey den Franzosen der Fall gewesen zu seyn scheint – *sein bisheriger Zustand unerträglich geworden ist*; so fragt sich:

Liegt der *Grund*, warum wir uns übel befinden, immer *außer uns*? Oder haben wir ihn nicht vielmehr in den meisten Fällen, auch wenn wir ihn außer uns zu finden vermeinen, *in uns selbst* zu suchen?

Ist es nicht eine Regel der Weisheit, seinen gegenwärtigen Zustand, so lang' er noch *erträglich* ist, nicht mit Gefahr eines weit schlimmern zu verändern?

Wer soll darüber erkennen, ob der Fall, wo die gegenwärtige Konstituzion nicht länger erträglich ist, wirklich eingetreten sey oder nicht? Giebt es hierüber einen andern rechtmäßigen Richter als eines jeden Gefühl und Urtheil? Oder wer hat das Recht, einem freyen Volke zu sagen: *So viel* mußt du erträglich finden! *Diese* Bedrückung mußt du dir gefallen lassen!

Wenn es nun (wie bisher die allgemeine Erfahrung seit so manchen Jahrtausenden selbst in den *freyesten* Staaten gelehrt hat) fysisch und moralisch unmöglich ist, daß eine Nazion im Ganzen und in allen ihren Theilen immer mit ihrem Zustande zufrieden sey;

Wenn es unmöglich ist eine Konstituzion zu erfinden, kraft deren die Menschen aufhören dem Irrthum und den Leidenschaften, woraus ihre meisten Übel entspringen, unterworfen zu seyn;

Wenn es keine Konstituzion giebt, welche die Ungleichheit unter den Bürgern einer großen politischen Gesellschaft aufhebe; und wenn es unläugbar ist, daß bloß aus dieser Ungleichheit, in ihrer unvermeidlichen Verbindung mit den übrigen Ursachen die auf den Zustand der Menschen wirken, nach und nach eine unzählige Menge von Partikular- und Individualübeln entspringen, die denjenigen, die davon gedrückt werden, oft äußerst lästig fallen: wenn alles dieß unläugbar ist –

Was läßt sich anders erwarten, als daß die Bürger des Staats (zumahl wenn ihnen ihre *ewigen und unverlierbaren Menschenrechte* so deutlich und nachdrücklich, wie Ew. Hochmögenden in *Ihrer Weisheit* zu thun für gut gefunden haben, *deklariert* und *eingeschärft* worden sind) jeden äußern Druck, jedes Ungemach ihrer Lage, jede Kollision ihres Privatnutzens mit dem gemeinen Besten, ihrer Leidenschaften mit den Gesetzen, ihrer Wünsche und Erwartungen mit dem was ihnen wirklich von der Konstituzion gewährt wird, *unerträglich* finden, und also, bey jeder etwas mehr als gewöhnlich auffallenden Veranlassung, *sich selbst helfen*, ihre gesetzgebende Macht in Ausübung bringen, und die Konstituzion vortheilhafter für sich eingerichtet zu sehen verlangen werden?

Ich kann Ew. Hochmögenden nicht bergen, der weltbürgerliche Antheil, den ich an dem Wohl und Weh der sämmtlichen Einwohner von Europa (als des verhältnißmäßig aufgeklärtesten und glücklichsten Theils unsers Planeten) zu nehmen genöthigt bin, macht mich nicht wenig für die Folgen besorgt, die aus solchen Grundsätzen ganz natürlich entspringen dürften.

Es bedarf eben keiner übernatürlichen *Exaltazion* der natürlichen Vorhersehungskraft unsrer Seele, um zu weissagen: daß eine jede Konstituzion (wie sie auch entstanden seyn mag) auf einem sehr unsichern Grunde stehe, wenn jedes Gefühl von Unbehaglichkeit und Druck dem Volke das Recht giebt, das Joch der bisherigen Gesetze, der bisherigen Verfassung und Einrichtung, worauf die Ruhe und Sicherheit des Staats gegründet war, abzuschütteln, in den Stand der natürlichen Freyheit und Anar-

chie zurück zu treten, und alle diejenigen als seine Feinde zu behandeln, die mit der bisherigen Konstituzion entweder zufrieden sind, oder sie wenigstens erträglich genug finden, um keine
andere – die das Volk ebenfalls wieder umwerfen kann so bald es
will – für einen so hohen Preis erkaufen zu wollen, als – derjenige
ist, für welchen Ew. Hochmögenden dem Pariser Volke die Satis-
fakzion verschafft haben, Se. Allerchristlichste Majestät zu seinem Subdelegierten zu machen und Dero Staatsräthe an Later-
nenpfähle aufzuhängen.

Ich gestehe demnach, daß ich um der allgemeinen Ruhe und
Sicherheit willen aufrichtig wünsche, Ew. Hochmögenden
möchten so glücklich seyn, in den Archiven der großen Göttin
Natur (oder des *höchsten Wesens*, in dessen Gegenwart und unter dessen *Auspicien* Sie die Rechte des Menschen und Bürgers zu
deklarieren angefangen haben) das *Original* eines *Freybriefes* zu
finden, vermöge dessen das Recht, sich eine neue Konstituzion
zu geben so oft es dem Volke beliebt, – *ein ausschließliches Privi-
legium der Französischen Nazion* wäre, das von keiner andern
zum Grunde oder Vorwande gebraucht werden dürfte, hinzuge-
hen und deßgleichen zu thun.

II.

Sie haben Recht, Hochmögende Herren, Sich so unerschrocken
und eifrig gegen *monarchischen* und *aristokratischen Despotismus* zu erklären: nur, erlauben Sie mir zu fragen, worin der
demokratische Ihrer Meinung nach *besser* ist, und ob er eine
Nazion glücklicher, reicher und mächtiger machen kann als
jene?

Die Franzosen werden zwar das erste Beyspiel einer Nazion
von vier und zwanzig Millionen Menschen seyn, die unter einer
demokratischen Konstituzion glücklich wäre; und die *Erfahrung*
(die in Sachen dieser Art das zuverlässigste Orakel ist) kann uns
also noch nicht belehren, wie gegründet die Hoffnung sey, die Sie
Sich von der *Größe* und *Dauer* dieser Nazional-Glückseligkeit
machen, und wie bald und wie lange Frankreich das *Païs de Co-*

cagne seyn und bleiben werde, wovon das Volk in seinem neuen Freyheitsrausche so süße Träume träumt. Bis dahin mag es also immer erlaubt seyn ein wenig zu zweifeln, ob ein Reich, das seit mehrern Jahrhunderten eine der mächtigsten Monarchien auf dem Erdboden war, sich so leicht und ohne große Nachtheile in eine *Demokratie* werde umschaffen lassen, und ob überhaupt irgend eine große Nazion geschickt sey, unter einer *demokratischen Konstituzion* glücklich zu seyn?

Ehe ich meine kleinen Zweifel über diese bedenkliche Materie vortrage, muß ich einer, wiewohl sehr unbedeutenden Einwendung zuvorkommen, die mir – wo nicht von einem Mitgliede der *augusten Nazionalversammlung zu Versailles* – wenigstens von manchen wackern Leuten, die sich durch Worte und Nahmen irren lassen, gemacht werden dürfte: »als ob nehmlich die neue Französische Konstituzion noch immer *monarchisch* bleibe, weil die königliche Würde durch dieselbe ja nicht gänzlich aufgehoben und abgeschafft worden sey.« Ich habe hierauf nichts zu sagen, als daß die Athener, selbst in den Zeiten da die Demokratie gänzlich das Übergewicht bekommen hatte, unter ihren *neun Archonten* einen, der *der König* hieß, und die aristokratisch-demokratischen Römer einen *Rex sacrificulus* hatten. Ein altes Sprichwort sagt: ein Mann kann sein Stroh *Heu* nennen. Die Franzosen können ihren *Subdelegierten zur ausübenden Gewalt* tituliren wie sie wollen: aber sie werden uns nicht bereden, daß ein Monarch, der sich von seinen treugehorsamsten Unterthanen ihren *Subdelegierten* schelten lassen muß, – ein Monarch, dem der *Maire von Paris* anstatt des Eides der Treue schwört: daß er seine gesetzmäßige Gewalt *ehren* wolle, (er kann doch auch ungeschworen nicht wohl weniger thun? – ein Monarch, dem die *Pariser Bürger* nicht einmahl das Recht *Nein* zu sagen lassen wollen, – nicht ein Monarch sey, der mit dem *ehrlichen König Petaud* so ziemlich in Einer Linie steht, und vielleicht in seinem Herzen lieber mit etwas mehr Ansehen *König von Yvetot*, als, auf dem Fuße wie seit dem 16ten Julius, Titularmonarch der neuen Französischen Monarchie seyn möchte.

Indem ich dieses schreibe, sehe ich aus einem öffentlichen Pariser Blatte, daß es in Hochdero Versammlung den 28sten August über diesen großen Punkt wirklich zur Sprache gekommen ist. Die *Comité de Constitution* legte ihr Projekt vor, dessen erster Artikel also lautet:

>*Die Französische Regierung (le Gouvernement François) ist monarchisch.* Es giebt in Frankreich keine Autorität die *über das Gesetz* ist; der König regiert bloß durch dasselbe, und wenn er nicht in seinem Nahmen befiehlt, so kann er keinen Gehorsam verlangen.«

Die Verfechter der Demokratie rochen politische Ketzerey in diesem Artikel. Man trug erst auf Verbesserungen an: aber bald wollte man ihn ganz abgeändert wissen, und mehr als zwanzig verschiedene neue *Redakzionen* wurden nach und nach vorgelesen. Beynahe alle Kritiken fielen auf die ersten Worte: »Die Französische Regierung *ist monarchisch.*« Ungeachtet Herr von *Virieu* schon Tages zuvor, da dieser Artikel zum ersten Mahl verlesen worden war, die verfängliche Frage gethan hatte: »ob jemand in der ganzen Versammlung sey, der es streitig machen könne daß Frankreich ein *monarchisches Gouvernement* sey?« und damahls *eine allgemeine Stille* statt der Antwort erfolgt war: so bemerkte man doch jetzt, (da man indessen Zeit gehabt hatte sich zusammen zu nehmen) daß diese Worte einen sehr unbestimmten und vieldeutigen Sinn darböten. *Vor zehn Jahren*, sagte man, hieß Frankreich auch ein monarchisches Gouvernement; und wahrhaftig, was wir jetzt haben wollen, ist doch wohl keine Monarchie von jenem Schlage! u. s. w. Nach langen Debatten proponierte endlich ein Herr *Rousier*, dem Streite durch folgende Redakzion ein Ende zu machen:

>»Frankreich ist ein *monarchischer Staat*, worin die Nazion das Gesetz giebt und der Monarch es zur Vollziehung bringt. Diese Absonderung der gesetzgebenden und vollziehenden

Gewalt macht das Wesentliche der Konstituzion von Frankreich aus.«

Diese Redakzion fand bey einem Theile der Versammlung so großen Beyfall, daß sie haben wollen, man sollte sogleich darüber deliberieren: aber ein andrer Theil bestand darauf, daß die Redakzion der *Comité* ein Prioritätsrecht habe, und nach langem und hitzigem Streiten wurde endlich letzteres durch die Mehrheit der Stimmen durchgesetzt, die nähere Erörterung der Hauptfrage aber auf den 29sten August ausgesetzt. *Es war also damahls wenigstens noch unentschieden, ob Frankreich ein monarchischer Staat sey oder nicht.*

Wie die Entscheidung ausgefallen oder vielmehr auf welche Art die Pille vergoldet worden seyn mag, – so viel ist aus dem bisherigen Gang der Sachen zur vermuthen, daß die *Demagogen* sich über den *Nahmen* um so gefälliger werden finden lassen, da sie gewiß sind, daß *die Sache selbst* darum weder mehr noch weniger nach ihrem Sinne gehen wird. Konnte *Cäsar Oktavianus* seine *neue Monarchie* in *Rom* unter republikanische Formen verbergen: warum sollte die monarchische Form nicht eben so gut der *neuen Demokratie* in Frankreich zur Maske dienen können? *Hier* liegt also die Schwierigkeit nicht.

Aber, Hochmögende Herren, es ergeben sich einige andere Anstände, welche – wenn sie mit eben der metafysischen Spitzfindigkeit, womit Ew. Hochmögenden die *Rechte des Menschen* ins Reine gebracht haben, erörtert werden sollen – die Nazion leicht in neue Unruhe setzen, und das ganze glorreiche Werk der Wiedergeburt Frankreichs unfröhlich machen könnten.

Die Nazion ist, nach allen Symptomen zu urtheilen, seit etlichen Monaten, in einer seltsamen Art von *Freyheitsfieber* begriffen, welches mit dem berühmten *Abderitenfieber* viele Ähnlichkeit zu haben scheint: mit dem einzigen Unterschiede, daß das letztere (nach *Tristrams* Berichte) die vorher rohen und in den grausamsten Lastern ersoffenen Abderiten so sanft, mild und liebreich machte, daß kein Waffenschmied mehr das Herz hatte

ein einziges Werkzeug des Todes zu verfertigen; das Freyheitsfieber hingegen die Pariser, das artigste und politeste Volk in der
Welt, so grimmig und nach *aristokratischem* Blut durstig machte,
daß alle Waffenschmiede der ganzen Welt kaum zugereicht hätten, ihre friedlichen Kunst- und Kücheninstrumente schnell genug in Werkzeuge des Todes umzuschmieden.

Mit welcher Art von Raserey man behaftet seyn mag, dieß ist
immer gewiß, daß es ein Zustand ist, worin der menschliche Verstand nicht sehr klar sieht, und die Vernunft Sprünge im Schließen macht, die ihr nicht natürlich sind. Kein Wunder also, wenn
die vom Freyheitstaumel ergriffene Nazion *nicht sah*, daß sie, indem sie ein unerträgliches Joch abschüttelte, nur ihre gebieten-
den Herren wechselte, und den monarchischen Despotismus nur
mit einem andern vertauschte, den sie in kurzem vielleicht noch
drückender finden wird.

»*Wie sollte das möglich seyn?*« – Auf die simpelste Art von der
Welt.

Nach Ew. Hochmögenden eigenen festgesetzten Konstituzi-
onsartikeln ist die Nazion, das ist, *jeder einzelne Bürger* der Nazion, berechtigt, »keinen andern Gesetzen zu gehorchen, als denen, zu deren Errichtung er entweder persönlich oder durch
seine Repräsentanten mitgewirkt hat.« – Aber es ist nicht weniger einer von den Artikeln Ihrer Konstituzion, »daß alle Bürger
des Staats einander an Rechten gleich sind.«

Hier ergeben sich also gleich einige Fragen. Was verstehen Ew.
Hochmögenden unter *persönlich* mitwirken? Wollen Sie durch
diesen Ausdruck etwa den Antheil, den Sie selbst, als die Nazionalversammlung, an der Gesetzgebung haben, bezeichnen? Aber
diesen hat ein jeder von Ihnen – nicht als *Monsieur un tel, Bürger
der demokratischen Monarchie von Frankreich* – sondern bloß
als *Repräsentant.* Nun *repräsentiert* aber niemand seine *eigene*
Person, sondern immer einen andern; und wiewohl die Repräsentanten der Nazion unstreitig *Personen* sind, so konkurrieren
sie doch zur Gesetzgebung nicht für ihre *eigenen* Personen, sondern bloß in so fern jeder von ihnen *seine Wähler*, als einen kon-

stituierenden Theil der Nazion, *vorstellt*. Die obige Distinkzion zwischen *persönlich* oder *durch seine Repräsentanten* ist also in dieser Voraussetzung ohne Grund. Die ganze Nazion konkurriert nicht persönlich, sondern bloß durch Repräsentanten; und Sie selbst, Großmächtige Herren, müssen, in so fern Sie Bürger des Staats sind, repräsentiert werden. Soll aber das Wort *persönlich* so viel sagen, als, es gebe Personen in der Monarchie, die vermöge *eines besondern Vorrechts* für sich selbst zur Gesetzgebung zu konkurrieren befugt wären: worauf könnte sich in Ihrer neuen, bloß auf die ursprünglichen Menschenrechte gegründeten Konstituzion ein solches Vorrecht vor andern Staatsbürgern stützen? – Auf die ehemalige Verfassung? Diese ist ja aufgehoben und vernichtet. Auf Herkommen und Observanz? Was gelten diese gegen das große Naturgesetz, welches allen Menschen *gleiche Rechte* giebt, und gegen Ihre neue Verfassung, die allen Bürgern diese Gleichheit garantiert? Das Wahre von der Sache (ich spreche bloß nach Ew. Hochmögenden eigenen Grundsätzen) ist also:

Ein jeder Bürger, *(Citoyen)* d. i. die vier bis fünf Millionen Gallofranken, denen ihr Geschlecht und Alter das Stimmrecht in der Nazion giebt, sind berechtigt, als eben so viele *Solone* und *Lykurge*, in eigener Person zu Versailles zu erscheinen und Gesetze geben zu helfen: oder, wofern sie auch, ihrer Geschäfte oder Bequemlichkeit wegen, und vielleicht größern Theils, weil es nicht allzu anständig wäre in *hölzernen Schuhen* und *zerrissenen Hosen* in einer so *augusten* Versammlung aufzutreten, wofern sie, sage ich, aus dieser oder jener Ursache lieber durch müßigere und stattlichere Repräsentanten erscheinen wollen; so haben doch diese letztern *nicht mehr Recht, als ihre Konstituenten ihnen geben* können und wollen; und es wäre ein wahres *Crime de leze Nation*, wenn zwölf hundert bloße Stellvertreter sich anmaßen wollten, ihre Vollmacht zu überschreiten oder auszudehnen, und sich selbst als die *gesetzgebende Macht* im Staate zu gerieren, da sie doch nichts als Diener, Werkzeuge und Worthalter derselben sind.

Gesetzt aber auch, alle die vielen hundert tausend Gesetzgeber – mit Zimmeräxten und Fleischermessern, Hämmern und Hobeln, Nähnadeln und Schusterahlen, in Schurzfellen, leinenen Kitteln und hölzernen Schuhen, die am Ende doch immer den zahlreichsten und handfestesten Theil der Nazion ausmachen, hätten sich, *aus Unkunde ihrer Majestätsrechte,* und weil das Gesetzgeben ein noch so neues Handwerk für sie ist, in ihren Vollmachten nicht genug vorgesehen, und ihren Repräsentanten eine größere Gewalt anvertraut als die Klugheit erlauben konnte: wäre es nicht abermahls ein wahres *Crime de leze Nation,* wenn die Repräsentanten sich der Unwissenheit oder Übereilung ihrer hohen Obern und Kommittenten prävalieren, und den Buchstaben ihrer Vollmacht gegen den Geist derselben zum Nachtheil der Nazion geltend machen wollten?

Dieß voraus gesetzt, frage ich:

Ließ sich wohl, als die sämmtlichen Deputierten der drey Stände zur Versammlung der *Etats Generaux* bevollmächtiget wurden, der größte Theil des Adels, der Geistlichkeit, und des dritten Standes auch nur im Traum einfallen, ihre Repräsentanten nach Versailles zu schicken, um die uralte Verfassung der Französischen Monarchie von Grund aus umzuwerfen, den König seiner Autorität zu entsetzen, den Adel und die Geistlichkeit ihrer von undenklichen Zeiten her ohne Widerspruch inne gehabten Rechte und Besitzungen zu berauben, jede bisher rechtmäßige Gewalt aufzuheben oder zu suspendieren, sich selbst die höchste Macht im Staate zuzueignen, und nicht nur eine unzählige Menge einzelner Bürger der Monarchie, sondern Korporazionen, Gemeinheiten und ganze Provinzen aus dem Besitz ihrer uralten wohl hergebrachten Rechte, Freyheiten und Vorzüge, d. i. ihres unstreitigen Eigenthums, durch die schwärmerischen und nur von

Schwärmern so hoch gepriesenen Beschlüsse vom 4ten August auf einmahl heraus zu werfen? – Und dieß alles, ehe die Herren noch selbst wissen oder einverstanden sind, wie sie den daraus natürlich entstehenden Unordnungen, Nachtheilen und Mißbräuchen zuvorkommen oder abhelfen, wie sie die Beraubten entschädigen, und nach welchem Grundrisse sie, anstatt des eingestürzten alten *Gothischen* Staatsgebäudes, ihre neue *Platonische* oder *fysiokratische Republik* aufführen wollen? Und wenn sie zu allem, diesem nicht von der ganzen Nazion ausdrücklich bevollmächtiget waren, haben sie nicht den 4ten Julius *in Einer Stunde* sich eines zehnmahl gewaltsamern *Despotismus* angemaßt, als Ludwig der Sechzehnte in seiner ganzen langen Regierung?

Wofern sich aber auch behaupten ließe, die Nazionalversammlung sey berechtigt gewesen, alle diese Veränderungen, als nothwendige Bedingungen der neuen Konstituzion, die sie zu Rettung und Wiederbelebung der in den letzten Zügen liegenden Monarchie für nöthig hielt, *in Vorschlag zu bringen*: erforderte nicht die Ehrfurcht, die sie der von ihr selbst anerkannten oder vielmehr geschaffenen *Majestät des Französischen Volkes* schuldig war, diese Vorschläge vor allen Dingen überall, in allen Provinzen, Städten und Gemeinen des Reichs, *den sämmtlichen Gliedern der Nazion vorzutragen*, und zu hören, ob dieß alles wirklich *der Wille derselben sey*? um es auf diesen allein ankommen zu lassen, ob und was von den vorgeschlagenen Veränderungen die Kraft eines Grundgesetzes erhalten solle oder nicht?

Da dieß nun *nicht* geschehen ist; da die Nazionalversammlung sich in allem als die höchste gesetzgebende Macht beträgt; da sich diese Anmaßung nicht sowohl auf die von ihren Kommittenten empfangene Vollmacht zu gründen scheint, als auf die momentane Gewalt, die ihr der fanatische Aufstand eines durch alle mögliche Mittel aufgebrachten und wüthend gemachten *Pöbels* in die Hände spielte;

Da es augenscheinlich ist, daß vom 16ten Julius an die Anmaßungen mit jedem Tage immer weiter getrieben wurden, und der Muth der Subdelegierten der Nazion plötzlich so hoch stieg, daß sie sich selbst als eben so viele Könige, den König hingegen als einen Subdelegierten der Nazion ansahen;

Da alle Behutsamkeit und künstliche Wendung ihrer öffentlichen Blätter der Welt doch nicht verbergen kann, daß es oft sehr tumultuarisch in der *augusten Nazionalversammlung* zugeht, und daß es eigentlich die kleinere Anzahl ist, welche die größere, weniger durch die Stärke ihrer Argumente als durch den *horror naturalis* der menschlichen Natur vor – *Laternenpfählen*, zu der Majorität, die seit einigen Wochen so seltsame Dinge beschließt, zu disponieren gewußt hat:

Sollte da wohl die Nazion, wenn sie über kurz oder lang wieder zu sich selbst kommt, nicht ganz natürlich auf den Gedanken gebracht werden, daß, sie, bey allen den schönen Wiegenliedern von *Freyheit und Freyheit*, womit man sie in Schlummer zu singen sucht, noch immer unter dem Druck einer despotischen Obergewalt liegt? daß alles, was sie vor der Hand beym Tausche gewonnen hat, darin besteht, daß die so genannte *Aristokratie* einer demokratischen *Oligarchie* Platz machen mußte, und daß die *vier und zwanzig Millionen* Menschen, – die mit aller Majestät, Herrlichkeit und Allgewalt, womit sie von den redseligen Demagogen dekoriert werden, noch immer größten Theils sehr arme Wichte sind, – anstatt eines einzigen Königs, nun die Ehre haben von zwölf hundert kleinen *Melks* (mit Hrn. von Voltaire zu reden) an der Nase geführt zu werden?

Kosmopolitische Adresse an die Französische Nationalversammlung (1789):
SW, Bd. 29, S. 192–217.

–

So hat denn die republikanische Partey in Frankreich endlich doch den Triumf erhalten, der diese letzten vier Jahre durch das unverrückte Ziel aller ihrer Bemühungen war! So ist sie endlich reif geworden, die Frucht so vieler Nachtwachen, so vieler Kämpfe, so vieles Blutes, so vieler Verbrechen! Der neu zusammen berufene *Nazionalkonvent* hat sogleich in seiner ersten Sitzung die königliche Würde auf immer abgeschafft; Ludwig der Sechzehnte und seine Familie ist in den Privatstand herabgestürzt, und Frankreich – nennt sich eine *Republik*.

Dieß ist so einmüthig und mit solcher Entschlossenheit geschehen, daß man wohl nicht zweifeln kann, alle Deputierte, die an dem Beschluß Theil genommen haben, müssen *gewiß gewesen seyn*, es sey *der Wille des Französischen Volkes* keinen König mehr zu haben. Die Franzosen haben also auch die *zweyte Hauptrevoluzion,* die sie binnen *vier* Jahren erlebten, damit *angefangen, die gesetzmäßige Verfassung* umzuwerfen, ehe sie noch wußten *was für eine andere* sie an den Platz derselben setzen wollten.

Der *Konvent* hat Frankreich zwar für eine *Republik* erklärt. Allein, fürs erste, wird, um eine Republik zu seyn, noch etwas mehr erfordert, als es *seyn zu wollen*; und dann ist auch das Wort Republik ein sehr unbestimmtes, vielsinniges Wort. Auch *Venedig* und *Genua,* so gut wie *San Marino,* nennen sich Republiken, und werden dafür erkannt; sogar *Polen* gilt für eine Republik, selbst in diesem Augenblick, da die Nazion in zwey Parteyen zerrissen ist, von welchen diejenige, die vermittelst einer neuen Konstituzion den Segen der Freyheit über Polen verbreiten möchte, von derjenigen, die für die alte Ordnung oder Unordnung der Dinge streitet, als die *Mörderin* der *Polnischen Freyheit* ausgeschrieen, und im Nahmen der Freyheit selbst unterdrückt wird.

Frankreich ist also dadurch, daß es sich zur *Republik* erklärt hat. noch nichts bestimmtes, noch keine in politischem Sinne selbstständige Gesellschaft geworden. Denn dieser rasche Schritt geschah, ehe man noch über die große Frage:

»*Was für eine Art Republik Frankreich* seyn soll?«

und über die noch größere:

»*Ob* und *wie fern es moralisch möglich* sey, daß Frankreich eine Republik seyn *könne?*«

ins Klare und überein gekommen war.

Ich will hier nicht untersuchen, ob die Abschaffung der königlichen Würde *rechtmäßig*, oder *klug*, oder auch nur im den vorliegenden Umständen das einzige Mittel, wodurch Frankreichs Verderben verhütet werden konnte, und also (in so fern die Rettung des Volks das höchste Gesetz ist) wirklich *nothwendig* war. Der Prozeß zwischen *Ludwig* dem Sechzehnten und *seinem Volke* ist noch bey weitem nicht so instruirt, daß ein unbefangener Zuschauer dieser großen Begebenheit Grund genug vor sich hätte, ein richtiges Urtheil in dieser höchst verwickelten Sache festzusetzen. Wir haben bisher nur die Ankläger des Königs mit ihren Beweisen und Behelfen gehört, aber wenig oder nichts von dem, was Ludwig der Sechzehnte zu seiner Vertheidigung zu sagen hat. Bey den Häuptern der republikanischen Partey, und *durch sie* bey dem großen Theile des Volks, über dessen Meinungen und Leidenschaften sie sich eine sehr begreifliche Herrschaft zu verschaffen gewußt haben, ist es freylich eine ausgemachte und außer allem billigen Zweifel gesetzte Sache, daß der König treulos, eidbrüchig und verrätherisch an der Nazion, gehandelt habe. Aber jedem andern bleibt es noch immer (um das wenigste zu sagen) sehr problematisch, ob ein redlicher Sachwalter Ludwigs in dem ganzen Verlauf der Revoluzion, in der von ihm angenommenen Konstituzion selbst, und in dem konstituzionswidrigen Betragen, dessen sich die Nazionalversammlung, die Jakobiner-Brüderschaft und das Volk (besonders das *Parisische*) seit dieser Epoke gegen den König schuldig gemacht, nicht sehr erhebliche Gründe finden könnte das seinige zu rechtfertigen. Gewiß ist es wenigstens, daß es ihm nicht an Stoff zu Gegenklagen fehlt; daß ihm die repuhlikanische Partey weder Zeit noch Macht gelassen hat, nach der Konstituzion zu regieren; daß man ihm das Vertrauen des Volks – ohne welches er (wie die Herren wohl wußten) nicht lange König seyn konnte – auch *da schon* zu

rauben suchte, da noch kein hinlänglicher Grund zum Mißtrauen vorhanden war; daß man ihm aufs wenigste eben so viele
Ursachen gab, mißtrauisch gegen sein Volk zu seyn, als sein Volk
zum Argwohn gegen ihn hatte; kurz, daß er von der Nazionalversammlung und den Demagogen fast bey den Haaren dazu gezogen wurde, sich endlich unter seinen natürlichen und erklärten
Freunden nach Hülfe umzusehen.

Doch, gesetzt auch Ludwig der Sechzehnte habe seine Abset-
zung verdient, und die Nazion sey nicht nur berechtigt, sondern,
in Betracht aller vorliegenden Umstände, sogar genöthigt gewesen, durch Einführung einer neuen Staatsverfassung und Regierung sich selbst zu helfen: auf jeden Fall mußten die *Demagogen*,
die nun schon so lange und eifrig daran gearbeitet haben dem
Volk *eine reine Demokratie* in den Kopf zu setzen, überzeugt
seyn, daß der Nazion auf diese Weise wirklich geholfen sey.
Denn es wäre *Unsinn*, eine Konstituzion, die nur erst vor einem
Jahre von der Majorität des Volks mit Frohlocken und Jubiliren
angenommnen wurde, bloß wegen einiger Unvollkommenheiten, oder um der Vergehungen des Königs willen, wieder aufzuheben, wenn man nicht zum wenigsten *den Plan einer andern*
fertig liegen hätte, von welcher man sich gewiß halten könne, daß
sie durch ihre unläugbare Vortrefflichkeit den allgemeinen Beyfall der Nazion und der unparteyischen Welt davon tragen
müsse.

Und diesen *Unsinn* haben die Demagogen gleichwohl wirklich begangen; und ich weiß nicht wie rühmlich oder tröstlich es
für sie seyn kann, daß es weder der *erste* noch der *größte* ist, den
sie vor dem Richterstuhle der Vernunft zu verantworten haben.

Wir wollen indessen die Nachsicht gegen diese mit ihrem
Volke und dem ganzen menschlichen Geschlecht es *so wohl mei-
nenden* Männer so weit treiben als sie nur immer gehen kann; wir
wollen die Schuld eines Benehmens, das wir, menschlicher Weise
zu reden, nicht anders als widersinnig heißen können, den Umständen, dem Drang der Zeit, der eisernen Nothwendigkeit, mit
Einem Worte, dem *Schicksal* (das so viel tragen muß und tragen

95

kann) auf den Rücken wälzen. Das Französische Volk will nun einmahl aller Vortheile des bürgerlichen Gesellschaftsvertrags und einer gesetzmäßigen Regierung vollauf genießen, ohne ihnen auch nur das geringste von den allgemeinen Rechten des Naturmenschen an Freyheit und Gleichheit aufzuopfern. Es weiß aber freylich nicht wie die Sache anzugreifen ist, und schickt also eine Anzahl Männer aus seinem Mittel, in deren Weisheit und Redlichkeit es ein besondres Vertrauen setzt, mit dem Auftrag ab, gemeinschaftlich eine Verfassung zu entwerfen, deren Resultat jene höchst mögliche Freyheit und Gleichheit sey, die das Ziel seiner Wünsche ist, und wovon es sich das glückseligste Schlaraffenleben verspricht.

Ich frage nicht, ob diese Männer einen solchen Auftrag hätten annehmen sollen? ob irgend ein weiser Mann sich zu so etwas anheischig machen werde? Genug die *Citoyens*, die sich zum Nazionalkonvent deputieren ließen, waren, was den Punkt der Freyheit und Gleichheit betrifft, gerade so weise als ihr oberster Herr und Meister, *das Volk selbst*, das sie zu seinen Stellvertretern und Stimmführern ernannte. Sie kamen zusammen, um zu suchen was nirgends zu finden ist, um ins Werk zu richten was kein Gott möglich machen kann, – eine Republik, worin alle frey, alle gleich, alle glücklich sind, – eine wohl geordnete, ruhige und blühende Republik, worin ein Volk von vier und zwanzig Millionen Menschen zu gleicher Zeit der *Suverän* und der *Unterthan* ist; worin es, als *höchster Gesetzgeber*, Gesetze giebt, die es, so bald es ihm gut dünkt, wieder abschaffen kann, – als *höchster Richter*, so oft es ihm kurzen Prozeß zu machen beliebt, das Gesetz an jedem wirklichen oder vermeinten Verbrecher eigenhändig vollzieht, u. s. w. Und wenn nun diese wackern Männer *vergebens* gesucht haben werden, was nicht zu finden ist, *vergebens* an einem Werk arbeiten werden, dessen sich nur *ein neuer Prometheus* mit neuen, ausdrücklich aus einem ganz besondern Thone dazu gebildeten Menschen unterfangen könnte: sollten wir wohl Ursache haben, uns darüber zu wundern?

Gleichwohl, wenn diese Männer, da sie sich nun einmahl des

Abenteuers unterwunden hatten, es wenigstens nur so angriffen, daß die Hoffnung, ohne eine oder mehrere neue Revoluzionen damit zu Stande kommen, einige Wahrscheinlichkeit hätte; wenn sie, durch das zweyfache Beyspiel ihrer Vorgänger gewitziget, wenigstens nur die Abwege, in welche sich jene so oft verloren, nur die Klippen, gegen die sie so oft mit vollen Segeln anfuhren, zu vermeiden suchten; sich selbst, bevor sie die Hand an ein so wichtiges Werk legten, von unlautern Leidenschaften gereiniget, allen Fakzionsgeist verbannt, allen Nebenabsichten entsagt hätten; wenn sie einträchtig und mit gegenseitigem Zutrauen, mit Würde, Ruhe und kalter Überlegung, wie den Depositarien der Wohlfahrt eines ganzen Volks geziemt, zu Werke gingen: so möchte noch immer etwas Gutes von ihren Bemühungen zu hoffen seyn; so könnt' es ihnen doch vielleicht wie gewissen Alchymisten gehen, die zwar nicht *den Stein der Weisen*, den sie suchten, aber doch irgend eine treffliche Arzney, eine neue Farbe, die Kunst Porzellan zu machen, oder sonst etwas fanden, das sie zwar nicht suchten, das aber wenigstens der Mühe werth war gefunden zu werden. Wenn sie, anstatt das Ideal *de la Democratie la plus democratique* (wie der Deputierte *Osselin* sagte) in Frankreich zu realisieren, auch nur, nach so vielen Versuchen, endlich die Gesetze und Verfassung ausfündig machten, die der gegenwärtigen Beschaffenheit der Nazion die angemessensten wären: welcher billig denkende könnte mehr von ihnen fordern?

Die wenigen Tage, seit welchen der neue Nazionalkonvent in Aktivität ist, sind freylich ein zu kurzer Zeitraum, um über das was sich von ihm erwarten läßt ein sicheres Urtheil festzusetzen. Indessen hat sich doch bereits in diesen wenigen Tagen in dieser großen Synode, wiewohl sie aus lauter eifrigen Republikanern besteht, so viel Ungleichartiges in der Denkart, so viel Diskordanz, leidenschaftliche Hitze, Unlauterkeit, Kabale und Fakzionengeist hervorgethan, daß wir andern Weltbürger, denen in dieser ganzen Revoluzionssache nicht das Interesse der einen oder andern Partey oder Rotte, sondern das allgemeine Beste der Menschheit am Herzen liegt, bis jetzt noch wenig Ursache finden, in die Weisheit, Rechtschaffenheit und Harmonie der neuen Repräsentanten des Französischen Volkes ein großes Vertrauen zu setzen.

Die Französische Republik (1792): SW, Bd. 29, S. 332–341.

–

Die dermahlige Deutsche Reichsverfassung ist, ungeachtet ihrer unläugbaren Mängel und Gebrechen, für die innere Ruhe und den Wohlstand der Nazion im Ganzen unendlich zuträglicher, und ihrem Karakter und der Stufe von Kultur, worauf sie steht, angemessener als die Französische Demokratie; angemessener und zuträglicher als uns diese letztere auch *alsdann* seyn würde, wenn irgend ein *Zauberer Merlin* es auf sich nähme, uns durch einen Schlag mit seinem Zauberstabe, so schnell als der König von England einen wackern *Londner Cit* zum *Ritter* schlägt, zu einer *einzigen unzertrennlichen Demokratie* zu schlagen; vorausgesetzt, daß dieser politische Merlin uns alle nicht auch zugleich entweder in lauter *Sokratesse* und *Epiktete* oder in lauter *Swiftische Huynhnhms* verwandeln könnte. Denn freylich, im *einen* und im *andern* dieser beiden Fälle gestehe ich gern, daß eine völlige Freyheit und Gleichheit jeder monarchischen, aristokratischen oder gemischten Verfassung vorzuziehen wäre.

Das zuträglichste für jedes Volk (wie ich schon mehrmahls mit dem weisen *Solon* behauptet habe) ist, nicht *das Ideal der vollkommensten Gesetzgebung*, sondern gerade die zu haben oder zu bekommen, die es dermahlen am besten *ertragen* kann. Welche Furien müßten uns zu der Raserey treiben, unsern Zustand (wiewohl er mancher Verbesserungen bedürftig ist) durch ein Mittel besser machen zu wollen, das ihn unfehlbar sehr verschlimmern würde, das der gerade Weg wäre unermeßliche, unabsehbare Übel über uns und unser Vaterland zu häufen? Warum sollten wir so theuer und mit einem so ungeheuern Risiko erkaufen wollen, was wir *wahrscheinlich* ohne Empörung, ohne Desorganisazion, ohne Verbrechen, ohne Aufopferung der ge-

genwärtigen Generazion, *von dem bloßen Fortschritt der Auf-*
klärung und Moralität unter uns weit sichrer hoffen dürfen?[1]
Wenigstens ist gewiß, daß wir, ehe man uns rathen kann gerade
zum desperatesten Mittel zu greifen, vorher alle andern vergeblich versucht haben müßten; welches, meines Wissens, noch bey
weitem nicht unser Fall ist.

Die Apostel der neuen Religion haben (wie es scheint) von
unserm wirklichen Zustande nur sehr dürftige und verworrene
Kenntnisse, und täuschen sich dagegen mit sehr übertriebenen
Einbildungen von dem, was sie unsre *Sklaverey* nennen. Indessen braucht es doch nur die gemeinste Kenntniß der Deutschen
Reichs- und Kreisverfassung und der weltkundigen Reichs-
grundgesetze, besonders des Osnabrückischen Friedensinstru-
ments und der jedesmahligen kaiserlichen Wahlkapitulazion,
um zu wissen: daß das Deutsche Reich aus einer großen Anzahl[2]
unmittelbarer Stände besteht, deren jeder, in seinem Innern von
jedem andern unabhängig, die *Reichsgesetze*, oder *Kaiser* und
Reich, nur in so fern diesen die Handhabung und Vollziehung
jener Gesetze obliegt, über sich hat; und daß von seinem selbst
erwählten *Oberhaupt* an, bis zu *Schultheiß, Meister, Rath* und
Gemeine der Reichsstadt *Zell am Hammersbach*, kein Regent
in Deutschland ist, dessen größere oder kleinere Machtgewalt
nicht durch Gesetze, Herkommen, und auf viele andere Weise

1 »Wenn eine Regierung *weise* genug ist, mit der Verfeinerung der Sitten und der
Aufklärung der Menschen *Schritt zu halten*, dann bietet sie selbst der wohlthätigsten Revoluzion die Hand. Alles gewinnt dann eine bessere Gestalt; alles
verändert sich nach und nach; alles geschieht ohne Blutvergießen, ohne Ge-
waltthätigkeit,« u. s. w. – sagt ein sehr verständiger *Däne* in seinen *patriotischen*
Gedanken über *stehende Heere, politisches Gleichgewicht* und *Staatsrevolu-*
zionen; einem kleinen Büchlein, das manchem seyn sollenden *Staatsmann en*
place, wenn er es allzu hastig hinunter schlänge, vielleicht (gleich jenem in der
Apokalypse) gewaltiges Bauchgrimmen verursachen dürfte, aber, wenn es
wohl verdaut und in Saft und Blut verwandelt würde, unfehlbar sehr heilsame
Wirkung thun müßte.
2 Aus drey hundert acht und vierzig […] geistlichen und weltlichen Fürsten,
Prälaten, Grafen, Dynasten und Reichsstädten die unmittelbare Ritterschaft
und die freyen Reichsdörfer nicht gerechnet.

von allen Seiten eingeschränkt wäre; und gegen welchen, wofern er sich irgend eine widergesetzliche Handlung gegen das Eigenthum, die Ehre, oder die persönliche Freyheit des geringsten seiner Unterthanen erlaubt, die Reichsverfassung dem Beleidigten nicht Schutz und Remedur seiner Beschwerden verschaffte.[1]

Wie man also verwegen genug seyn könne, eine Nazion von acht und zwanzig Millionen Menschen, die unter einer *solchen Verfassung* lebt, *Sklaven*, und ihre nicht nach Willkür sondern nach Gesetzen regierenden und durch Gesetz und Herkommen eingeschränkten Fürsten *Despoten* zu schimpfen, ist nur durch die lächerliche Eitelkeit und dicke Unwissenheit begreiflich, womit diese Menschen – die noch vor wenig Jahrzehenden auf *ihre* eigene schmähliche Sklaverey eben so hoffärtig waren als sie es jetzt auf ihren zügellosen *Libertinismus* sind – so viele ihrer glänzenden Eigenschaften verunzieren. Schwerlich findet sich in und außer Deutschland, unter allen, die sich mit der dermahligen fysischen, politischen, sittlichen, litterarischen und ökonomischen Verfassung unsrer großen und in ihrer Art einzigen *Staatengruppe* etwas bekannt gemacht haben, ein unbefangener und billiger Kosmopolit, der den Verfasser der *Annalen der Staatskräfte von Europa* eines übertriebenen Nazionalstolzes beschuldigen sollte, wenn er nach summarischer Übersicht seiner ganzen Darstellung ausruft: »Wo ist das Europäische Reich, das, alle fysische Verschiedenheiten gehörig gegen einander ausgeglichen, im *Ganzen,* bey gleicher Größe, an *Volksmenge,* an *Anbauung des Bodens* und Benutzung aller Geschenke der Natur, an *Anzahl* nicht sowohl großer und reicher, als an *Menge* mittelmäßiger, aber wohl policierter, betriebsamer und nach Verhältniß ihrer Lage und Mittel wohlhabender *Städte,* dem Deutschen Reiche den Vorzug streitig machen könnte?« – Ich setze hinzu: Wo ist

---

1 Was hiergegen einzuwenden ist weiß ich so gut als ein anderer: nur behaupte ich was uns helfen könne, sey eine (höchst nöthige) *Reformazion* unsrer Verfassung, nicht eine sinnlose *Umkehrung* und *Zerstörung* derselben.

ein Volk in Europa, das sich einer nähern Anlage zu immer zunehmender Verbesserung seines Zustandes, eines größern Flors der Wissenschaften, mehrerer, oder vielmehr so vieler und so gut eingerichteter öffentlicher Erziehungsanstalten, Schulen und Universitäten, einer größern Denk- und Preßfreyheit, und, was eine natürliche Folge von diesem allem ist, einer hellern und ausgebreitetern Aufklärung zu rühmen hätte, als die Deutschen im Ganzen genommen? – und das alles ungeachtet wir der Vortheile einer anerkannten Hauptstadt von Deutschland *(gern)* ermangeln!

Und die Nazion, von welcher alles dieß wahr ist, sollte aus *Sklaven* bestehen und von *Despoten* und *Tyrannen* beherrscht seyn? Welche sinnlose Vermengung der Begriffe und der Worte!

[...]

Doch – wie unwissend auch die Neufränkischen Republikaner in allem, was die innere Verfassung und den wahren Zustand des Deutschen Reichs betrifft, seyn mögen – *so sehr* sind sie es wahrlich nicht, daß sie uns *im Ernst* für Sklaven halten sollten; und gewiß ist es auch nichts weniger als ein überwallender Strudel von *Menschenliebe* was sie antreibt sich so viele Mühe zu geben, den Bürgerstand und die untern Volksklassen in Deutschland, so viel an ihnen ist, zu desorganisieren, mit ihren sofistisierten Begriffen von unveräußerlicher Volkssuveränität Freyheit und Gleichheit anzustecken, und zur Empörung gegen ihre rechtmäßigen Landesregenten und Obrigkeiten aufzureitzen.

Man müßte stockblind seyn *wollen*, wenn man nicht sähe, was die wahren Beweggründe der sonderbaren Rolle sind, die sie seit einigen Wochen in einem Theil unsrer Rheinländer spielen. Es ist nicht nur, nachdem sie nun einmahl Krieg mit Österreich und Preußen haben, ihr Interesse, denselben von ihren Grenzen weg und in Feindesland zu ziehen: *der Krieg selbst* war schon lange, was sie *wünschten*, ist noch immer, was sie zur Erreichung ihrer

Absichten *nöthig haben*, ist gewisser Maßen das Einzige, was ihre Republik retten kann [...].

Betrachtungen über die gegenwärtige Lage des Vaterlandes (1793): SW, Bd. 29, S. 410–417.

–

Ich bitte Sie, lieber ***, sprechen Sie mir nichts mehr von *neuen Konstituzionen*! Eine *alte* Konstituzion, sie möchte so schlecht seyn als sie wollte, wenn die Menschen, denen sie gegeben worden oder die sie sich selbst gegeben hätten, nur *vernünftig* und *redlich* genug wären *jeder seine Pflicht zu thun*, würde immer gut genug, und eben darum, weil sie alt wäre, nur desto besser seyn. Glauben Sie mir, in der Verderbniß und Verkehrtheit der Menschen steckt die Quelle des Übels, die durch keine Konstituzion verstopft werden wird noch werden kann, wenn gleich alle Konstituzionenmacher, von *Hermes Trismegistus* und *Minos dem Ersten* an bis auf die Französischen Gesetzgeber, welche für die verunglückte Konstituzion von 1791 mit ihrem Kopfe bezahlen mußten, aus ihren Gräbern hervor gingen, und mit vereinigten Kräften die vollkommenste aller Konstituzionen, die durch Menschenwitz erdacht werden mag, heraus klügeln würden. Sie würde doch immer weder mehr noch weniger als eine *Utopische Republik* seyn, so lange das große *Arkanum*, »die Majorität der Menschen vernünftig und rechtschaffen zu machen,« unerfunden bleiben wird.

Sagen Sie mir nicht: Eben darum, weil die Menschen das *nicht* sind, *bedürfen* sie einer Konstituzion, d. i. einer künstlich zusammen gesetzten politischen Maschinerie, deren Springfedern, Räder und Gewichte sie, ohne daß die meisten wissen wie es zugeht, nöthigen ihre Pflichten zu erfüllen, und, gern oder ungern, das Beste des Ganzen zu befördern, indem sie bloß für ihr Privatinteresse zu arbeiten glauben.

Das ist bald *gesagt*, mein Freund. – Aber hat nicht die Erfahrung von mehr als vier tausend Jahren auf dem ganzen Erdboden gezeigt, daß es mit allen diesen politischen Maschinen nichts als Stück- und Flickwerk ist? daß keine ihrem Endzwecke ein Genüge thut? daß man noch keine gesehen hat, die nicht früher oder später in Unordnung gerathen, bald zu schnell, bald zu langsam gegangen und zuletzt ganz ins Stocken gekommen wäre? Und wahrlich es braucht keines sehr tiefsinnigen Nachdenkens, um den Grund, warum es immer *so* seyn *mußte*, heraus zu bringen. Denn das ganze Geheimniß liegt darin: daß der Mensch selbst keine Maschine ist. Ein freyes Wesen kann seiner Natur nach durch kein Maschinenwerk, wie fein und künstlich es auch ausgedacht sey, zum Zweck seines Daseyns gebracht werden; weil es ewig unmöglich bleiben wird, diesen Zweck jemahls durch andere Mittel als durch den richtigen Gebrauch seiner Vernunft und seines freyen Willens zu erhalten.

Sie sehen wohl ohne mein Erinnern ein, daß ich damit nicht habe behaupten wollen, die Menschen, so wie sie sind, würden eben so gut thun unter gar keiner bürgerlichen Regierung zu leben. Diese Absurdität folgt keineswegs aus meiner obigen Behauptung. Alles was daraus folgt ist bloß: daß eine auf freywillig angenommenen Grundsätzen ruhende Regierungsform bey weitem *nicht hinlänglich* ist einen Staat glücklich zu machen; und daß es also ein großer Irrthum ist, sich einzubilden, man hätte Alles oder auch nur das Wichtigste gethan, wenn man einem Volke, das sich bey seiner dermahligen Staatsverfassung übel befindet, eine andere, bessere, oder vielmehr besser *scheinende*, geben könnte. Der hierbey vorwaltende Irrthum ist zweyfach: denn man irrt sich, wenn man die dermahlige Verfassung für die Ursache hält, warum sich das Volk übel befindet; und man irrt sich nicht weniger, wenn man glaubt, es bedürfe nur einer andern seinen Wünschen angemeßneren, um sich künftig wohl zu befinden.

Nehmen wir den Fall an: eine Nazion gerathe (wie zum Beyspiel die Französische in unsern Tagen) unter einer uneingeschränkten *monarchischen* Verfassung stufenweise in so elende Umstände, daß sie sich nicht anders als durch ein verzweifeltes Mittel retten zu kennen glaube. Vermöge einer dem rohern

Theile der Menschen sehr natürlichen Art zu schließen, kann sie leicht auf den Gedanken gerathen: da wir uns unter einem uneingeschränkten Könige so übel befunden haben, so wird uns durch eine Verfassung, die sich so weit als möglich von der monarchischen entfernt, desto gewisser und vollständiger geholfen werden. Gesetzt nun, sie gäbe sich in dieser Hoffnung eine *demokratische* Konstituzion, was gewänne sie dadurch? Beym ersten Anblick freylich sehr viel; denn sie sähe sich nun auf einmahl von allen Arten monarchischer und aristokratischer Bedrückung befreyt. Aber ehe sie noch Zeit gehabt hätte die Früchte einzuernten, würde sie durch eine traurige Erfahrung belehrt werden, daß sie bey der Veränderung nichts gewonnen habe, was sie nicht mit dem Verlust eines Vortheils bezahlen müsse, dessen Werth sie nun erst durch die Entbehrung gehörig schätzen lernen würde; und daß (alles aufs billigste berechnet) die Gebrechen und Übel einer popularen Regierung in einem sehr großen Staate das ärgste, was ein Volk in unsern Tagen von einem unweisen oder nach *cyklopischen* Grundsätzen regierenden Alleinherrscher zu leiden haben kann, so auffallend überwiegen, daß nur herrsch- und raubsüchtige Demagogen auf der einen Seite, und der roheste, dürftigste, sittenloseste, kurz in jeder, Betrachtung schlechteste Theil der untersten Volksklassen auf der andern, die Fortdauer einer solchen Verfassung wünschen können, worin der bessere Theil der Bürger seines Eigenthums, seiner Freyheit und seines Lebens nur so lange als es *jenen Demagogen* und *diesen Sankülotten* gefällt, d. i. keinen Augenblick, sicher ist.

Wenn man nicht die stärksten Gründe hätte, die meisten Urheber der Revoluzion vom 10ten August 1792 für *Bösewichter* zu halten, so würde ich sagen: Es war lächerlich und kindisch, die *Monarchie* für die Ursache alles Übels in Frankreich zu erklären. Sie war es nicht mehr als es die *Demokratie* dermahlen ist: denn eine Monarchie, in welcher der Staat blühend und das Volk glücklich ist, ist wenigstens eben so denkbar als eine Demokratie, die diese Bedingung erfüllt; oder, mit andern Worten, wenn Monarchie und Demokratie das wirklich sind was sie seyn sollen, so kann ein Volk, *in so fern es zur Glückseligkeit geeigen-schaftet ist,* unter beiden Verfassungen glücklich seyn. Aber diese Bedingung ist der Punkt, worauf es ankommt. Nicht die Monarchie, sondern die Laster und die tiefe sittliche Verdorbenheit aller Stände und Klassen waren das, was Frankreich von Stufe zu Stufe so weit herunter brachte, daß der Hof selbst sich zuletzt gezwungen sah, die Nazion zur Rettung des Staats aufzufordern: und eben diese Laster, eben diese tiefe moralische Verdorbenheit, welche sie in die neue Staatsverfassung mitbringt, macht die Hoffnung, durch die *Demokratie* glücklich zu werden, zur lächerlichsten aller Schimären. Denn, um dieß durch die Demokratie zu werden, müßte die Französische Nazion nicht bloß moralisch besser, sie müßte gänzlich umgeschaffen werden. Dieser unbeschreibliche Leichtsinn, diese unbändige Hitze, diese Unbeständigkeit, Hoffart und Eitelkeit, mit Einem Worte, dieser in den bekannten Horazischen Versen so treffend gezeichnete Jünglingskarakter,[1] der die Französische Nation vor allen andern auszeichnet, ist mit der Demokratie ganz unverträglich. Eine gute monarchische Regierung kann ihn zur Noth in Schranken halten, ja sogar durch eine weise Leitung zum Vortheil des Staats benutzen. Aber wie sollte ein Volk mit einem solchen brausenden Jünglingskarakter jemahls *sich selbst regieren,* sein eigener Gesetzgeber und Unterthan zugleich seyn können?

> In seinen Leidenschaften, aber läßt
> Was er mit Hitze kaum geliebt gleich schnell
> Für etwas neues, das ihn anlockt, fahren.
> *Horaz, Epistel an die Pisonen.*

Über die Robespierrische Konstituzion (1793):
SW, Bd. 29, S. 455–462.

—

1 Er nimmt wie Wachs des Bösen Eindruck an,
Weist guten Rath und Warnung trotzig ab,
Denkt immer an das nützlichste zuletzt,
Verstreut sein Geld wie Sand, ist stolz und rasch.

Lieber Wilibald! wozu das alles? So lange wir die Sache aus einem so tief liegenden und beschränkten Standpunkte betrachten, werden wir immer nur einseitige, schiefe und gehässige Ansichten erhalten, aus welchen sich kein gültiges Resultat ziehen läßt. Unsre Revoluzion ist nun einmahl erfolgt, weil es (morgenländisch zu reden) auf der Tafel des Lichts geschrieben war, daß sie erfolgen sollte. Unsre weiland Monarchie ist nun einmahl todt und abgethan, und wird nimmer wieder lebendig werden. Aber, Dank sey dem Himmel! die Nazion ist noch da; sie steht in ihrem alten Grund und Boden fest gewurzelt, und wird wahrscheinlich nur durch eine allgemeine Ersäufung oder Verbrennung unsers Planeten untergehen. Diese Nazion ist, nach mancherley mißlungenen Versuchen sich wieder zu organisieren, durch die Zusammenwirkung der vier großen Beweger aller sublunarischen Dinge, der Nothwendigkeit, der Leidenschaften, der Vernunft und des Zufalls, endlich dahin gekommen, sich diejenige Verfassung gefallen zu lassen, die im Jahre 1795 dem aufgeklärtern Theile die *beste* schien. Und so ist nun das Französische Volk, nach dem politischen Tode seiner Monarchie, aus eigner Macht und Gewalt, nicht nur unter der Gestalt, sondern wahrlich mit der vollsaftigen Jugendstärke einer *Republik*, wieder auferstanden, welche ihr Recht, unter den Amfiktyonen Europens, die ihr gebührende Stelle einzunehmen, so nachdrücklich zu behaupten gewußt hat, daß es ihr schwerlich so bald wieder streitig gemacht werden dürfte. Ob ihre dermahlige Kunstituzion die *letzte*, oder nur ein starker Schritt vorwärts zu einer andern sey, wobey die Nazion sich vielleicht *noch besser* befinden würde, wer kann das sagen? – Genug, sie ist nun was sie ist; und um dieß recht ins Auge zu fassen, weiß ich nur Einen Standpunkt.

Wilibald

Und der wäre? –

Raymund

Der kosmopolitische.

Wilibald

Er ist etwas hoch – aber ich kann klettern und hoffe Ihnen nach-
zukommen.

Raymund

Sie sehen in diesem einzigen Wort alles was ich sagen will, und so
kann ich desto kürzer seyn. Dem Kopf und dem Herzen des denkenden Mannes, der im Ganzen des Weltalls Gesetzmäßigkeit
und ewige Ordnung sieht, ist dieser Erdball nur ein einziges *Gemeinwesen*, und das über ihn verbreitete Menschengeschlecht
nur Eine Familie. Alles Besondere und Einzelne in den menschlichen Angelegenheiten beurtheilt er nach dem Verhältniß desselben zum Ganzen. Wollte irgend ein der Menschheit gewoge-
ner Genius den Nebel von den Augen der Völker und ihrer
Hirten treiben, so würden sie sehen, daß die Revoluzion, da sie
nun einmahl erfolgt ist, durch alle ihre Anschläge, Intriguen, Ko-
alizionen und Anstrengungen nicht ungeschehen gemacht werden kann; und daß es also, wie die Sachen stehen, eben so sehr ihr
Interesse als ihre *Pflicht* ist, anstatt dem großen Werk des Schicksals vergebens entgegen zu streben, es vielmehr zu fördern, und
willige Hände zu bieten, daß alles Gute, was aus der gegenwärtigen Lage der Dinge entwickelt werden kann, wirklich zu Stande

komme. Jetzt ist das dringendste Bedürfniß aller Europäischen Völker *Friede*, Endigung – nicht wie es anscheinen will – Erneuerung – des heillosen, unmenschlichen Krieges der in so wenig Jahren alle andern Übel, die der Krieg immer nach sich zieht, noch durch eine so fürchterliche *sittliche Zerrüttung* vermehrt hat, daß, wofern er auch nur eben so lange fortdauern sollte, ein gänzlicher Rückfall in die Barbarey des vierzehnten Jahrhunderts die unausbleibliche Folge davon seyn müßte. Friede, Friede, nicht Erhaltung alter, längst nicht mehr passender Einrichtungen, durch Mittel, die ihren Sturz nur beschleunigen und das Elend der schuldlos leidenden Völker vollständig machen würden, Friede, Einverständniß, aufrichtige Verbindung zu Wiederherstellung der allgemeinen Wohlfahrt, ist, was alle Völker von den Männern, deren Weisheit oder Thorheit, Rechtschaffenheit oder Unredlichkeit das Schicksal von Millionen entscheidet, erwarten, und zu erwarten befugt sind. Ob die Französische Republik gut oder schlecht konstituiert ist, ob sie, nach den scharfen Begriffen einer strengen Theorie beurtheilt, ihren Nahmen mit Recht führt, ist ihre eigene Sache; genug, daß sie Kräfte und Mittel in sich selbst hat, das, was sie jetzt noch nicht seyn kann, in kürzerer Zeit zu werden, als ihre – guten Freunde vielleicht wünschen, »*Sie ist militarisch*,« sagt man. Das mußte sie ja wohl seyn, um sich zu erhalten und in Respekt zu setzen; will man sie etwa nöthigen, es immer zu bleiben? *Friede* ist das einzige Mittel, sie in eine *Solonische* Republik zu verwandeln; sie zur Mutter aller wohlthätigen Friedenskünste, zur Pflegerin der fast überall verscheuchten, oder vernachlässigten und schel angesehenen *Musen*, zu einem Beyspiel, welcher Veredlung die Menschheit fähig ist, zu machen. Der Friede wird ihre Vorsteher, die zum Theil so viel zu vergüten haben, um ihrer selbst willen antreiben, durch alles, was eine aufgeklärte und thätige Regierung zu Wiederherstellung der innern Sicherheit, Ordnung und Sittlichkeit, und zu Beförderung des möglichsten Nazional-Wohlstandes wirken kann, jede Erinnerung an das überstandene Unglück der Zeiten in dem Gemüth eines so leicht vergessenden, so gern fröhlichen Volkes, auszulöschen. Das schon jetzt, mitten unter zweyfachen Anstrengungen gegen innere und auswärtige Feinde, welche bisher die ganze Aufmerksamkeit unsrer Regierung beschäftigten und die stockenden Hülfsquellen des Staats größtentheils aufsaugten, daß selbst in diesem noch immer gewaltsamen Zustande die glücklichen Folgen der neuen Ordnung der Dinge in unsern meisten Provinzen immer sichtbarer werden, beweiset jedem, der sie mit einiger Aufmerksamkeit bereisen will, der Augenschein. Selbst einer der ausgewanderten Royalisten muß gestehen, »daß es in Frankreich keinen eigentlichen *Stand* des *Müßiggangs* mehr gehe, daß das Land bey weitem besser angebaut sey als ehemahls, und die Industrie gestiegen zu seyn scheine.« – Auf welche Stufen der Vervollkommnung und des Wohlstandes könnten die Völker Europens sich mit und neben uns erheben, wenn sie den schimpflichen Überresten der alten Barbarey, dem kannibalischen Nazionalhaß, dem elenden Vorurtheil, daß fremdes Glück dem unsrigen schade, und den verächtlichen kleinen Krämerkniffen und Beutelschneiderkünsten, die man ehemahls *Politik* nannte, und durch die sich niemand mehr täuschen läßt, auf ewig entsagten, um durch einen allgemeinen Völkerbund, ohne Rücksicht auf die im Grunde wenig bedeutende Verschiedenheit der Staatsformen, sich zu einem dauerhaften *Europäischen Gemeinwesen* zu organisieren! Daß, wenigstens auf *unsrer* Seite, der Friede in kurzem alles noch Überspannte in den Begriffen und Gesinnungen unsrer warmen Republikaner auf die gehörige Temperatur herab stimmen würde, ist mir eben so gewiß, als daß es – wie ungünstig man auch jetzt noch, nicht ganz ohne unsre Schuld, von uns denken mag – nicht an unsrer Republik liegen werde, wenn die einmahl hergestellte öffentliche Ruhe nicht ein ganzes Jahrhundert voll *halcyonischer Tage* zum Glück der Völker bewirken wird.

Gespräche unter vier Augen (1798): SW, Bd. 31, S. 270–276.

I.

Freyheit der Presse ist Angelegenheit und Interesse des ganzen Menschengeschlechtes. Ihr haben wir hauptsächlich die gegenwärtige Stufe von Kultur und Erleuchtung, worauf der größere Theil der Europäischen Völker steht, zu verdanken. Man raube uns diese Freyheit, so wird das Licht, dessen wir uns gegenwärtig erfreuen, bald wieder verschwinden; Unwissenheit wird bald wieder in Dummheit ausarten, und Dummheit uns wieder dem Aberglauben und dem Despotismus Preis geben. Die Völker werden in die Barbarey der finstern Jahrhunderte zurück sinken; und wer sich dann erkühnen wird Wahrheiten zu sagen, an deren Verheimlichung den Unterdrückern der Menschheit gelegen ist, wird ein Ketzer und Aufrührer heißen, und als ein Verbrecher bestraft werden.

II.

Freyheit der Presse ist nur darum *ein Recht der Schriftsteller*, weil sie ein Recht *der Menschheit*, oder, wenn man will, ein Recht *policierter Nazionen* ist; und sie ist bloß darum ein Recht des Menschengeschlechts, weil die Menschen, als vernünftige Wesen, kein angelegneres Interesse haben als *wahre Kenntnisse* von allem, was auf irgend eine Art geradezu oder seitwärts einen Einfluß auf ihren Wohlstand hat, und zu Vermehrung ihrer Vollkommenheit etwas beytragen kann.

Über die Rechte und Pflichten der Schriftsteller (1785): SW, Bd. 30, S. 138 f.

111

Gespenster, Elementargeister, Mittelwesen zwischen Engeln und Menschen, Feuer- und Luftgeister, Kobolde, Bergmännchen und Wassernixen, Schutzgeister oder Plagegeister einzelner Menschen, – mit Einem Worte, alle Arten von *angeblichen Erscheinungen* und wunderbaren *Einwirkungen unsichtbarer Wesen*, werden – aller Einwendung einer gesunden Filosofie und aller durch sie bewirkten Aufklärung zu Trotz – in der *Einbildungskraft* und selbst in dem *Herzen* der Menschen immer einen Fürsprecher finden, der ihre gänzliche Verbannung unmöglich machen wird. Jede Erzählung dieser Art, alles was einer *Anekdote aus der Geisterwelt* ähnlich sieht, und die Wirklichkeit dieser fantastischen Wesen zu bestätigen, oder die Gründe, womit die Vernunft sie bestreitet, zu entkräften scheint, wird den meisten immer willkommen seyn. Selbst der aufgeklärtere Theil der Menschen – Personen, die es auf keine Weise von sich gesagt wissen möchten, daß sie Gespenster, Gespenstererscheinungen, und was in dieses Fach gehört, im Ernste zu glauben fähig wären – *unterhalten sich* doch *gern* mit Gesprächen oder Lektüren dieser Art. Ja, sogar der Filosof, indem er die Wahrheit der Begebenheiten, auf welche die Geisterseher ihren Glauben gründen, läugnet, fühlt sich unvermerkt von seiner eignen Fantasie überschlichen; und ist oft selten von seinen Vernunftschlüssen überzeugt genug, daß nicht die *instinktartige* Neigung zum *Wunderbaren*, die er mehr oder weniger mit den Ungelehrtesten gemein hat, den leisen Wunsch, des Gegentheils *durch unläugbare Thatsachen* überführt zu werden, in ihm erregen sollte.

Eine *Tradizion*, die so alt als das Menschengeschlecht, oder doch gewiß um viele Jahrhunderte älter als die *Filosofie* ist, hat eine Art von *allgemeinem Glauben* und *Einstimmigkeit aller Völker* über diese Dinge hervorgebracht. Von Kindheit an wird unsre Einbildungskraft mit Bildern, Mährchen, und angeblichen Geschichten angefüllt, welche sich auf diesen Glauben gründen und ihre ansteckende Kraft an uns beweisen, zu einer Zeit, da wir uns noch keines Betruges versehen, und die Vernunft uns noch mit keinen Waffen gegen unsre eigne und fremde Leichtgläubigkeit ausgerüstet hat.

Die *Dichter*, welchen mit dem Wunderbaren die reichste Quelle von Erfindung und Interesse genommen würde, nähren diese Anlage auf eine so verführerische Art, daß, wenn wir gleich Verstand genug haben zu sehen *daß* sie uns täuschen, wir doch mit Vergnügen *einwilligen*, so angenehm getäuscht zu werden. Mitten in der Überzeugung, daß die ganze *Maschinerie* ihrer Götter- und Geistererscheinungen, Zaubereyen und Feereyen, aus bloßen Geschöpfen ihrer Einbildungskraft zusammen gesetzt sey, ertappen wir uns über einem heimlichen Seufzer, *daß doch diese Wunderdinge wahr seyn möchten*; und je empfänglicher unsre Seele für die Einwirkungen dieser Art von Dichtungen ist, desto geneigter sind wir, uns durch *Erzählungen*, die sich (dem Vorgeben nach) auf *Erfahrung* und *Thatsache* gründen, von der Wahrheit dessen, was wir wahr zu finden wünschen, überreden zu lassen.

Wie viel endlich unter allen Völkern die *Religion* beygetragen habe, diese Disposizion in den Gemüthern der Menschen zu verstärken, braucht hier kaum erwähnt zu werden. Und was ists Wunder, wenn *Priester* (welche hierbey ein eben so begründetes und in verschiednem Betracht ungleich wichtigeres Interesse hatten als die *Dichter*) geschäftig gewesen sind, den Glauben an übermenschliche Wesen und übernatürliche Wirkungen zu befördern; da selbst ein großer Theil der *Filosofen*, vornehmlich die von der *Pythagorischen, Platonischen* und *Alexandrinischen Schule*, diesen Glauben begünstiget, und eine Geisterlehre, in welcher alle Artikel des popularen Aberglaubens Unterstützung finden, zur Grundlage und zu den Hauptpfeilern des Lehrgebäudes gemacht haben?

[...]

Nun hat zwar, Dank sey dem Himmel! diese *poetische Art von Filosofie* seitdem einer andern Platz gemacht, welche, mit neu erfundnen *Werkzeugen* bewaffnet, sich gleichsam *neue Sinne* zu verschaffen und damit die größten Schwierigkeiten zu übersteigen gewußt hat, die ehmahls jedem entgegen standen, der *mit der Fackel der Beobachtung* ins Innere der Natur einzudringen versuchte. Die verworrenen und ungewissen Formen der Dämmerung scheinen nun in dem immer zunehmenden Tage zerflossen, und die *bezauberte Welt* von der *natürlichen* auf ewig verdrängt zu seyn. Aber die Einbildungskraft findet immer wieder Mittel sich im Besitz ihrer alten Rechte zu erhalten. Der Kreis ihrer Wirksamkeit erweitert sich zugleich mit dem Kreise unsrer Kenntnisse. Die *Natur* (gleich als ob sie eifersüchtig sey, sich über ihren verborgnen Mysterien von sterblichen Augen überschleichen zu lassen) erscheint immer wundervoller, geheimnißreicher, unerforschlicher, je mehr sie gekannt, erforscht, berechnet, gemessen und gewogen wird. Die unendliche Mannigfaltigkeit und der grenzenlose Schauplatz ihrer Wirkungen verschlingt unsern Geist; er verliert sich in einem Ocean von Wundern, an welchen, wie viel wir auch erklären und begreifen zu können meinen, doch noch immer unerklärbares und unbegreifliches genug übrig bleibt, um die verlegene Imaginazion in ihre alte Lage zurück zu werfen.

Denn was haben wir auch mit den scharfsinnigsten und unwidersprechlichsten Erklärungen alles dessen, was im Himmel, auf Erden und unter der Erden ist, am Ende, zu Befriedigung unsers Vorwitzes gewonnen, als – *Erscheinungen zu kennen*, deren *Ursachen* – *Wirkungen zu berechnen*, deren *Kräfte* noch immer Geheimniß sind? Und wenn wir auch das ganze Uhrwerk der Körperwelt bis auf seine ersten Bestandtheile aus einander legen könnten; so nöthigt uns doch am Ende ein Gefühl, dem die Vernunft selbst nachgeben muß, *geistige Kräfte* anzunehmen, welche der *Materie* Zusammenhang, Bewegung, Leben, Empfindung und Gedanken geben, die nicht ihr eigen sind: und so befinden wir uns immer wieder da, wo uns die *Filosofie* gefunden hatte; glauben immer, daß sie uns gerade das nicht sagen könne, was wir am liebsten wissen möchten; und fühlen uns also um so geneigter, jedem Gehör zu geben, der unsre *Einbildungskraft* in Erwartung setzt, und ihr eine Befriedigung zu versprechen scheint, die sie bey jener vergebens gesucht hatte.

Hierzu kommt noch ein andrer Umstand, der eine eben so natürliche Folge der Aufklärung ist, als er den Geistersehern günstig zu seyn scheint. Je weiter die *Grenzen* unsrer Kenntnisse *hinaus gerückt* werden, je mehr wir die unerschöpfliche Mannigfaltigkeit der Natur im Detail ihrer Werke kennen lernen; desto weiter dehnt sich auch *der Kreis des Möglichen* vor unsern Augen aus; und vielleicht ist es gerade der größte Naturforscher, der sich am wenigsten untersteht, irgend etwas, das nicht augenscheinlich in die Klasse der viereckigen Dreyecke gehört, für *unmöglich* zu erklären.

Seitdem die unersättliche Wißbegierde mit geschärften Sinnen in alle Elemente eingedrungen ist; seitdem uns die Vergrößerungsgläser einen Abgrund von fysischen Wundern, wovon niemand zuvor die mindeste Vorstellung hatte, aufgeschlossen haben; seitdem uns die Entdeckung neuer, von keinem *Demokrit* oder *Aristoteles* nur geahndeter Eigenschaften der Materie die Natur von ganz neuen Seiten gezeigt, und der unermüdliche Fleiß der Forscher fast täglich in dem Falle ist, auf Entdeckungen zu stoßen, welche die Hälfte dessen, was man vorher für wahr gehalten, wieder umstoßen oder zweifelhaft machen: seitdem haben auch unsre Begriffe vom Wunderbaren und Natürlichen, Möglichen und Unmöglichen, eine merkliche Veränderung erleiden müssen. Mitten zwischen den grenzenlosen Tiefen des Unendlichgroßen und Unendlichkleinen, wo jeder Sonnenstaub eine Welt, und jede Welt ein Sonnenstaub, jeder belebte Keim eine ganze Schöpfung, jeder Punkt im Unermeßlichen ein Schauplatz ist, zu dessen Durchschauung das Leben eines Menschen nicht zureiche, lernt der Mensch bescheidner von seinen Einsichten denken, und wird immer furchtsamer zu entscheiden *was die Natur könne oder nicht könne*, je öfter er schon in seinen zu raschen Urtheilen durch nachfolgende Erfahrungen beschämt worden ist. Vor einigen Jahrhunderten hatte das Wunderbare beynahe alle Begriffe vom Natürlichen aus den Köpfen unsrer Vorfahren verdrängt: jetzt verenget die Natur immer mehr die Grenzen des Wunderbaren, und wir finden uns hier auf allen Seiten von so vielen Unbegreiflichkeiten umringt, daß uns beynahe nichts mehr in Erstaunen setzt.

So günstig indessen dieser Umstand den Geistererscheinungen, besonders den *Gespenstern* und *Mittelgeistern*, (welche unter allen Einwohnern der bezauberten Welt noch immer die meisten und scheinbarsten Zeugnisse vor sich haben) seyn mag: so ist doch *unser Unvermögen ihre Unmöglichkeit zu beweisen* alles, was zu ihrem Behufe daraus geschlossen werden kann.

Und verbietet uns da nicht eben diese Vernunft – welche uns abhält zu entscheiden, daß etwas *darum unmöglich* sey weil wir uns keine *deutliche Vorstellung* machen können *wie es möglich* sey – etwas bloß darum für *möglich* zu erklären, weil wir nicht einsehen *wie* und *warum* es *unmöglich* seyn sollte?

Wir befinden uns also hierüber in einem ziemlich wagerechten Schwanken; und das gewisseste wozu wir uns selber bringen können, ist das *Gefühl*, daß ein *erscheinender Geist*, an sich selbst und ohne Rücksicht auf besondere Erfahrungen und Zeugnisse, weder etwas so *unnatürliches* sey, um für ganz unmöglich gehalten zu werden, noch *natürlich genug*, um uns nicht, in jedem besondern Falle, gegen seine Wirklichkeit mißtrauisch zu machen.

Der Erzähler einer Geistergeschichte, die er als vorgeblicher *Augen-* oder *Ohrenzeuge* in ganzem Ernste für wahr giebt, kann sich heutiges Tages darauf verlassen, daß er die meisten Personen von Erziehung und Kenntnissen, sogar diejenigen, die hierin bloße Prätendenten sind, *unglaubig* finden werde. Wie glaubwürdig auch der *Gewährsmann* in unsern Augen seyn mag, die *Erzählung selbst* ist es *niemahls*; denn es ist einem seiner Vernunft mächtigen Menschen *eben so natürlich* eine solche Geschichte *nicht zu glauben*, als zu glauben daß die Sonne morgen wieder aufgehen werde. *Dieser* Glaube und *jener* Unglaube beruhen auf *einerley Grunde*.

Lassen wir aber einen Filosofen auftreten, und in einem ausdrücklich dazu geschriebenen Buche mit scharfsinnigen und scheinbaren Gründen aller Art beweisen, daß alle für historisch wahr ausgegebne Gespenster- und Geistergeschichten auf gar keinem glaubwürdigen Zeugnisse beruhen; und daß diese Erscheinungen, welche man ohne Einwirkung solcher Wesen, die zu keinem der bekannten Naturreiche gehören, nicht erklären zu können glaubt, sich aus bekannten natürlichen Ursachen sehr wohl erklären lassen: augenblicklich wird etwas, das (wenn ich nicht irre) nicht bloß Widersprechungsgeist ist, in uns rege, welches uns drängt, die verfolgten Fantomen in unsern Schutz zu nehmen.

Über den Hang der Menschen an Magie und Geistererscheinungen zu glauben (1781): SW, Bd. 24, S. 71–86.

Wir sagten vorhin, die Abderiten hätten sich mit ihrem Theater so viel zu thun gemacht, daß sie in Gesellschaften beynahe von nichts als von der Komödie gesprochen: und so verhielt sichs auch wirklich. Aber wenn sie von Theaterstücken und Vorstellungen und Schauspielern sprachen, so geschah es nicht, um etwa zu untersuchen was daran in der That beyfallswürdig seyn möchte oder nicht. Denn, ob sie sich ein Ding gefallen oder nicht gefallen lassen wollten, das hing (ihrer Meinung nach) lediglich von *ihrem freyen Willen* ab; und, wie gesagt, sie hatten nun einmal eine Art von schweigender Abrede mit einander getroffen, ihre einheimischen dramatischen Manufakturen *aufzumuntern.* »Man sieht doch recht augenscheinlich, (sagten sie) was es auf sich hat, wenn die Künste an einem Orte aufgemuntert werden. Noch vor zwanzig Jahren hatten wir kaum zwei oder drey Poeten, von denen, außer etwa an Geburtstagen oder Hochzeiten, kein Mensch Notiz nahm. Jetzt, seit den zehn bis zwölf Jahren daß wir ein eignes Theater haben, können wir schon über sechs hundert Stücke, groß und klein in einander gerechnet, aufweisen, die alle auf Abderitischem Grund und Boden gewachsen sind.«

Wenn sie also von ihren Schauspielen schwatzten, so war es nur, um einander zu fragen, ob, zum Beyspiel, das gestrige Stück nicht *schön* gewesen sey? und einander zu antworten: ja, es sey sehr *schön* gewesen – und was die Schauspielerin, welche die Ifigenia oder Andromache vorgestellt, (denn zu Abdera wurden die weiblichen Rollen von wirklichen Frauenzimmern gespielt, und das war eben nicht so Abderitisch) für ein schönes neues Kleid angehabt habe? Und das gab dann Gelegenheit zu tausend kleinen interessanten Anmerkungen, Reden und Gegenreden, über den Putz, die Stimme, den Anstand, den Gang, das Tragen des Kopfs und der Arme, und zwanzig andre Dinge dieser Art, an den Schauspielern und Schauspielerinnen. Mitunter sprach man auch wohl von dem Stücke selbst, sowohl von der Musik als von *den Worten*, (wie sie die Poesie davon nannten) das ist, ein jedes sagte, was ihm am besten oder wenigsten gefallen hätte; man hob die vorzüglich *rührenden* und *erhabnen* Stellen aus; tadelte auch wohl hier und da einen *Ausdruck*, ein *allzu niedriges Wort*, oder einen *Gedanken*, den man übertrieben oder anstößig fand. Aber immer endigte sich die Kritik mit dem ewigen Abderitischen *Refrein: Es bleibt doch immer ein schönes Stück – und hat viel Moral in sich. Schöne Moral!* pflegte *der kurze dicke Rathsherr* hinzu zu setzen – und immer traf sichs, daß die Stücke, die er ihrer schönen Moral wegen selig pries, gerade die elendesten waren.

Man wird vielleicht denken: da die besondern Ursachen, die man zu Abdera gehabt habe, alle einheimische Stücke, ohne Rücksicht auf Verdienst und Würdigkeit, aufzumuntern, bey *auswärtigen* nicht Statt gefunden, so hätte doch wenigstens die große Verschiedenheit der Athenischen Schauspieldichter, und der Abstand eines *Astydamas* von einem *Sofokles* etwas dazu beytragen sollen, *ihren Geschmack zu bilden*, und ihnen den Unterschied zwischen gut und schlecht, vortrefflich und mittelmäßig, – besonders den mächtigen Unterschied zwischen natürlichem Beruf und bloßer Prätension und Nachäfferey, zwischen dem muntern, gleichen, aushaltenden Gang des wahren Meisters, und dem Stelzenschritt oder dem Nachkeichen, Nachhinken und Nachkriechen der Nachahmer – anschaulich zu machen. Aber, fürs erste, ist der Geschmack eine Sache, die sich ohne natürliche Anlage, ohne *eine gewisse Feinheit des Seelenorgans, womit man schmecken soll*, durch keine Kunst noch Bildung erlangen läßt; und wir haben gleich zu Anfang dieser Geschichte schon bemerkt, daß die Natur den Abderiten diese Anlage ganz versagt zu haben schien. Ihnen schmeckte *Alles*. Man fand auf ihren Tischen die Meisterstücke des Genies und Witzes mit dem Abgang der schalsten Köpfe, den Tagelöhnerarbeiten der elendesten Pfuscher, unter einander liegen. Man konnte ihnen in solchen Dingen weiß machen was man wollte; und es war nichts leichter, als einem Abderiten die erhabenste Ode von *Pindar* für den ersten Versuch eines Anfängers, und umgekehrt das sinnloseste Geschmier, wenn es nur den Zuschnitt eines Gesangs in Strofen und Antistrofen hatte, für ein Werk von Pindar zu geben. Daher war bey einem jeden neuen Stücke, das ihnen zu Gesicht kam, immer ihre erste Frage: *Von wem?* und man hatte hundert Beyspiele, daß sie gegen das vortrefflichste Werk gleichgültig geblieben waren, bis sie erfahren hatten daß es einem berühmten Nahmen zugehöre.

Geschichte der Abderiten (1774–1781): SW, Bd. 19, S. 253–257.

I.

[...]

Da wir nun bloß durch unsre Vernunft *Menschen* sind, unsre Vernunft aber bloß durch ihren freyen Gebrauch *Vernunft* ist: so *ist*, durch eine nothwendige Folge, *der Gebrauch dieser Freyheit*, und das Recht, den ganzen Prozeß, wie wir durch Nachdenken über interessante Gegenstände auf diese oder jene Resultate gekommen sind, andern mitzutheilen, *das unverlierbarste Recht der Menschheit*. Denn ohne dasselbe würden wir nicht nur *keine Sicherheit für die übrigen* haben, sondern sie auch *nicht zu gebrauchen wissen*, ja sie nicht einmahl *kennen*.

Aber nicht nur das allgemeine Beste der Menschheit überhaupt, auch das angelegenste Interesse *der bürgerlichen Gesellschaften*, worin wir leben, ist mit der Erhaltung dieses *Palladiums* unzertrennlich verbunden: denn von seinem Verluste würde der Verlust aller Gewissensfreyheit und aller bürgerlichen Freyheit, würde die Wiederkehr jener schrecklichen Finsterniß, Sklaverey und Verwilderung der Jahrhunderte zwischen *Theodosius* und Kaiser *Friedrich* III. die unvermeidliche Folge seyn.

Wenn es wahr ist, daß dieses achtzehnte Jahrhundert sich einiger beträchtlicher Vorzüge vor allen vorher gehenden rühmen kann: so ist nicht weniger wahr, daß wir sie lediglich der Freyheit des Denkens und der Presse, der dadurch bewirkten Ausbreitung der Wissenschaften und des filosofischen Geistes, und der mehrern Bekanntmachung derjenigen Wahrheiten, von denen das Wohl der bürgerlichen Gesellschaft abhängt, zu danken haben. Immerhin mögen manche Lobredner unsrer Zeiten von diesen Vorzügen zu viel Aufhebens machen: aber, wenn die Vortheile, die wir davon gezogen haben, nicht ungleich größer, ausgebreiteter, und in ihren Wirkungen wohlthätiger sind als der Augenschein zeigt, woher kommt es – als weil die Rechte der Vernunft noch bey weitem nicht in allen Ländern unsers Welttheils anerkannt werden, und weil sie auch da, wo noch das meiste Licht ist, in den Vorurtheilen, den Leidenschaften und dem Privatinteresse herrschender Parteyen Stände, Orden und so weiter noch so mächtigen und hartnäckigen Widerstand finden?

Man kann es nicht zu oft wiederhohlen: »Nichts, was *Menschen* jemahls *öffentlich gesagt, geschrieben* und *gethan* haben, kann sich eines Privilegiums gegen die *kaltblütige* und *bescheidene* Untersuchung und Beurtheilung der *Vernunft* anmaßen.« Kein Monarch ist so groß und kein Hoherpriester so heilig, daß er, kraft seiner Majestät oder Heiligkeit, *Ungereimtheiten sagen* oder *thun* dürfte, ohne daß es erlaubt wäre, – sollte es auch erst nach seinem Tode geschehen – mit aller geziemenden Höflichkeit zu zeigen, daß die Ungereimtheiten, die er gesagt oder gethan hat, Ungereimtheiten sind. Und wenn dieß wahr ist, – wie doch wohl niemand unverschämt genug seyn wird es läugnen zu wollen? – warum sollten *nur die unrichtigen Definizionen*, nur *die grundlosen Distinkzionen*, nur *die Sofismen* und *Paralogismen*, mit Einem Worte, *nur die Ungereimtheiten der Gelehrten, Schriftsteller, Doktoren und Magister*, wie *illuminiert, resolut, subtil, irrefragabel, angelisch* und *serafisch* die Herren auch seyn mögen, *warum sollten nur sie allein sich selbst einen Freybrief gegen Prüfung und Beurtheilung geben dürfen?*

Auch dieß kann (wenigstens so lang' es noch so nöthig ist wie dermahlen) nicht oft und laut genug wiederhohlt werden: »Nicht *die Dinge selbst*, sondern nur *unsre Vorstellungen, Meinungen, Einbildungen*, wirklichen oder vermeinten *Erfahrungen*, daraus gezogenen *Schlüsse*, oder zu ihrer Erklärung erfundenen *Hypothesen* und *Systeme*, sind der Gegenstand der spekulativen Wissenschaften.« Bis zu den *Naturdingen* selbst sind wir noch nicht gekommen, oder *können* vielmehr nicht zu ihnen kommen. Wir weben und leben in einem Ocean von *Fäno-*

menen, *Ideen* und *Fantomen*; wir werden von ihnen auf unzählige Art getäuscht; aber *unser Interesse* ist, *so wenig als möglich getäuscht zu werden*: und was haben wir denn, als den allgemeinen Menschenverstand und die scharf prüfende Vernunft, was uns das *Wahre*, dessen Erkenntniß uns zur Erfüllung unsrer Bestimmung nöthig ist, von *Irrthum* und *Betrug*, die uns schädlich und verderblich sind, mit Gewißheit unterscheiden lehren könnte?

Es ist wahr, *Kinder* müssen – *so lange sie Kinder sind* – durch *Autorität* geleitet werden: aber sie müssen auch *unterrichtet* werden, damit sie nicht *ewig Kinder* bleiben. Ein Kind wird, der Ordnung der Natur zu Folge, mit jedem Jahre *weniger* Kind; es hat alles in sich, was es braucht um zur *Reife*, zur Vollkommenheit seiner individuellen Naturbestimmung zu gelangen, und es ist unrecht, wenn seine Obern es aus selbstsüchtigen Absichten an seiner Entwicklung hindern. Ist also das was man *Volk* nennt, eine Art von *moralischem Kinde*, (wie man nicht ohne allen Grund anzunehmen gewohnt ist) so muß auch von ihm gelten, was von allen Kindern gilt: es muß ihm keine Gelegenheit abgeschnitten werden zu männlichem Verstande zu gelangen.

Ich sehe seit einiger Zeit nicht nur die Finsterlinge, (worunter in der That der eine oder andere dem alten *Amadis von Gallien* den Nahmen *des schönen Finsterlings* streitig machen könnte) sondern sogar solche, die für sehr erleuchtete Köpfe gehalten seyn wollen, gegen *Aufklärung* und *Aufklärer* sich erheben. – Was mag man wohl damit wollen? Was *fürchtet* man vom *Lichte*? Was *hofft* man von der *Finsterniß*? Können *kranke Augen* das Licht nicht *ertragen*: nun so muß man sie gesund zu machen suchen, und sie werden es nach und nach schon ertragen lernen. Aber *Diebe, Meuchelmörder* und ihres gleichen *scheuen* das Licht; und *gerade diese* muß es, um des allgemeinen Besten willen, bis in ihre geheimsten Schlupfwinkel verfolgen.

II.

Jede bekannt gemachte Wahrheit, jede Berichtigung eines Irrthums (beträf' es auch nur eine falsche Lesart in einem alten Autor, oder die Zahl der Staubfäden einer neuen Pflanze) hat ihren
Werth. Aber es giebt Wahrheiten und Irrthümer, die auf das
Wohl oder Weh des menschlichen Gechlechts einen sehr großen,
einen *entscheidenden* Einfluß haben: und diese sollen und müssen unermüdet und unerschrocken von allen ihren Seiten, nach
allen ihren Beziehungen und Wirkungen beleuchtet, und dem
stärksten Feuer der Prüfung so lange ausgesetzt werden, bis sie,
von allen Schlacken des Irrthums gereinigt, als feines gediegenes
Gold aus dem Tiegel kommen, und alsdann, ohne Möglichkeit
eines vernünftigen Widerspruchs, den kostbarsten und herrlich-
sten Schatz der Menschheit ausmachen.

Von den Wahrheiten, die ich hier im Auge habe, sind einige
einer *Evidenz* fähig, die der Gewißheit unsers eigenen Be-
wußtseyns gleich ist.

Andere hingegen sind so beschaffen, daß sie, vermöge der Natur der Sache und der Schranken unsers Wesens, keine andere
Gewißheit für uns haben können, als die aus einem hohen Grade
von *Wahrscheinlichkeit* entspringt, und durch einen im Herzen
aller Menschen liegenden geheimen *Wunsch, daß sie wahr seyn
möchten*, unterstützt wird; ein Wunsch, der ein erweisliches *moralisches Bedürfniß*, sie als wahr anzunehmen, zum Grunde zu
haben scheint.

Diese Wahrheiten sind nicht sowohl Gegenstände der spekulativen Vernunft als *des vernünftigen Glaubens*: aber ihre *Wurzel*
liegt so tief *in der menschlichen Natur*, daß kein Volk des Erdbodens, (wie unentwickelt und ungebildet es auch sonst seyn mag)
so fern es des menschlichen Nahmens nur einiger Maßen werth
ist, gefunden wird, bey welchem sich nicht wenigstens dunkle,
unreife, und mißgestaltete *Gespenster* und *Schattenbilder dieser
Wahrheiten* festgesetzt hätten, für welche sie eine ihnen selbst
unerklärbare Anhänglichkeit haben,

Diese Wahrheiten sind – *das ewige Daseyn eines obersten*

126

Grundwesens von *unbegrenzter Macht*, von welchem *das ganze Weltall* nach *unveränderlichen Gesetzen* mit *Weisheit* und *Güte* regiert wird – und *die Fortdauer unsers eignen Grundwesens*, mit *Bewußtseyn unsrer Persönlichkeit* und *ewigem Fortschritt* zu einer vollkommenern Art von Existenz.

Meiner innigsten Überzeugung nach müßten diese zwey *Glaubenswahrheiten*, wenn sie in ihrer möglichsten Reinheit und Einfachheit gedacht und geglaubt würden, den wohlthätigsten Einfluß auf unsre innere Moralität, Zufriedenheit und Glückseligkeit haben. Es ist erweislich und erwiesen, daß sie den Menschen, im Ganzen genommen, *unentbehrlich* sind; erweislich und erwiesen, daß auch der beste und glücklichste Mensch durch ihren Glauben *noch besser, noch glücklicher* werden muß. Von ihnen, und *von ihnen allein* gilt, was *Cicero* von den Eleusinischen Mysterien sagt: *daß sie uns in die Verfassung setzen, froher zu leben und mit besserer Hoffnung zu sterben.*

III.

Welcher dem menschlichen Geschlecht gehässige *Dämon* hat sich denn von uralten Zeiten bis auf diesen Tag so unselig geschäftig bewiesen, *gerade diesen Glauben* – einer göttlichen Weltregierung und eines bessern Zustandes nach diesem Leben – auf alle nur ersinnliche Weise zu *verunstalten*, zu *verdunkeln*, und durch Vermischung mit der ungereimtesten *Schwärmerey*, dem scheulichsten *Aberglauben*, den menschenfeindlichsten *Wahnbegriffen* und *Irrlehren*, das was die *Stütze*, der *Trost* und die *Hoffnung der Menschheit* seyn sollte, zum *Mittel ihrer Unterdrückung* und *Mißhandlung*, zu einem *Werkzeuge des Betrugs* und der Beutelschneiderey, ja sogar zu einem *Gifte* zu machen, das die Seele gleichsam in ihren zartesten und edelsten Theilen anfrißt, und in ein moralisches Scheusal verwandelt?

Wir haben nicht nöthig, die erste Ursache alles dieses Übels weit außer uns zu suchen: sie liegt uns sehr nahe; denn, kurz –

Der Dämon steckt in unsrer eignen Haut!

Und wiewohl es, aus Mangel hinlänglicher Urkunden, unmöglich ist, die Geschichte des Aberglaubens *mit historischer Gewißheit* bis in seine Wiege zu verfolgen: so ist doch nichts leichter, als die Entstehung desselben unter den Umständen, worin uns die allgemeine Menschengeschichte die ältesten Völker zeigt, sich *psychologisch* klar zu machen.

Kinder und Unwissende staunen alles an was sie nicht begreifen können, und die Welt ist für sie voller Wunderdinge und Wunderwerke; denn jede Naturbegebenheit, jede von einem Menschen dargestellte Erscheinung, wovon sie nicht begreifen wie es damit zugehe, ist ein Wunder in ihren Augen. Die ältesten Zeiten der Welt und der Völker sind daher nothwendig *wundervolle* Zeiten – und die Belege dieser Wahrheit giebt die *Mythologie* aller Nazionen.

Da nun alle Menschen durch eine innere Nothwendigkeit gezwungen sind, alles was in ihre Sinne fällt für *Wirkung* irgend eines – *Wirkenden*, das ist einer *Ursache*, zu halten, von den besagten Wunderdingen aber keine Ursache in die Augen fiel, welcher man diese Wirkungen begreiflicher Weise zuschreiben konnte: so sahen sich die Menschen genöthiget, zu *unsichtbaren Wirkenden, von welchen* oder *mit deren Beystand* jene Wunder hervorgebracht würden, ihre Zuflucht zu nehmen.

Ein eben so unwillkührlicher innerer Zwang nöthigt die menschliche *Einbildungskraft*, sich alle unsichtbare Dinge *sichtbar* zu machen; und so wurden aus jenen verborgenen Ursachen der Fänomene, die man sich nicht erklären konnte, *Geister der Verstorbenen, Genien, Feen, Peris, Divs, Götter* und *Halbgötter*.

Von jeher gab es auch *Menschen*, welche *Wunderdinge* thaten. Als Menschen konnten sie das nicht aus eigener Kraft; sie waren also *Werkzeuge* jener *höhern Wesen*, womit sich die Einbildung der Sterblichen bevölkert hatte. Natürlicher Weise entstand hieraus der Glaube, daß es Menschen gebe, welche sich – wodurch es nun sey – den Göttern, Halbgöttern, Feen und so weiter angenehm genug zu machen wüßten, um solcher besonderer Gnaden und Gaben von ihnen gewürdiget zu werden; und es war zu vortheilhaft, sich bey dem unwissenden Haufen in einen solchen

Kredit zu setzen, als daß nicht bald genug ganze Schaaren von wunderthätigen Priestern, Wahrsagern, Zeichendeutern, Dienern und Auslegern der Orakel und so weiter entstanden wären, denen alles daran gelegen war, den Glauben an jene *eingebildeten* Wesen, der ihnen so viele sehr handgreifliche Vortheile verschaffte, auf alle nur ersinnliche Weise in den Gemüthern zu befestigen.

Aber der natürliche Stolz des Menschen, der in der ganzen sichtbaren Natur nichts höheres und mächtigeres kennt als *sich selbst,* konnte sich nicht lange auf diese Vorstellung einschränken. Er befand sich unendlich besser bey dem Gedanken, *selbst die wirkende Ursache* von Wunderdingen, als ein bloßes Werkzeug zu seyn. Man war inzwischen nach und nach bekannter mit der Natur geworden; der Kunstsinn hatte sich zu entwikkeln angefangen; schärfere Sinnen und glückliche Zufälle machten, daß gewisse Menschen an Thieren und Pflanzen, Steinen und Mineralien allerley Eigenschaften entdeckten, woraus sie andern ein Geheimniß machten, um *unbegreifliche Dinge* wirken zu können. Nach und nach entfaltete sich der Keim einer Filosofie, die einen *tiefen* aber *räthselhaften Sinn* in dem großen Buche der Natur *ahndete,* das der Mensch vielleicht Jahrtausende lang bloß angestaunt hatte. Man ahndete verborgene Kräfte, geheime Sympathien, geheime Beziehungen der Dinge, und jene *goldne Kette,* an welcher *Homers* Jupiter Erde und Meer empor zieht. Alle Dinge der sichtbaren Welt wurden als *Hieroglyfen* dieses geheimnißvollen Buches betrachtet: aber die große Kunst war, *sie lesen zu können.* Wer dieß konnte, besaß natürlicher Weise den Schlüssel zum Innern der Natur, bemächtigte sich vermittelst desselben ihrer verborgensten Kräfte, und hatte die Mittel in Händen, gute und böse Dämonen, Elementar- und Astralgeister, ja die obersten Götter selbst, entweder zu seinen Freunden oder zu seinen Sklaven zu machen. Es fehlte nicht an Menschen, die diese erhabene Wissenschaft zu besitzen *vorgaben*: und so entstand die *Magie* mit allen ihren Ästen und Zweigen; so füllte sich in den Händen verschmitzter Betrüger der *Zauberbecher*, aus welchem alle Völker *Aberglauben* tranken, und dadurch, gleich den Gefährten des Ulysses, die aus dem Becher der *Circe* getrunken hatten, in eine Art stumpfsinniger Thiere verwandelt wurden, die sich bemaulkorben und bezäumen, beladen, führen und peitschen, ja sogar füttern lassen mußten, wie, wohin und womit es den Zauberern, ihren Herren, beliebig war.

IV.

Die *ältesten Gesetzgeber*, die sich dazu berufen fühlten, noch sehr rohe und in eine Art von natürlicher Wildheit lebende Menschenstämme in *bürgerliche Gesellschaften* zu vereinigen, fanden den Glauben an *Dämonen* im Himmel, auf Erden, im Meer und unter der Erde, und vornehmlich den Glauben an *väterliche Götter* und *Schutzgötter* der *Gegend*, wo sie wohnten, der *Berge* und *Flüsse* derselben, und so fort, in den Gemüthern schon befestiget. Sie kamen daher sehr natürlich auf den Gedanken, diesen Umstand zu ihrem großen Vorhaben zu benutzen. Sie sahen, daß *die Furcht vor den Göttern*, unter der Leitung einer klugen Hand, das kräftigste Mittel werden könne, die rohen Menschen, mit denen sie es zu thun hatten, zu bändigen, und an bürgerliche Zucht und Ordnung zu gewöhnen. Sie machten also entweder die Götter selbst zu *Urhebern* ihrer Gesetze, oder setzten diese wenigstens unter die unmittelbare *Garantie* derselben. Sie gaben dem *Gottesdienst* eine *bestimmtere Form* und größere *Feierlichkeit*; sie stifteten die *Mysterien*; und bey den Griechen wurden *Eleusis*, *Olympia* und *Delfi* schon in sehr alten Zeiten die *Vereinigungspunkte* der unzähligen kleinen Völkerschaften, woraus sich nach und nach *der große politische Körper* bildete, der den *Jupiter* als *seinen allgemeinen Schutzgott*, und die *Amfiktyonen* als *sein höchstes Nationalgericht* verehrte.

So wurden alle *bürgerlichen Gesellschaften* gewisser Maßen *auf die Religion gegründet*; sie machte einen Theil der Gesetzgebung, *ein wesentliches Stück der Konstituzion*, aus. Man betrachtete sie (ob mit Recht oder Unrecht, ist jetzt nicht die Frage) als ein Band des Staats, das nicht zerrissen werden könne, ohne den Staat selbst aufzulösen.

Gedanken über den freyen Gebrauch der Vernunft in Gegenständen des Glaubens (1788): SW, Bd. 29, S. 19–33.

Häusliche Glückseligkeit ist die einzige Art glücklich zu seyn, die dem Menschen hienieden bestimmt ist, pflegte er zu sagen. Ich habe noch nie einen Menschen mit seinem Daseyn unzufrieden, neidisch über andrer Glück, boshaft und übelthätig gesehen, der in seinem Kabinet, in seiner Kinderstube und in seinem Schlafzimmer glücklich war. Auch hab' ich nie gehört noch gelesen, daß ein solcher Mann eine Verrätherey gegen den Staat angezettelt, oder einen Aufruhr erregt, oder sich zum Haupt einer Sekte aufgeworfen,[1] oder an die Spitze einer Räuberbande oder Schwärmerrotte gestellt, und Unheil auf Gottes Boden angerichtet hätte. Ein Mann, der in seinem Hause glücklich ist, ist immer auch ein guter Bürger, ein guter Gesellschafter, ein guter Mensch.

Aber (wandte der *Kalender*, mit dem er einst über diese Sache wortwechselte, ein) um dieser Art von Glückseligkeit, der du einen so großen Werth beylegst, fähig zu seyn, wird, däucht mich, eine besondere Gemüthsverfassung, eine gewisse Empfindsamkeit, Mäßigung, Gutherzigkeit und Einfalt der Sitten vorausgesetzt, *ohne welche* das größte häusliche Glück nicht glücklich macht, *mit welchen* hingegen, auch ohne dieses, niemand unglücklich seyn kann.

»Unstreitig, versetzte Danischmend lachend, setzt der Genuß des häuslichen Glücks die *Fähigkeit* – es zu genießen, voraus. Aber was braucht man dazu mehr als ein Mensch zu seyn, ein

---

1 Dieß möchte vielleicht Ausnahmen zu leiden scheinen; aber ich zweifle, ob sie bey schärferer Prüfung als solche bestehen würden. *Luther,* den man zum Beyspiele anziehen könnte, kam (wie bekannt) ohne seine Schuld zu der Ehre ein Anführer zu werden; und überdieß war er noch nicht vermählt, dachte auch nicht daran es jemahls zu werden, als er sich (mit *Erasmus* von Rotterdam zu reden) beygehen ließ, dem Papst an seine dreyfache Krone und den Mönchen an ihre dicken Bäuche zu greifen.

Sleidanus.

bloß menschlicher Mensch, der weder mehr noch weniger hat, als den Grad von Empfindung und Vernunft, womit die Natur alle Söhne und Töchter Adams ausstattet? Was ist der Mensch – er müßte denn im Keime schon verunglückt seyn, – in dessen Macht es nicht stände, *wie ein Mensch* zu fühlen und zu handeln? Und liegt nicht eben darin, daß die Fähigkeit zum Genuß des häuslichen Glücks unter allen Fähigkeiten der menschlichen Natur *die gemeinste* ist, und am wenigsten Mitwirkung fremder Umstände, Verfeinerung und Kunst voraussetzt, liegt nicht eben darin der stärkste Beweis, daß häusliches Glück das wahre Glück des Menschen ist?

»Ihr andern, die ihr euch so viel damit wißt, weiser zu seyn als wir natürliche Leute; und – weil ihrs besser verstehen wollt als die Natur – euch Gott weiß welch ein System von Entbehrungen und Unabhängigkeit und erkünstelten Tugenden ausgedacht habt, das den Mangel dessen, was wir genießen, ersetzen soll, – wenn ihr aufrichtig seyn wolltet! was für Geständnisse hättet ihr zu thun! Wie theuer verkauft euch die Natur die unrühmlichen Siege, die ihr über sie erfechtet!«

Nach deiner Meinung, erwiederte der Kalender, wäre also kein Heil für die ehrlichen Leute, denen gewisse Umstände und Verhältnisse nicht erlauben, sich in diesen behäglichen Stand zu setzen, in dessen engen Zirkel du das höchste Gut des Menschen einzuschließen scheinst?

»Wenn sie ein gesundes Herz und unverdorbne Sinne haben, so bedaur' ich sie, antwortete Danischmend. Dann ist freylich kein andrer Rath für sie, als allen Vorrath von Liebe, die ihr Herz in sich faßt, *über die ganze Menschheit* auszugießen. In einem engern Kreise würde ihr Geist zusammen schrumpfen, ihr Herz vertrocknen. Fremde Glückseligkeit muß nun ihre eigne werden. Nichts als gemeines Wohlwollen und unablässiges Bestreben Gutes zu thun, kann die ungeduldigen Wünsche der Natur in ihrem Inwendigen einschläfern; sie vergessen machen, daß sie selbst des besten Theils der Glückseligkeit, die sie andern zu verschaffen oder zu erhalten suchen, entbehren müssen. Und dennoch giebt es Augenblicke – desto häufiger, je näher wir dem Abend des Lebens kommen – wo die Natur zu laut schreyt, um sich übertäuben oder in Schlaf singen zu lassen. Es sind traurige Augenblicke! Noch einmahl, ich bedaure den Mann, der ein Herz hat, die süßesten, lautersten, besten Freuden des Menschenstandes zu genießen, der sie mit Geschmack genießen, mit Wollust hinein schlürfen würde – und ihrer entbehren muß. So oft ich mir so einen Mann denke, möcht' ich toll werden über die dummen Einrichtungen in der Welt, die nicht selten den besten Sterblichen in eine so unnatürliche und peinvolle Lage schrauben!

Geschichte des weisen Danischmend (1775): SW, Bd. 8, S. 42–46.

Das schlimmste war, daß die kleine Hexe, um sich wegen der Gleichgültigkeit zu rächen, womit Agathon ihre zuvorkommende Gütigkeit bisher vernachlässiget hatte, keinen von den Kunstgriffen verabsäumte, wodurch sie den Wert des von ihm verscherzten Glückes empfindlicher zu machen glaubte. Sie hatte die Bosheit gehabt, sich in einem so niedlichen, so sittsamen und doch so verführerischen Morgen-Anzug darzustellen, daß Agathon sich nicht verhindern konnte zu denken, die Gratien selbst könnten, wenn sie gekleidet erscheinen wollten, keinen Anzug erfinden, der auf eine wohlanständigere Art das Mittel, zwischen der eigentlichen Kleidung und ihrer gewöhnlichen Art sich sehen zu lassen, hielte. Die Wahrheit zu sagen, das rosenfarbe Gewand, welches sie umfloß, war eher demjenigen ähnlich, was Petron einen gewebten Wind oder einen leinenen Nebel nennt, als einem Zeug der den Augen etwas entziehen soll; und die kleinste Bewegung entdeckte Reizungen, die desto gefährlicher waren, da sie sich gleich wieder in verräterische Schatten verbargen, und der Einbildungskraft noch mehr als den Augen nachzustellen schienen.

Geschichte des Agathon (1766/67): GA, S. 70.

–

Agathon hatte seinen Platz kaum eingenommen, als man in dem Wasser ein wühlendes Plätschern, und aus der Ferne, wie es ließ, eine sanft zerflossene Harmonie hörte, ohne jemand zu sehen, von dem sie herkäme. Unser Liebhaber, den dieser Anfang in ein stilles Entzücken setzte, wurde, ungeachtet er zu diesem Spiele vorbereitet war, zu glauben versucht, daß er die Harmonie der Sphären höre, von deren Würklichkeit ihn die Pythagorischen

Weisen beredet hatten; allein, während daß sie immer näher kam und deutlicher wurde, sah er zu gleicher Zeit die Musen aus dem kleinen Lorbeerwäldchen und die Sirenen aus ihren Grotten hervorkommen. Danae hatte die jüngsten und schönsten aus ihren Aufwärterinnen ausgelesen, diese Meernymphen vorzustellen, die, nur von einem wallenden Streif von himmelblauem Byssus umflattert, mit Cithern und Flöten in der Hand sich über die Wellen erhuben, und mit jugendlichem Stolz untadeliche Schönheiten vor den Augen ihrer eifersüchtigen Gespielen entdeckten. Allein kleine Tritonen bliesen, um sie her schwimmend, aus krummen Hörnern, und neckten sie durch mutwillige Spiele; indes daß Danae mitten unter den Musen, an den Rand der kleinen Halbinsel herabstieg, und, wie Venus unter den Gratien, oder Diana unter ihren Nymphen hervorglänzend, dem Auge keine Freiheit ließ, auf einem andern Gegenstande zu verweilen. Ein langes schneeweißes Gewand floß, unter dem halbentblößten Busen mit einem goldnen Gürtel umfaßt, in kleinen wallenden Falten zu ihren Füßen herab; ein Kranz von Rosen wand sich um ihre Locken, wovon ein Teil in kunstloser Anmut um ihren Nakken schwebte; ihr rechter Arm, auf dessen Weiße die Homerische Juno eifersüchtig hätte sein dürfen, umfaßte eine Laute von Elfenbein. Die übrigen Musen, mit verschiednen Saiteninstrumenten versehen, lagerten sich zu ihren Füßen; sie allein blieb in einer unnachahmlich reizenden Stellung stehen, und hörte lächelnd der Aufforderung zu, welche die übermütigen Syrenen ihr entgegensangen. Man muß ohne Zweifel gestehen, daß das Gemälde, welches sich in diesem Augenblick unserm Helden darstellte, nicht sehr geschickt war, weder sein Herz noch seine Sinnen in Ruhe zu lassen; allein die Absicht der Danae war nur, ihn durch die Augen zu den Vergnügungen eines andern Sinnes vorzubereiten, und ihr Stolz verlangte keinen geringern Triumph, als ein so reizendes Gemälde durch die Zaubergewalt ihrer Stimme und ihrer Saiten in seiner Seele auszulöschen. Sie schmeichelte sich nicht zu viel. Die Sirenen hörten auf zu singen, und die Musen antworteten ihrer Ausforderung durch eine Symphonie, welche auszudrucken schien, wie gewiß sie sich des Sieges hielten. Nach und nach verlor sich die Munterkeit, die in dieser Symphonie herrschte; ein feierlicher Ernst nahm ihren Platz ein, das Getön wurde immer einförmiger, bis es nach und nach in ein dunkles gedämpftes Murmeln und zuletzt in eine gänzliche Stille erstarb. Ein allgemeines Erwarten schien dem Erfolg dieser vorbereitenden Stille entgegen zu horchen, als es auf einmal durch eine liebliche Harmonie unterbrochen wurde, welche die geflügelten und seelenvollen Finger der schönen Danae aus ihrer Laute lockten. Eine Stimme, welche fähig schien, die Seelen ihren Leibern zu entführen, und Tote wieder zu beseelen (wenn wir einen Ausdruck des Liebhabers der schönen Laura entlehnen dürfen) eine so bezaubernde Stimme beseelte diese reizende Anrede. Der Inhalt des Wettgesangs war über den Vorzug der Liebe, die sich auf die Empfindung, oder derjenigen, die sich auf die bloße Begierde gründet. Nichts könnte rührender sein, als das Gemälde, welches Danae von der ersten Art der Liebe machte; in solchen Tönen, dacht Agathon, ganz gewiß in keinen andern, drücken die Unsterblichen einander aus, was sie empfinden; nur eine solche Sprache ist der Götter würdig. Die ganze Zeit da dieser Gesang dauerte, deuchte ihn ein Augenblick, und er wurde ganz unwillig, als Danae auf einmal aufhörte, und eine der Sirenen, von den Flöten ihrer Schwestern begleitet, kühn genug war, es mit seiner Göttin aufzunehmen. Allein er wurde bald gezwungen anders Sinnes zu werden, als er sie hörte; alle seine Vorurteile für die Muse konnten ihn nicht verhindern, sich selbst zu gestehen, daß eine fast unwiderstehliche Verführung in ihren Tönen atmete. Ihre Stimme, die an Weichheit und Biegsamkeit nicht übertroffen werden konnte, schien alle Grade der Entzückungen auszudrücken, deren die sinnliche Liebe fähig ist; und das weiche Getön der Flöten erhöhte die Lebhaftigkeit dieses Ausdrucks auf einen Grad, der kaum einen Unterschied zwischen der Nachahmung und der Wahrheit übrig ließ. Wenn die Sirenen, bei denen der kluge Ulysses vorbeifahren mußte, so gesungen haben, (dachte Agathon) so hatte er wohl Ursache, sich an Händen und

Füßen an den Mastbaum binden zu lassen. Kaum hatten die Sirenen diesen Gesang geendiget, so erhub sich ein frohlockendes Klatschen aus dem Wasser, und die kleinen Tritonen stießen in ihre Hörner, den Sieg anzudeuten, den sie über die Musen erhalten zu haben glaubten. Allein diese hatten den Mut nicht verloren: Sie ermunterten sich bald wieder, und fingen eine Symphonie an, wovon der Anfang eine spottende Nachahmung des Gesanges der Sirenen zu sein schien. Nach einer Weile wechselten sie die Tonart und den Rhythmus durch ein Andante, welches in wenigen Tagen nicht die mindeste Spur von den Eindrükken übrig ließ, die der Syrenen Gesang auf das Gemüte der Hörenden gemacht haben konnte. Eine süße Schwermut bemächtigte sich Agathons; er sank in ein angenehmes Staunen, unfreiwillige Seufzer entflohen seiner Brust, und wollüstige Tränen rollten über seine Wangen herab. Mitten aus dieser rührenden Harmonie erhob sich der Gesang der schönen Danae, welche durch die eifersüchtigen Bestrebungen ihrer Nebenbuhlerin aufgefordert war, die ganze Vollkommenheit ihrer Stimme, und alle Zauberkräfte der Kunst anzuwenden, um den Sieg gänzlich auf die Seite der Musen zu entscheiden. Ihr Gesang schilderte die rührenden Schmerzen einer wahren Liebe, die in ihren Schmerzen selbst ein melancholisches Vergnügen findet; ihre standhafte Treue und die Belohnung, die sie zuletzt von der zärtlichsten Gegenliebe erhält. Die Art wie sie dieses ausführte, oder vielmehr die Eindrücke, die sie dadurch auf ihren Liebhaber machte, übertrafen alles was man sich davon vorstellen kann. Sein ganzes Wesen war Ohr, und seine ganze Seele zerfloß in die Empfindungen, die in ihrem Gesange herrscheten. Er war nicht so weit entfernt, daß Danae nicht bemerkt hätte, wie sehr er außer sich selbst war, und wie viel Mühe er hatte, um sich zu halten, aus seinem Sitz sich in das Wasser herabzustürzen, zu ihr hinüber zu schwimmen, und seine in Entzückung und Liebe zerschmolzene Seele zu ihren Füßen auszuhauchen. Sie wurde durch diesen Anblick selbst so gerührt, daß sie genötigt war, die Augen von ihm abzuwenden, um ihren Gesang vollenden zu können: Allein sie beschloß bei sich selbst, die Belohnung nicht länger aufzuschieben, welche sie einer so vollkommenen Liebe schuldig zu sein glaubte. Endlich endigte sich ihr Lied; die begleitende Symphonie hörte auf; die beschämten Sirenen flohen in ihre Grotten; die Musen verschwanden; und der staunende Agathon blieb in trauriger Entzückung allein.

[...]

Wir können [...] nicht bergen, daß wir aus verschiednen Gründen in Versuchung geraten sind, der historischen Wahrheit dieses einzige mal Gewalt anzutun, und unsern Agathon, wenn es auch durch irgend einen Deum ex Machina hätte geschehen müssen, so unversehrt aus der Gefahr, worin er sich würklich befindet, herauszuwickeln, als es für die Ehre des Platonismus, die er bisher so schön behauptet hat, allerdings zu wünschen gewesen wäre. Allein da wir in Erwägung zogen, daß diese einzige poetische Freiheit uns nötigen würde, in der Folge seiner Begebenheiten so viele andre Veränderungen vorzunehmen, daß die Geschichte Agathons würklich die Natur einer Geschichte verloren hätte, und zur Legende irgend eines moralischen Don Esplandians geworden wäre: So haben wir uns aufgemuntert, über alle die ekeln Bedenklichkeiten hinauszugehen, die uns anfänglich stutzen gemacht hatten, und uns zu überreden, daß der Nutzen, den unsre verständigen Leser sogar von den Schwachheiten unsers Helden in der Folge zu ziehen Gelegenheit bekommen könnten, ungleich größer sein dürfte, als der zweideutige Vorteil, den die Tugend dadurch erhalten hätte, wenn wir, durch eine unwahrscheinlichere Dichtung als man im ganzen Orlando unsers Freunds Ariost finden wird, die schöne Danae in die Notwendigkeit gesetzt hätten, in der Stille von ihm zu denken, was die berühmte Phryne bei einer gewissen Gelegenheit von dem weisen Xenocrates öffentlich gesagt haben soll.

So wisset dann, schöne Leserinnen, (und hütet euch, stolz auf diesen Sieg eurer Zaubermacht zu sein,) daß Agathon, nachdem er eine ziemliche Weile in einem Gemütszustand, dessen Abschilderung den Pinsel eines Thomsons oder Geßners erfoderte, allein zurückgeblieben war, wir wissen nicht ob aus eigner Bewegung oder durch den geheimen Antrieb irgend eines antiplatonischen Genius den Weg gegen einen Pavillion genommen, der auf der Morgenseite des Gartens in einem kleinen Hain von Citronen- Granaten- und Myrthenbäumen auf jonischen Säulen von Jaspis ruhte; daß er, weil er ihn erleuchtet gefunden, hineingegangen, und nachdem er einen Saal, dessen herrliche Auszierung ihn nicht einen Augenblick aufhalten konnte, und zwei oder drei kleinere Zimmer durchgeeilet, in einem Cabinet, welches für die Ruhe der Liebesgöttin bestimmt schien, die schöne Danae auf einem Sofa von nelkenfarbem Atlas schlafend angetroffen; daß er, nachdem er sie eine lange Zeit in unbeweglicher Entzückung und mit einer Zärtlichkeit, deren innerliches Gefühl alle körperliche Wollust an Süßigkeit übertrifft, betrachtet hatte, endlich

– – – – von der Gewalt der allmächtigen Liebe bezwungen, sich nicht länger zu enthalten vermocht, zu ihren Füßen kniend, eine von ihren nachlässig ausgestreckten schönen Händen mit einer Inbrunst, wovon wenige Liebhaber sich eine Vorstellung zu machen jemals verliebt genug gewesen sind, zu küssen, ohne daß sie daran erwacht wäre; daß er hierauf noch weniger als zuvor sich entschließen können, so unbemerkt als er gekommen, sich wieder hinwegzuschleichen; und kurz, daß die kleine Psyche, die Tänzerin, welche seit der Pantomime, man weiß nicht warum, gar nicht seine Freundin war, mit ihren Augen gesehen haben wollte, daß er eine ziemliche Weile nach Anbruch des Tages, allein, und mit einer Mine, aus welcher sich sehr vieles habe schließen lassen, aus dem Pavillion hinter die Myrthenhecken sich weggestohlen habe.

Geschichte des Agathon (1766/67): GA, S. 162–173.

–

Lais wurde zu *Hykkara* in Sicilien geboren. Sie erinnerte sich, daß sie in einem großen Hause auferzogen wurde, und daß ihr zwey Sklavinnen zu ihrer Besorgung zugegeben waren. Sie war ungefähr sieben Jahr alt, als sie das Unglück hatte, (*ich* nenn' es Glück, und du wirst mir's nicht verdenken) bey Eroberung und Zerstörung ihrer Vaterstadt durch den bekannten Athenischen Feldherrn *Nikias*, vermöge des barbarischen Rechts des Sieges, das unter unsern Völkern zu ihrer Schande noch immer gilt, in die Sklaverey zu gerathen, und mit andern Kindern ihres Alters an den Meistbietenden verkauft zu werden. *Leontides*, ein reicher Korinthischer *Eupatride*, kaufte sie, und bezahlte sie beynahe so theuer, als ein marmornes Mädchen von einem Polyklet oder Alkamenes. Dieser Leontides war immer ein großer Liebhaber aller schönen Dinge gewesen; und wiewohl er im Dienste der Pafischen Göttin bereits grau zu werden begann, oder vielmehr eben deßwegen, kam er auf den Gedanken, sich an der kleinen Laidion Trost und Zeitvertreib für seine alten Tage zu erziehen. Er ließ ihr also Unterricht in allen Musenkünsten und überhaupt eine so lieberale Erziehung geben, als ob sie seine Tochter gewesen wäre, ergetzte sich in der Stille an ihren schnellen Fortschritten, und belohnte sich selbst zu rechter Zeit für alles, was er auf sie gewandt hatte, so gut als Gicht, Podagra und Hüftweh es erlauben wollten. Dagegen betrug auch *sie* sich so gefällig und dankbar gegen ihn, und leistete ihm die Dienste einer *Krankenwärterin* etliche Jahre lang mit so viel Sorgfalt, Geschicklichkeit und gutem Willen, daß er ihr seine Erkenntlichkeit nicht stark genug beweisen zu können glaubte. Sie lebte in seinem Hause als ob sie seine Gemahlin wäre, schaltete nach Belieben über sein Vermögen, und durfte sich der Freyheit, die er ihr geschenkt hatte, um so unbeschränkter bedienen, da er Ursache zu haben glaubte, sich auf ihre Klugheit und Bescheidenheit zu verlassen. In dieser Lage befand sie sich, als ich, durch den bewußten Zufall, eine Art von *Aktäon* (wiewohl mit besserm Glück) bey ihr zu spielen berufen wurde; und der plötzliche Einfall, sich auf Unkosten eines zudringlichen Unbekannten eine kleine Lust zu machen, wobey sie selbst nichts zu wagen sicher war, hätte einer lebhaften jungen Sicilianerin, welche die schönste Blumenzeit ihres Lebens einem abgelebten gichtbrüchigen Liebhaber aufzuopfern sich gefallen ließ, von meinem runzlichen Freunde *Antisthenes* selbst nicht übel gedeutet werden können. Bald nach dieser Begebenheit starb der alte Leontides, und hinterließ seiner schönen Wärterin die Freyheit zu leben wie und wo sie wollte, nebst einer beträchtlichen Summe an barem Gelde und dem zierlichen Landsitz zu Ägina, der zwar von keinem großen Ertrag, aber durch seine reitzende Lage und die Schönheit der Gebäude und Gärten beynahe so einzig in seiner Art ist, als seine Besitzerin in der ihrigen.

Die schöne Wittwe des Korinthischen Eupatriden, befindet sich nun, wie du siehest, in einer Lage, die derjenigen ziemlich ähnlich ist, in welche *Prodikus* seinen jungen *Herkules auf dem Scheidewege* setzt. Zwey Lebenswege liegen vor ihr, zwischen welchen sie, wie sie selbst glaubt, wählen muß. *Soll* sie, *kann* sie, bey diesem lebhaften Bewußtseyn einer Schönheit und einer Zaubermacht, die ihr, sobald sie *will*, alle Herzen und alle Begierden unterwirft, bey solchen Talenten und einem Triebe zur Unabhängigkeit, dessen ganze Stärke sie in ihrer vorigen Lage kennen zu lernen Gelegenheit hatte, sich entschließen, mit Aufopferung ihrer Freyheit und ihres ganzen Selbst an einen Einzigen, das ist, mit Gefahr einer ewigen Reue, sich in die venerable Gilde der Matronen einzukaufen? – oder soll sie, mit Verzicht auf diesen ehrenvollen Titel, sich auf immer der reitzenden Freyheit versichern, nach ihrem eignen Gefallen glücklich zu seyn, und glücklich zu machen wen sie will?

Es müßte einem Paar hochweiser Zottelbärte komisch genug vorgekommen seyn, wenn sie, hinter unsrer Myrtenlaube verborgen, eine junge Dame wie Lais, und einen schwarzlockigen wohlgenährten Filosofen von zwey und zwanzig Jahren, mit einer zwischen Pythagorischer *Sofrosyne*, Sokratischer *Ironie*, und Aristofanischer *Leichtfertigkeit* leise hin und her schwebenden Miene, in der ernstlichsten Konferenz über diese Frage hätte behorchen können. Nichts müßte ihnen lustiger vorgekommen seyn, ah das anscheinende Vertrauen der jungen Schönen zu der *Weisheit* eines beynahe eben so jungen *Freundes*, dessen eignes Interesse bey der Sache stark genug in die Augen fiel, um ihr seinen Rath auf jeden Fall verdächtig zu machen.

Das Wahrste bey dieser Berathschlagung war indessen, daß die schöne Lais recht gut wußte, wozu sie sich bereits entschlossen hatte. Vermuthlich war es ihr mehr darum zu thun, mir ihre eigene Art über diese Dinge zu denken mitzutheilen, als sich in der Meinung, daß ich sie nicht anders als billigen könne, zu bestärken. Dieß glaubte ich in ihren Augen zu lesen, da sie, nachdem sie das Problem besagter Maßen gestellt hatte, sich auf einmahl mit der treuherzigen Frage an mich wandte: Was räthst du mir nun, Aristipp? – Sage mir deine Meinung ohne Zurückhaltung, und, wenn du die Forderung nicht unbillig findest, so unbefangen, als ob du der Mann im Monde wärest, und einer Bewohnerin des Hesperus rathen solltest.

Was du von mir verlangst, schöne Lais, (antwortete ich ihr) ist eben nicht ganz so leicht als du zu glauben scheinst. Indessen wär' es mir wenig rühmlich, wenn ich schon zwey Jahre um den Weisesten aller Menschen (mit der Delfischen Priesterin zu reden) gewesen wäre, und nicht wenigstens eine Hand voll brauchbarer Maximen auf die Seite gebracht hätte, womit ich mir und andern bey Gelegenheit aushelfen könnte. Eine dieser Maximen ist: wenn ich um Rath gefragt werde, immer zu rathen was mir wirklich für die fragende Person das Beste scheint; aber zugleich ehrlich zu gestehen, daß, wofern ich selbst auf irgend eine Art dabey betroffen bin, immer auch, mit oder ohne klares Bewußtseyn, einige Rücksicht auf meine eigene Wenigkeit dabey genommen wird. So würde ich, z. B. wenn ich dächte, daß eine geheime Vorliebe zu dem ehrsamen Matronenstande in deinem schönen Busen schlummere, und ich selbst etwa der Glückliche sey, mit dem du deine Freyheit in die Schanze zu schlagen Lust hättest, nicht umhin können dich vor mir zu warnen, weil in diesem Falle zehen gegen Eins zu wetten wäre, daß es uns beide gereuen würde, *mich* dir gerathen, *dich* mir gefolgt zu haben. Eine andre meiner Lebensmaximen ist, meine Handlungen so wenig als möglich von den Meinungen andrer Leute abhangen zu lassen. Ich müßte mich sehr irren, wenn diese Regel nicht auch für dich gemacht wäre. Endlich ist auch bey mir festgesetzt, daß die Person den Stand, nicht der Stand die Person adeln muß. Ich sehe keine Unmöglichkeit, warum ein junges Frauenzimmer von deinen seltenen Vorzügen, in der unabhängigen Lage worein dich dein alter Patron gesetzt hat, unter dem Schutz der Grazien nicht so viel Freyheit, als ihr selbst zuträglich ist, mit einem gehörigen Betragen, dem die Welt ihren Beyfall nie versagt, sollte vereinigen können. Mein Rath, schöne Freundin, wäre also – mit mehr oder weniger Rücksicht auf meine Maximen, wenn du willst, zu thun was dir dein Herz und deine Klugheit eingeben.

Ich bin mit deinem Rath vollkommen zufrieden, weiser Aristipp, versetzte sie mit einem Lächeln, wie die Augen der Liebesgöttin lächeln mögen, wenn ihr Blick von ungefähr in einen Spiegel fällt. Höre mich also an, mein Freund; denn ich will mich dir so unzurückhaltend erklären, wie Personen meines Geschlechts kaum mit sich selbst zu reden pflegen. Ich habe noch so wenig Gelegenheit gehabt die Stärke oder Schwäche meines Herzens *aus Erfahrung* kennen zu lernen, daß es Vermessenheit wäre, wenn ich, wie der Sohn der Amazone beym Euripides, Amorn und seiner Mutter Trotz bieten wollte. So weit ich mich indessen kenne, scheint es nicht als ob die Leidenschaft, die der besagte Dichter an seiner *Fädra* so unübertrefflich schildert, jemahls *mehr* Gewalt über mich erhalten werde, als ich ihr freywillig einzuräumen für gut finde; und ich wünsche vor jeder andern Thorheit so sicher zu seyn, als vor dem lyrischen Einfall, aus Liebe zu irgend einem *Faon* der schönen *Saffo* den Sprung vom Leukadischen Felsen nachzuthun. Bey allem dem gestehe ich gern, daß ich den Umgang mit Männern eben so sehr liebe, als mir die Unterhaltung mit den Griechischen Frauen vom gewöhnlichen Schlage unerträglich ist. Du weißt vermuthlich, wie wenig bey der Erziehung der Griechischen Töchter in Betrachtung kommt, daß sie auch eine *Seele* haben, und daß die Seele kein *Geschlecht* hat. Sie werden erzogen um so bald als möglich *Ehfrauen* zu werden; und der Grieche verlangt von seiner ehlichen Bettgenossin nicht mehr Geist, Talente und Kenntnisse, als sie nöthig hat, um (wo möglich) schöne Kinder zu gebähren, ihre Mägde in der Zucht zu halten, und die Geschäfte des Spinnrockens und Webstuhls zu besorgen. Ist sie überdieß sanft, keusch und eingezogen, trägt sie wie die Schnecke ihr Gynäceon immer auf dem Rücken, und verlangt von keinem andern Manne gesehen zu werden als von ihm, läßt sich *an* und *von ihm* alles gefallen, und glaubt in Demuth, daß es keinen schönern, klügern und bravern Mann in der Welt gebe als den ihrigen: so dankt er den Göttern, die ihn mit einem so frommen tugendsamen Weibe beschenkt haben, ist höchlich zufrieden, und hat wahrlich Ursache es zu seyn. Vor der langen Weile, die ihm eine so fromme und tugendreiche Hausfrau machen könnte, weiß er sich schon zu verwahren. Er sieht sie so wenig als möglich; und verlangt er einen angenehmem weiblichen Umgang, so hält er sich irgend eine liebenswürdige *Gesellschafterin* auf seinen eigenen Leib, oder bringt von Zeit zu Zeit einen Abend mit seinen Freunden in Gesellschaft von *Hetären* zu. Und wie könnt' es anders seyn, da unsre ehrbaren Frauen, von aller männlichen Gesellschaft zeitlebens ausgeschlossen und auf den Umgang mit ihren Mägden, Schwestern, Basen und Nachbarinnen eingeschränkt, aller Gelegenheit sich zu entwikkeln, und die Eigenschaften, wodurch man gefällt und interessant wird, zu erwerben schlechterdings beraubt sind? – Was bleibt also einer jungen Person meines Geschlechts, wenn sie mit der Gabe zu gefallen und einem Geiste, der sich nicht in den engen Raum eines Frauengemachs einzwängen lassen will, von Mutter Natur ausgestattet worden ist, was bleibt ihr anders übrig, als entweder sich selbst und das ganze Glück ihres Lebens der leidigen Landessitte aufzuopfern; oder die Freyheit mit allen Arten gebildeter und liebenswürdiger Männer Umgang zu haben, (als das einzige Mittel wie sie selbst entwickelt und gebildet werden kann) dadurch zu erkaufen, daß sie sich gefallen läßt – zu einer Klasse gerechnet zu werden, die der weise *Solon* zwar durch einen *schonenden Nahmen* gewisser Maßen zu Ehren gezogen hat, die aber doch sowohl durch ihre Bestimmung als den Karakter und die Sitten des größten Theils ihrer Mitglieder von einem unheilbaren Vorurtheil gedrückt wird, und mit einem Flecken behaftet ist, den alle Vorzüge einer *Korinna, Saffo* und *Aspasia* nicht auszulöschen vermögen. Oder könntest du mir einen andern Weg, dem gemeinen Schicksal der frommen und tugendhaften Frauen und – der tödtlichen Langweile ihres Umgangs zu entgehen, zeigen, Aristipp?

Ich. Wo wolltest du einen Gemahl finden, der dich für das unendliche Opfer, das du ihm bringen müßtest, entschädigen könnte, wenn er auch *wollte*, und von dem *du gewiß wärest*, er werde es *immer* wollen?

Sie. Wenigstens wirst du mir zugeben, daß ich einiges Recht hätte, auch von ihm ein größeres Gegenopfer zu verlangen, als er mir vermuthlich zu bringen geneigt wäre. Und gesetzt er wär' es, glaubst du wohl, selbst ein Gott und eine Göttin könnten, von jeder andern Gesellschaft entfernt, einander lange Alles seyn? Ich wenigstens bin mir meines Unvermögens, eine solche Zweysiedlerey in die Länge auszuhalten, vollkommen bewußt. Gute Gesellschaft, oder was in Griechenland wenigstens eben so viel ist, Männergesellschaft, ist für mich ein unentbehrliches Bedürfniß. Ich habe zu wohl erfahren, was es ist, mit einem einzigen Manne und mit lauter Weibern zu leben, um das Experiment zum zweyten Mahle zu machen! – Es ist also fest beschlossen, Aristipp, ich werde meine Freyheit behalten, und mein Haus wird allen offen stehen, die durch persönliche Eigenschaften oder Talente berechtigt sind eine gute Aufnahme zu erwarten.

Ich. Gegen diesen heroischen Entschluß kann niemand weniger einzuwenden haben als ich. Aber – freylich wirst du – wie du selbst sagtest – in der Welt –

Sie. Nur heraus mit dem Worte! – Für eine *Hetäre* passieren? Vermuthlich. Aber warum sollt' ich mich über das Vorurtheil, das auf diesem Nahmen liegt, nicht hinwegsetzen? Jeder Stand in der Gesellschaft hat gewisse Vorurtheile gegen sich. Unsre ehrbaren Matronen passieren, im Durchschnitt genommen, für Gänse und Elstern, oder, falls sie Verstand genug dazu haben, für Heuchlerinnen, die Tag und Nacht auf nichts als Ränke sinnen, wie sie ihre Männer hintergehen, und die Vortheile des Hetärenstandes, mit der Achtung, die dem Frauenstande gebührt, zugleich nutznießen wollen; und wenn man die Komödiendichter hört, so ist noch die Frage, ob eine Person von Geist und feinem Gefühl nicht mehr Ehre davon habe, eine so seltne Hetäre wie *Aspasia* oder *Thargelia* zu seyn als eine Matrone, wie unter jedem Hundert, nach der gemeinen Meinung, wenigstens drey Fünftel sind. Hier oder nirgends tritt der Fall ein, mein Freund, wo ich sehr Unrecht hätte, meine Entschließung von der Meinung anderer Leute abhängen zu lassen. Ich liebe den *Umgang* mit Mannspersonen, aber als Männer sind sie mir gleichgültig. Ich kenne sie, denke ich, bereits genug, um die Stärke und den Umfang der Macht zu berechnen, die ich mir ohne Unbescheidenheit über sie zutrauen darf. Ich weiß was sie bey mir suchen; und da es bloß von *mir* abhängt, sie durch so viele Umwege als mir beliebt im Labyrinth der Hoffnung herumzuführen, so verlaß dich darauf, daß keiner mehr finden soll, als ich ihn finden lassen will; und das wird für die meisten wenig genug sehn. Kurz, du sollst sehen, Aristipp, wie bald die allgemeine Sage unter den Griechen gehen wird, es sey leichter die Tugend der zuchtigsten aller Matronen in Athen zu Falle zu bringen, als einer von denen zu seyn, zu deren Gunsten die Hetäre Lais (weil sie doch Hetäre heißen soll) sich das Recht *Ausnahmen zu machen* vorbehält.

Aristipp und einige seiner Zeitgenossen (1800–1802):
SW, Bd. 33, S. 150–162.

Sind es die *guten Schriftsteller* einer Nazion, welche die Schriftsprache derselben ausbilden, reinigen, polieren, und zum möglichsten Grade von Vollkommenheit bringen? Oder sind es die *obern Klassen der Einwohner der blühendsten Provinz* der Nazion, die alles dieß leisten und die allein dazu berechtiget sind?

Bisher, wenn ich nicht sehr irre, hat man bey allen Völkern, die sich einer vorzüglichen Stufe von Kultur und Aufklärung rühmen können, das erste geglaubt. Ich will jetzt bloß die Französische Sprache zum Beyspiel anführen. Diese befand sich ungefehr in eben dem Zustande, worin sich die unsrige in der zweyten Hälfte des vorigen Jahrhunderts befand, als auf einmahl in einem Zeitraum von dreyßig bis vierzig Jahren eine Veränderung mit derselben vorging, wodurch sie zu einer der vollkommensten, und zugleich zu der beliebtesten und allgemeinen Sprache von Europa wurde. Wem eine so schnelle und große Veränderung zuzuschreiben sey, ist unter den Franzosen selbst keine Frage. Die ganze Nazion ist nur Eine Stimme, sie *nicht* der Pracht des Hofes unter Ludwig XIV. *nicht* dein Weinbau, Seitenbau, den Manufakturen, und der Handlung, die damahls in Frankreich blüheten, *nicht* dem Zusammenfluß glücklicher Umstände, welche sich zum glänzendsten Wohlstande des Französischen Reichs in der ersten Hälfte der Regierung jenes großen Königs vereinigten, sondern den *Arnaud, Paskal, Bourdaloue, Fenelon, Bossuet, La Brüyere*, u. a. unter den Prosaisten, und den *Corneille, Racine, Moliere, Boileau* und *La Fontaine* unter den Dichtern, zuzuschreiben, welche sich, nach des Schicksals Schluß, zusammen fanden, und durch ihre Werke die goldne Epoke der französischen Litteratur hervorbrachten. Und wodurch wurden alle diese Männer die Klassischen Schriftsteller ihres Volkes, und die Muster der besten Schreibart? Etwa dadurch, daß sie sich nach dem Geschmacke der *obern Klassen* in Paris bildeten, und die Sprache *schrieben, welche jene redeten? Paskal,* dessen *Lettres Provinciales* bis auf diesen Tag für das *vollkommenste Muster* der schönsten französischen Sprache und Schreibart gelten, hatte von Jugend auf in einer großen Abgeschiedenheit gelebt, und zu seiner Zeit war die *Klelie,* der *große Cyrus* und andre Werke dieser Art noch die Mode-Lektüre der *obern Klassen* in Paris. Der große *Corneille* war nichts weniger als was man einen Weltmann nennt; er lebte in seinem Kabinet und im Schooße seiner Familie; mit den hohen Karaktern und Idealen des alten Roms und Griechenlandes besser bekannt als mit dem Adel zu Paris. Mit welchem Grunde sollte man also von diesen und den übrigen großen Schriftstellern der schönsten Zeit Ludwigs des XIV. sagen können: daß sie den guten Geschmack, der ihnen vor ihren Vorgängern einen so großen Vorzug giebt, von ihren Zeitgenossen erhalten hätten? anstatt daß alle Welt bisher gerade das Gegentheil geglaubt hat. Freylich reden die ersten guten Schriftsteller eines Volks keine unerhörte, selbst erfundene Sprache; und ihre vortrefflichen Werke setzen voraus, daß die Sprache, schon durch eine Menge Stufen nach und nach zu einem großen Reichthum an Worten und Redensarten, und selbst zu einigem Grade von Ausbildung und Politur gekommen sey. Viele gute Schriftsteller mußten vorher an der Französischen Sprache gearbeitet haben, ehe sie von den *Besten* der Vollkommenheit nahe gebracht werden konnte. Aber wodurch thaten diese letztern es in allen Fächern ihren Vorgängern so sehr zuvor? Etwa dadurch, daß sie ihren Geschmack nach den obern Klassen ihrer Nazion, oder dadurch, daß sie ihn nach den *besten Mustern der Alten* bildeten? Man braucht sie nur zu lesen, nur ihr eignes Geständniß zu hören, um von dem letztern überzeugt zu werden. Die *Kalpreneden,* die *Boyers, Pradons* u. s. w. *diese* waren die Leute, die sich nach dem Geschmack ihres *Publikums* richteten, und dadurch die vergängliche Ehre eines augenblicklichen Beyfalls erschlichen. Aber die *Korneille* und *Racine* schlugen einen ganz andern Weg ein; sie *erhoben sich* durch ihren mit der reinsten Blüthe klassischer Gelehrsamkeit genährten Genie, durch einen Geschmack, den sie sowohl an den vollkommnen Mustern der Alten als an den fehlerhaften Werken ihrer Vorgänger und Zeitgenossen geschärft hatten, über den Geschmack ihres Publikums; wurden die *Gesetzgeber* desselben, anstatt seine Sklaven zu seyn. Die Zeit, worin alle diese großen Männer blühten, wurde also, nicht durch *die Anstalten des despotischen Richelieu*, sondern durch den Reitz der Werke, die mit dem Stempel des Genies, des echten Witzes und des feinsten Geschmacks bezeichnet waren, die schönste Epoke der Französischen Sprache. Man mußte so schreiben, wie die Urheber dieser Werke schrieben, wenn man gefallen wollte. Aber eben dadurch geschah es, daß die Sprache, was sie auf der einen Seite an *Verfeinerung und Regelmässigkeit gewann*, auf der andern an *Reichthum*, und – indem man der Politur keine Grenzen setzte, endlich auch an *Stärke* verlor. Man fühlte endlich, daß auch die großen Schriftsteller aus Ludwig XIV. Zeiten der Nachwelt noch etwas zu thun übrig gelassen hatten. Mit immer zunehmender Aufklärung des Verstandes und Verfeinerung der Empfindung, mit dem Erwerb neuer, größerer, lichtvollerer Ideen, muß sich auch die Sprache erweitern und verändern. Die Pariser schrien über *Neologismus*, und hatten nicht immer unrecht; aber der Mißbrauch der Nachahmer und Witzlinge konnte dem unverlierbaren Rechte der Schriftsteller von wahrem Genie und Talente nichts benehmen; und ein *Crebillon* (der Vater) ein *Montesquieu* ein *Büffon*, ein *J. J. Rousseau* mußten eben dadurch, daß sie ihren Genie, ihre Gedanken und Empfindungen in die Sprache drückten, ihr manche *Formen* geben, die sie noch nicht gehabt hatte. Unstreitig hat dieses Recht, das alle aufgeklärte Völker von jeher ihren großen Schriftstellern eingestanden haben, seine Grenzen: aber diese Grenzen werden vielmehr durch die *Natur der Sprache* und durch die *allgemeinen Grundsätze* des *richtigen Denkens* und der *guten Schreibart*, als durch die Mundart der obern Klassen in der blühendendsten Provinz festgesetzt. Wollte man dieser letztern die Kraft eines allgemeinen Gesetzes für die Schriftsprache beylegen: würde nicht eben daraus eine unaufhörliche und höchstwillkührliche Veränderung der Sprache natürlich folgen müssen? Der blühende Stand einzelner Provinzen ist eine sehr zufällige und wandelbare Sache. Vor sechzig Jahren war *Hamburg* das deutsche Athen; dreyßig Jahre später war es Leipzig; warum sollte die Reihe nicht auch noch an Wien, München, Mannheim, Nürnberg, Augsburg, Stuttgard, u. s. w. kommen können? Und werden die *obern Klassen* in den verschiednen Provinzen, worin diese Städte die Hauptstädte sind, alsdann nicht eben das Recht haben, die Schriftsprache oder das wahre, reine *Hochdeutsch*, festzusetzen, welches Herr Adelung dem deutschen Athen von 1740–60 eingeräumt wissen will? – Ich muß mich sehr irren, oder es bleibt gegen die Babylonische Sprachverwirrung, die hieraus entstehen müßte, kein besseres Mittel, als es bey dem alten Grundsatze zu lassen: daß es die *guten Schriftsteller* sind, welche die wahre Schriftsprache eines Volkes bilden, und (so weit als die Natur einer *lebenden* und sich also *nothwendig* immer verändernden Sprache zuläßt) *befestigen*.

Dieses letztere, in so fern es jemahls bey einer Sprache Statt findet, kann vermöge der Natur der Sache, ganz allein durch die besten Schriftsteller in allen Fächern bewirkt werden. Sie allein sind dazu geschickt; denn ihre Werke *bestehen*; da hingegen die Volkssprache, auch bey den obern Klassen der blühendsten Provinzen, wenigstens alle Viertel Jahrhunderte allerley Veränderungen erleidet, und überhaupt einen immerwährenden Hang hat, unregelmäßig zu werden und sich zu verderben. Aber wenn es wahr ist, daß jede lebende Sprache, so vollkommen sie auch seyn mag, niemahls für *ganz vollendet* angesehen werden kann, so lange noch ein höherer Grad von Aufklärung und Politur bey der Nazion möglich ist, so lange noch neue Ideen erworben, neue Empfindungen entwickelt, neue Schattierungen *(nuances)* der einen und andern gemacht werden, und also hierzu entweder neue Wörter, oder neue Redensarten ungewöhnliche Metafern, Figuren und Konstrukzionen nöthig seyn können: um wie vielmehr muß

[...] Alles dieß nöthig seyn, wenn eine Sprache noch kaum vor wenig Jahrzehenden mit *Geschmack* geschrieben zu werden *angefangen hat*, wenn ihre schöne Litteratur erst noch im *Wachsen begriffen* ist, und wenn es ihr noch in verschiednen wichtigen Fächern an einer hinlänglichen Anzahl wahrer *Meisterstücke fehlt*? Es scheint schon unschicklich genug (um nichts stärkeres zu sagen) die Sprache einer der ersten Nazionen des Erdbodens in die Schranken der Aufklärung, des Witzes und des Geschmacks einer einzigen kleinen Provinz, und des kleinen Zeitraums, worin diese sich einiger wirklicher Vorzüge vor den übrigen rühmen konnte, einschließen zu wollen: aber wie unfüglich wird dieß Unternehmen erst dadurch, wenn erweislich ist, daß die Litteratur der Nazion in dem engen Zeitraum von zwanzig Jahren, binnen welchem man ihre Sprache durch eine einzige Provinz auf ewig fixiert wissen will, von ihrer höchsten Stufe noch weit entfernt war, und nur noch in wenigen Fächern solche Meisterwerke, die auch von *Ausländern*, auch von der *Nachwelt* dafür erkannt werden können, hervorgebracht hatte! Daß dieß der Fall unsrer Sprache sey, braucht wohl bey unpartheyischen Schätzern unsrer Litteratur keines andern Beweises, als eines hellen Blicks auf ihren Zustand in den Jahren von 1740 – 60, und auf die Früchte des Witzes und Geschmacks, womit uns der Südlich-Sächsische Boden in diesem Zeitraum beschenkte. Ich bin weiter, als vielleicht manche die jetzt mitten in Sachsen leben, von dem Gedanken entfernt, vielen dieser Früchte ihre Schönheit und ihren guten Geschmack absprechen zu wollen: aber ich müßte auch keinen Begriff von dem haben, was andere Nazionen in diesem Stücke geleistet haben, was uns damahls noch fehlte was uns zum Theil noch jetzt fehlt, und was unsre Litteratur noch werden kann und muß, um mit der Litteratur anderer, Völker auf gleichem Fuße zu stehen, wenn ich eingestehen wollte, daß der Zeitraum, in welche Herr Adelung den guten Geschmack unsrer Schriftsprache einschließt, das *non plus ultra* der Vollkommenheit derselben sey. Das Maß von Genie, Witz, Gefühl, Wissenschaft, Weltkenntniß und Geschmack, welches den Ober-Sächsischen Schriftstellern jenes Zeitraums zu Theil worden war, ist doch wohl nicht das gößte, das sich *denken* läßt? Und wenn dieß *nicht* ist: mit welchem Rechte könnte ein Schriftsteller (wenn sich jemahls ein solcher fände) der mehr von allen jenen Geisteskräften und Eigenschaften als irgend ein Ober-Sächsischer Schriftsteller von 1740–60, und also das Vermögen besäße, sie in vielen Stücken zu übertreffen, mit welchem Rechte könnte er angehalten werden, seinen Geist in ein Maß, das für ihn zu klein wäre, einzwängen zu lassen, und ein bloßer Nachahmer zu bleiben, wenn er sich fähig fühlte, Original zu seyn? Und die Sprache des Dichters, des Geschichtschreibers, des Filosofen, der mehr als ein bloßer Nachhall seiner Vorgänger seyn will, auf die Volkssprache einer einzelnen Provinz, auf die Schriftsprache einer kleinen Anzahl von Autoren in einem Zeitraum, wo die Litteratur nur erst zu blühen *anfing*, einschränken, – heißt dieß nicht dem Fortgang der Litteratur selbst, der gewissermaßen ohne Grenzen ist, die engesten Schranken setzen?

Ich sage nicht, daß es nicht auch in der *Sprache* gewisse Grenzlinien gebe, welche theils durch die Natur derselben, theils durch die Grundgesetze der Logik und Ästhetik gezogen werden, und über welche auch der größte, feurigste und freyeste Genie nicht hinausschweifen darf, ohne sich gerechten Tadel zuzuziehen. Auch begehre ich nicht zu läugnen, daß einige sogar vortreffliche Schriftsteller (von denen, die seit 1760 sich hervorgethan haben) zuweilen über diese Grenzen *weggeflogen* oder auch *weggeschlendert* sind; und daß theils das *servum pecus* der Nachahmer, theils verschiedene *Aspiranten* von noch ungebändigtem Genie, denen es bey großen Fähigheiten noch stark an Gelehrsamkeit, Geschmack, Welterfahrung, und besonders an Sprachkenntnissen mangelt – auf *Beyspiele*, die keine *Muster* seyn dürfen sich steifend – sich Freyheiten sowohl gegen *die gesunde Vernunft* als gegen die *deutsche Sprachlehre* und die Gesetze der guten Schreibart erlaubt haben, die auf keine Weise zu rechtfertigen sind. Aber ich behaupte, so lange bis ich des Gegentheils durch überwiegende Gründe überzeugt werde, *a)* daß die Hochdeutsche Schriftsprache oder die Frage, was ist Hochdeutsch? sich nicht durch die Mundart irgend einer blühenden Provinz, sondern ganz allein aus den Werken der besten Schriftsteller bestimmen lasse; *b)* daß hiervon auch die Schriftsteller des sechzehnten und siebzehnten Jahrhunderts nicht ausgeschlossen werden dürfen; *c)* daß die Zeit noch nicht gekommen sey, wo die Anzahl der Schriftsteller, welche den ganzen Reichthum unsrer Sprache enthalten, für beschlossen angenommen werden könnte: und daß *d)* bis dahin die ältern Dialekte noch immer als gemeines Gut und Eigenthum der echten deutschen Sprache, und als eine Art von Fundgruben anzusehen seyen, aus welchen man den Bedürfnissen der allgemeinen Schriftsprache, in Fällen, wo es vonnöthen ist, zu Hülfe kommen könne.

Über die Frage: Was ist Hochdeutsch? (1782):
SW, Suppl.-Bd. 6, S. 315–326.

HUME

Woher könnten wir wissen, ob ein Autor, der vor drey tausend Jahren gelebt hat, und dessen Geschichte und Character uns gänzlich unbekannt ist, nur im Sinn gehabt habe uns die Wahrheit zu sagen. Und gesetzt, er hatte sie, konnte er nicht leichtgläubig seyn? Konnte er nicht aus unlautern Quellen geschöpft haben? Konnte er nicht durch vorgefaßte Meynungen oder falsche Nachrichten selbst hintergegangen worden seyn? Oder gesetzt, das alles fände nicht bey ihm statt; kan nicht in einer Zeitfolge von zwey oder drey tausend Jahren seine Geschichte unter den Händen der Abschreiber verändert, verfälscht, und mit unterschobenen Zusätzen vermehrt worden seyn? So lange wir nicht im Stande sind, von jedem besondern Abentheuer des Biribinkers, und so zu reden, von Zeile zu Zeile zu beweisen, daß keiner von allen diesen möglichen Fällen dabey Platz finde, so würde *Herodot* selbst kein hinlänglicher Gewährs-Mann für die Wahrheit dieser anmaßlichen Geschichte seyn. Ich gestehe ihnen, das Zeugniß eines *Tacitus* oder *Hume*[1] würde der Existenz der Elementar-Geister und eines jeden andern Dings, das nicht innerhalb des bekannten Cirkels der allgemeinen menschlichen Erfahrung liegt, sehr zu statten kommen, allein, zum Unglück für das Wunderbare, können sie sich keiner so vollgültigen Zeugen rühmen. Und gesetzt auch, es fänden sich unter der unendlichen Menge von Wunderdingen dieser Art, die seit dem Anbeginn der Welt bey allen Völkern des Erdbodens erzählt, und zum Theil geglaubt worden sind, einige wenige, die ein unverwerfliches Ansehen vor sich hätten; so würde dieses weder die übrigen

---

1 Der geneigte Leser wird hier einen ziemlichen Anachromismus bemerken, der, zum Unglück, nicht der einzige in diesem Werke ist, und vielleicht einigen Zweifel gegen die Glaubwürdigkeit dieser ganzen Geschichte erwecke könnte, dessen Hinwegräumung wir den Criticis überlassen.   Anmerk. des Herausg.

glaubwürdiger machen, noch den allgemeinen Grundsatz entkräften können: Daß alles und jedes, was keine Analogie mit dem
ordentlichen Lauf der Natur, in so fern sie unter unsern Sinnen
liegt, oder mit demjenigen hat, was der größte Theil des menschlichen Geschlechts alle Tage erfährt, eben deßwegen die allerstärkste und gewisser massen eine unendliche Präsumtion der
Unwahrheit wider sich habe: ein Grundsatz, den das allgemeine
Gefühl des menschlichen Geschlechts rechtfertigt, ob er gleich
der ganzen Feerey mit allen ihren Zubehörden auf einmal das Leben abspricht.

Die Damen hatten sich zurück gezogen, so bald sie sahen, daß
die Conversation einen scientifischen Schwung nehmen würde.
Den Sylvio ergab sich nicht so leicht als sein Gegner erwartet haben mochte. Er bediente sich aller Vortheile, die ihm die scheinbare Verwandtschaft dieser Materie mit andern, wo Don Gabriel, nach Husaren-Art, nur fliehend fechten konnte, zu geben
schien; allein, nachdem er sich endlich durch die überwiegende
Geschicklichkeit seines Gegners aus allen seinen Schlupfwinkeln
heraus getrieben sah, so blieb ihm endlich nichts übrig, als sich
gleichfalls auf die Erfahrung zu berufen, durch welche ihn jener
zu überweisen gedacht hatte. Doch er fand bald, daß er wenig gewinnen würde, einen Philosophen wie Don Gabriel, mit seinen
eigenen Wafen anzugreifen; man bewieß ihm, daß besondere und
ausserordentliche Erfahrungen, so bald sie der Analogie der allgemeinen Erfahrung wiedersprechen, allezeit verdächtig sind;
und daß zu einer Evidenz, der sich die Vernunft ergeben müßte,
ein so scharfer Beweiß erfordert würde, daß unter tausend solchen ausserordentlichen Erfahrungen kaum eine zu finden sey,
die bey genauer Untersuchung, nur so viel Wahrscheinlichkeit
übrig behalte, als zu einer starken Präsumtion erfordert werde.
Er nahm, zu Erläuterung seiner Lehrsätze die *Visionen* der
Schwester Maria von *Agreda* zum Beyspiel, und vertiefte sich
unvermerkt in Speculationen, die der Übersetzer für die meisten
Leser dieses Buchs zu tiefsinnig gehalten, und um so lieber weg
gelassen hat, als aus dem Vorbericht, der dem spanischen Manus-

cript voran gesetzt ist, erhellet, daß der ehrwürdige Dominica-
ner-Mönch, dem selbiges zur Censur gegeben worden, von diesem Discurs den unschuldigen Anlaß genommen, den Druck des
ganzen Werks zu untersagen. Dem sey wie ihm wolle, so fand
Don Eugenio selbst für gut, die Fortsetzung dieser allzu meta-
physischen Untersuchungen zu hemmen. Ich glaube kaum, sagte
er, daß es zum Beweiß, wie leicht uns in diesem Stück unsere vorgefaßte Meynungen oder eine allzuwürksame Phantasie hintergehen kan, etwas anders braucht, als sich auf Don Sylvio *eigene*
Erfahrung zu berufen. Ich wette was man will, sie glaubten
beym Eintritt in diese Gärten, und beym Anblick des Pavillions,
in einen Feen-Sitz gekommen zu seyn; und doch ist nichts ge-
wissers, als daß sie in eben diesem Lirias sind, welches mein
Großvater *Gilblas von Santillane* der dankbaren Großmuth des
Don Alphonso von Leyva zu danken hatte, und welches seit
dem, theils von ihm, theils von meinem Vater Don Felix von Lirias erweitert und verschönert worden. Sie scheinen noch so wenig von der würklichen Welt gesehen zu haben, daß die *Ähnlich-*
keiten, die sie zwischen den Gärten und Gebäuden zu Lirias mit
denen, womit ihre Einbildungs-Kraft in den Mährchen bekannt
worden ist, gefunden haben, sie leicht verführen konnten, dasjenige, was von ganz alltäglichen Menschen-Händen gemacht ist,
für ein Werk der Geister und der Feerey zu halten. Gestehen sie,
Don Sylvio, daß sie bey Erblickung meiner Schwester keinen
Augenblick anstunden, sie für eine Fee zu halten; und doch kan
ihnen mein Pfarrer mit dem Tauf-Register beweisen, daß sie eine
Sterbliche ist, und von guten alten Christen abstammt, die niemalen der Magie verdächtig gewesen sind; eine Enkelin der liebenswürdigen Dorothea von Jutella, welche bestimmt war, meinem Großvater den Verlust seiner geliebten Antonia zu ersetzen,
und mit der sie in der That eine so grosse Ähnlichkeit hat, daß
man das Bildniß der einen für der andern ihres hält. Diese einzige
Induction würkte mehr als alle Schlußreden des Don Gabriel.

Die Abenteuer des Don Sylvio von Rosalva
(Nach der Erstausg. von 1764): 6. Buch, 3. Capitel (Auszug).

Danischmend saß eines Abends unter der äußersten Linde eines langen Spazierganges der zu seinem Hause führte, an der Landstraße. Er hatte seinen Knaben, einen Jungen von drey bis vier Jahren, auf seinen Knieen stehen, und ließ sich nicht verdrießen, während daß der Junge mit seinen Haaren spielte, auf alle seine kindischen Fragen – in denen (nach seiner Filosofie) *große Weisheit der Natur* verborgen steckte – zu antworten, so gut ein weiser Mann auf die Fragen eines Kindes, die oft vor lauter Einfalt spitzfindig sind, antworten kann.

Aber, Papa, sagte der Junge, warum wird es denn itzt dunkel?[1]

Weil die Sonne untergegangen ist, mein Sohn, antwortete der Papa.

So? sagte der Bube: wohin geht sie denn?

Geschichte des weisen Danischmend (1775): SW, Bd. 8, S. 49 f.

1 Wenn Herr Danischmend diese Frage seines kleinen Buben für eine von den spitzfindigen hält, so muß ihn die väterliche Liebe gewaltig verblenden. Es ist, mit seiner Erlaubniß, eine sehr dumme Frage. Denn hätte der Junge Acht gegeben warum es bey Tage hell ist, nemlich, daß es hell wird so bald die Sonne aufgeht, und so lange hell bleibt als die Sonne am Himmel ist, so hätte er sogleich schließen können, daß es dunkel werden muß wenn die Sonne weg ist: Der Bube sollte mein gewesen seyn; ich wollt' ihn gelehrt haben Schlüsse machen!

Magister *Duns.*

Wenn Herr Duns sich bemühen wollte meinen siebenten Versuch mit Bedacht zu lesen, so würde er finden, daß der Junge, ohne die Logik gelernt zu haben, mehr Logik in seinem Hirnkasten hatte als er meint.

David Hume.

Und wenn ein Kind von vier Jahren mit einem hoch illuminierten Doktor von vierzig über solche Dinge in Wortwechsel kommt, so ist immer eine Schellenkappe gegen einen Doktorhut zu wetten daß das Kind Recht hat.

Tristram Shandy.

Was Platons *Ideen* betrifft, so gestehe ich dir unverhohlen, daß ich nach allem was mir seine Dialogen davon geoffenbaret haben, mir keine Idee von ihnen zu machen weiß. Sie sind weder bloß gedachte noch personificierte allgemeine Begriffe; auch sind es nicht die Erscheinungen, die der begeisterten Fantasie des Dichters, Bildners oder Mahlers vorschweben, wenn er nach dem Höchsten seiner Kunst, dem Übermenschlichen und Göttlichen, nach vollkommener Schönheit, Stärke und Größe ringt. So wie Plato von ihnen spricht, können sie nichts dergleichen seyn, wiewohl ich vermuthe, daß du in den Momenten der geistigen Anschauungen, wovon du sprichst, sie mit jenen verwechselt. Was sind sie also? Ich weiß es nicht; aber das weiß ich, daß der *Platonische Tisch*, der weder klein noch groß, weder rund noch dreyeckig, weder von Holz noch von Elfenbein, noch von Gold oder Silber ist, der nicht *dieser* oder *jener* Tisch, sondern der *Tisch selber*, der Tisch *an sich* und das einzige Exemplar seiner Art im Lande der Ideen ist, neben den künstlichen goldnen Dreyfüßen im Pallast des Homerischen *Hefästos* eine schlechte Figur macht. Wie kommt Plato dazu, daß er den abgezogenen Begriffen von Arten und Gattungen, deren wir Menschen bloß als erleichternder und abkürzender Hülfsmittel zum Denken und Reden benöthigt sind, Selbstständigkeit und wirkliches Daseyn außer uns giebt? Die Natur hat ihm schwerlich dazu angeholfen; denn *Sie* stellt lauter einzelne Dinge auf, und weiß nichts von unbestimmten Formen, nichts von Körpern, die weder klein noch groß, weder rund noch eckig, weder aus diesem noch jenem Stoffe gemacht sind. Sie kennt nur *Ähnlichkeit* und *Verschiedenheit* in unendlichen Graden und Schattierungen; die Abtheilungen, Einzäunungen und Grenzsteine sind Menschenwerk. Der Maulwurf steht mit dem Elefanten auf eben derselben Linie, wie viel andere Thiere auch zwischen ihnen stehen mögen, und die *Verschiedenheit* zwischen einem Elefanten und einem andern, ist, wiewohl nicht so stark in die Augen fallend, doch nicht minder groß als die *Ähnlichkeit*. Weil alles Mögliche wirklich ist, so muß nothwendig der Unterschied zwischen den Wesen, die einander die ähnlichsten sind, kaum merklich seyn; wir übersehen also das, worin sie verschieden sind, fassen sie unter dem Begriff einer *Art* zusammen, und bezeichnen sie mit einem gemeinsamen Wort. Durch das nehmliche Verfahren erhalten wir, indem wir die ähnlichsten Arten unter Ein gemeinschaftliches Wort stellen, den höhern Begriff der *Gattungen*. Das Bedürfniß einer Sprache, und das Gefühl der Nothwendigkeit, den auf uns eindringenden Vorstellungen Festigkeit und Ordnung zu geben, nöthigt den Menschen zu dieser ihm natürlichen Anwendung seines Verstandes, und es wäre nicht schwer (wenn es mich nicht zu weit führte) zu zeigen, wie es zugeht, daß es ihm unvermerkt eben so natürlich wird, diese Abtheilungen und Klassifikazionen für das Werk der Natur selbst zu halten, wiewohl sie nichts anders als Produkte seiner durch den Drang des Bedürfnisses erregten instinktmäßigen Selbstthätigkeit sind. – Dieß hat mich wenigstens eine mäßige Aufmerksamkeit auf die Natur gelehrt, und wenn Spekuliren um bloßen Spekulirens willen meine Sache wäre, so dächte ich auf diesem Wege ziemlich weit zu kommen. Aber ferne von mir sey die Anmaßung, dich, mein liebenswürdiger Freund, oder irgend einen andern Sterblichen von einer Vorstellungsart abzuziehen, die ihm einleuchtet, wobey er gutes Muthes ist, und wodurch keinem andern Weh geschieht. Auch die Filosofie ist in gewissem Sinn etwas individuelles, und für jeden ist nur diejenige die wahre, die ihn glücklicher und zufriedner macht als er ohne sie wäre.

Aristipp und einige seiner Zeitgenossen (1800–1802):
SW, Bd. 36, S. 290–293.

Hippokrates traf, wie die Geschichte sagt, unsern Naturforscher bey der Zergliederung verschiedener Thiere an, deren innerlichen Bau und animalische Ökonomie er untersuchen wollte, um vielleicht auf die Ursachen gewisser Verschiedenheiten in ihren Eigenschaften und Neigungen zu kommen. Diese Beschäftigung bot ihnen reichen Stoff zu einer Unterredung an, welche *Demokriten* nicht lange über die Person des Fremden ungewiß ließ. Ihr gegenseitiges Vergnügen über eine so unvermuthete Zusammenkunft war der Größe ihres beiderseitigen Werthes gleich, aber auf Demokrits Seite um so viel lebhafter, je länger er in seiner Abgeschiedenheit von der Welt des Umgangs mit einem Wesen seiner Art hatte entbehren müssen.

Es giebt eine Art von Sterblichen, deren schon von den *Alten* hier und da unter dem Nahmen der *Kosmopoliten* Erwähnug gethan wird, und die – ohne Verabredung, ohne Ordenszeichen, ohne Loge zu halten, und ohne durch Eidschwüre gefesselt zu seyn – eine Art von *Brüderschaft* ausmachen, welche fester zusammen hängt als irgend ein anderer Orden in der Welt. Zwey *Kosmopoliten* kommen, der eine von Osten, der andere von Westen, sehen einander zum ersten Mahle, und sind Freunde; – nicht vermöge einer geheimen Sympathie, die vielleicht nur in Romanen zu finden ist; – nicht, weil beschworne Pflichten sie dazu verbinden; – sondern, *weil sie Kosmopoliten sind*. In jedem andern Orden giebt es auch falsche oder wenigstens unwürdige Brüder: in dem Orden der Kosmopoliten ist dieß eine Unmöglichkeit; und dieß ist, däucht uns, kein geringer Vorzug der *Kosmopoliten* vor allen andern Gesellschaften, Gemeinheiten, Innungen, Orden und Brüderschaften in der Welt. Denn wo ist eine von allen diesen, welche sich rühmen könnte, daß sich niemahls ein Ehrsüchtiger, ein Neidischer, ein Geitziger, ein Wucherer, ein Verleumder, ein Prahler, ein Heuchler, ein Zweyzüngiger, ein heimlicher Ankläger, ein Undankbarer, ein Kuppler – ein Schmeichler, ein Schmarotzer, ein Sklave, ein Mensch ohne Kopf oder ohne Herz, ein Pedant, ein Mückenfänger, ein Verfolger, ein falscher Profet, ein Heuchler, ein Gaukler, ein Spaßmacher und ein Hofnarr in ihrem Mittel befunden habe? Die *Kosmopoliten* sind die einzigen, die sich dessen rühmen können. Ihre Gesellschaft hat nicht vonnöthen, durch geheimnisvolle Ceremonien und abschreckende Gebräuche, wie ehemals die Ägyptischen Priester – die *Unreinen* von sich auszuschließen. Diese schließen sich selbst aus; und man kann eben so wenig ein Kosmopolit *scheinen* wenn man es nicht *ist*, als man sich ohne Talent für einen guten Sänger oder Geiger ausgeben kann. Der Betrug würde an den Tag kommen, so bald man sich hören lassen müßte. Die Art, wie die Kosmopoliten denken, ihre Grundsätze, ihre Gesinnungen, ihre Sprache, ihr Flegma, ihre Wärme, sogar ihre Launen, Schwachheiten und Fehler, *lassen sich unmöglich nachmachen*, weil sie für alle, die nicht zu diesem Orden gehören, ein wahres Geheimniß sind. Nicht ein Geheimniß, das von der Verschwiegenheit der Mitglieder, oder von ihrer Vorsichtigkeit nicht behorcht zu werden, abhängt; sondern ein Geheimniß, auf welches die Natur selbst ihren Schleier gedeckt hat. Denn die Kosmopoliten könnten es ohne Bedenken bey Trompetenschall durch die ganze Welt verkündigen lassen, und dürften sicher darauf rechnen, daß außer ihnen selbst kein Mensch etwas davon begreifen würde. Bey dieser Bewandtniß der Sache ist nichts natürlicher, als das innige Einverständniß und das gegenseitige Zutrauen, das sich unter zwey Kosmopoliten sogleich in der ersten Stunde ihrer Bekanntschaft fest setzt. *Pylades* und *Orestes* waren, nach einer zwanzigjährigen Dauer ihrer durch alle Arten von Prüfungen und Opfern bewährten Freundschaft, nicht mehr Freunde, als es jene von dem Augenblick an, da sie einander erkennen, sind. Ihre Freundschaft hat nicht vonnöthen durch die Zeit zur Reife gebracht zu werden; sie bedarf keiner Prüfungen: sie gründet sich auf das nothwendigste aller Naturgesetze, auf die Nothwendigkeit, uns selbst in demjenigen zu lieben der uns am ähnlichsten ist.

Man würde etwas wo nicht unmögliches, doch gewiß ungereimtes von uns verlangen, wenn man erwartete, daß wir uns über das Geheimniß der Kosmopoliten *deutlicher* heraus lassen sollten. Denn es gehört (wie wir deutlich genug zu vernehmen gegeben haben) zur *Natur der Sache*, daß alles, was man davon sagen kann, ein Räthsel ist, wozu nur die Glieder dieses Ordens den Schlüssel haben. Das einzige, was wir noch hinzu setzen können, ist, daß ihre Anzahl zu allen Zeiten *sehr klein* gewesen, und daß sie, ungeachtet der *Unsichtbarkeit* ihrer Gesellschaft, von jeher einen Einfluß in die Dinge dieser Welt behauptet haben, dessen Wirkungen desto gewisser und dauerhafter sind, weil sie kein Geräusch machen, und meistens durch Mittel erzielt werden, deren *scheinbare* Richtung die Augen der Menge irre macht. Wem dieß ein *neues Räthsel* ist – den ersuchen wir lieber fortzulesen, als sich mit einer Sache, die ihm so wenig angeht, ohne Noth den Kopf zu zerbrechen.

Geschichte der Abderiten (1774–1781): SW, Bd. 19, S. 216–220.

–

Es werden ungefähr vierzehn Jahre seyn, daß der Geschichtschreiber der *Abderiten*, bey Gelegenheit einer unvermutheten Zusammenkunft des *Hippokrates* und *Demokritus*, die erste Nachricht von *einer unsichtbaren Gesellschaft* gab, welche bereits einige Jahrtausende unter dem Nahmen der *Kosmopoliten* existieren, und, seinem Vorgeben nach, große *Vorzüge* vor allen andern *geheimen* Gesellschaften, und einen wichtigern und dauerhaftern *Einfluß* in die Dinge dieser Welt haben sollte, als irgend eine der letztern sich mit Grunde zuschreiben könne.

Das Wenige, was dem besagten Geschichtschreiber bloß zufälliger Weise und im Vorbeygehen von diesem bisher unbekannten geheimen Orden entfallen war, erregte eine allgemeine Auf-

167

merksamkeit, in deren Ursachen wir hier nicht einzudringen begehren. Genug, je räthselhafter die Sache den meisten Lesern vorkam, je begieriger wurden sie, mehr von diesem Geheimnisse zu erfahren.

Diese Neugier mußte natürlicher Weise nicht wenig zunehmen, da bald hernach ein berühmter Mann desselben Jahrzehends, den dringenden Ermahnungen, die er schnell hinter einander an alle Stände und Klassen der Nazion ergehen ließ, um zu Ausführung eines der ganzen Welt unendlich wichtigen Instituts die geringe Summe von dreyßig tausend Thalern zusammen zu schießen, sich auch nahmentlich und mit ganz besonderm Nachdruck und Vertrauen an die *Kosmopoliten* wandte, und dadurch das Daseyn diesser geheimen Gesellschaft (welches vorher noch von einigen Ungläubigen bezweifelt worden war) außer allem Widerspruch zu setzen schien.

In kurzem erfolgte nun, was die *Kosmopoliten* voraus gesehen hatten. Da ihre Unsichtbarkeit nothwendig aus der Natur der Sache folgt; da überdieß keiner von ihnen ein Mitglied irgend einer andern geheimen Gesellschaft seyn kann, weil er von dem Augenblick an, da er sich zu einem solchen Schritt entschlösse, aufhörte ein Kosmopolit zu seyn; und also, alles Forschens und leisen Anklopfens ungeachtet, die wirklichen Glieder dieses Ordens allen, die nicht ihres gleichen waren, verborgen blieben: so glaubten gewisse Leute, die um diese Zeit, mit sehr weit aussehenden Entwürfen schwanger gingen, ein großes zu Beschleunigung derselben zu thun, und sich bey manchen einen desto leichtern Eingang zu verschaffen, wenn sie sich eines Nahmens, an welchen mehrere Jahre lang niemand Anspruch zu machen schien, als einer gleichsam *verlassenen Sache* bemächtigten, und sich, so oft es ihren Absichten zuträglich war, mit dem *Kosmopoliten-* oder *Weltbürger-Titel* schmückten, um die Meinung von sich zu erwecken, als ob sie wirklich und ausschließlich im *Besitze des Geheimnisses* wären, wovon der Verfasser der Abderitengeschichte in einem so räthselhaften Tone gesprochen hatte.

Ob sie hierin bloß als feine *weltkluge* Spekulanten zu Werke gegangen, oder ob sie vielleicht in allem diesem ehrlich zu seyn geglaubt, und, selbst von der größten aller Zauberrinnen getäuscht, sich wirklich eingebildet haben mögen etwas zu seyn was sie nicht waren, lassen wir dahin gestellt. Das letztere könnte um so eher zu glauben seyn, da sie, indem sie sich den *Begriff* eines Weltbürgers zu entwickeln suchten, sehr leicht auf *die vermeinte Entdeckung* fallen konnten, daß *die Erleuchtung der Welt*, wo nicht das einzige, doch wenigstens das vornehmste Mittel sey, wodurch die *Kosmopoliten* den ihnen zugeschriebenen großen Einfluß in die sublunarischen Dinge bewirkten.

Da der Erfolg, ungeachtet der glänzenden Aussichten, die den *Menächmen* der Kosmopoliten nichts geringers als das *Imperium orbis* zu verheißen schienen, ihren sanguinischen Hoffnungen nicht besser entsprach, als es jene (ohne ihre Feinde zu seyn, oder nur einen Finger gegen sie zu rühren) voraus gesehen hatten: so wäre es ohne allen Nutzen, uns deutlicher über diesen Hergang zu erklären. Aber dieß glauben wir doch hinzu setzen zu müssen: daß man sich mächtig betrogen finden würde, wenn man sich schmeicheln wollte, mit irgend einem andern *Losungsworte* – zum Beyspiel mit Aufklärung, (das ohnehin der verunglückten *Erleuchtung* zu synonym ist, um sich ein viel besseres Schicksal zu versprechen) jemahls glücklicher zu seyn. Denn *die wahren Kosmopoliten* können und werden es nicht länger zugeben, daß geheime Gesellschaften, die in ihrer ganzen innern Verfassung, und in der Art und Weise wie sie sich um das menschliche Geschlecht verdient machen wollen, so ganz *das Gegentheil von ihnen* sind, sich entweder ihres Nahmens anmaßen, oder, unter welchem andern Nahmen es seyn möge, die Meinung von sich erwecken, als ob die Kosmopoliten mit ihnen *einerley Zweck* und *Mittel* hätten, und jemahls, es sey durch den Beytritt einzelner Personen aus ihrem Mittel, oder durch eine allgemeine Vereinigung, gemeine Sache mit ihnen zu machen fähig wären.

Das kürzeste und meines Erachtens auch das edelste Mittel, diesen Zweck zu erreichen, und den Gaukelspielen aller gegenwärtigen und künftigen *Pseudo-Kosmopoliten* ein Ende zu machen, (es wäre denn, daß die Welt schlechterdings mit sehenden Augen betrogen seyn *wollte*) ist unstreitig der Entschluß, den ich – mit vorausgesetzter unausbleiblicher Genehmigung und im Nahmen des ganzen Ordens – gefaßt habe, das, was bisher *das Geheimniß desselben* war, ohne alle Zurückhaltung so aufrichtig und deutlich bekannt zu machen, daß es auch dem einfältigsten Menschenkinde in Zukunft unmöglich seyn soll, ächte und unächte Kosmopoliten jemahls mit einander zu verwechseln.

Die Zeit ist endlich gekommen, wo nichts Gutes das Licht zu scheuen Ursache hat: wenigstens ist sie für unser Vaterland gekommen. Es giebt, Dank sey dem Himmel! keine *Neronen* und *Domiziane* unter uns, vor denen *gute Menschen* sich verbergen müßten. Wenn auch in vielen Gegenden die Rechte der Vernunft durch alte Vorurtheile noch geschmälert und angefochten werden: so ist doch keine Wahrheit, die sich nicht *irgendwo* in Germanien mit aufgedecktem Angesichte zeigen dürfte. Der freye Geist der Untersuchung hat in dem glücklichsten Zeitalter der Griechen, (von welchen alle Aufklärung ausgegangen ist) mitten in *Athen*, nie unbeschränkter wirken dürfen als in unsern Tagen; und selbst jeder Mißbrauch der Vernunft in spekulativen Dingen hat (wie billig) keine andere Ahndung als die Zuchtruthe der *Kritik* zu scheuen. Und ist nicht die außerordentliche Duldung, welche man *geheimen Verbindungen*, die in keinem wohl policierten Staate geduldet zu werden hoffen durften, widerfahren ließ, ist nicht diese Duldung selbst der auffallendste Beweis, wie ganz unnöthig es ist, irgend einen löblichen Zweck durch verborgene Wege und geheimnißvolle Mittel erzielen zu wollen?

Die Kosmopoliten können durch die Bekanntmachung ihres Geheimnisses in den Augen aller verständigen und guten Menschen nur gewinnen. – Es ist nicht das geringste weder in ihrer Verfassung, noch in ihrem Zwecke, noch in ihren Mitteln, das sich hinter allegorische Schleier und in hieroglyfische Dunkelheit verbergen müßte. Sie dürfen der Welt zeigen, wer sie sind, und was sie im Schilde führen. – Ihr geheimen Orden alle, wollt ihr uns von der Rechtmäßigkeit eurer Verfassungen, von der

Lauterkeit eurer Absichten, von der Unschuld eurer Mittel überzeugen, – so gehet hin und thut desgleichen!

Das Geheimnis des Kosmopoliten-Ordens (1788):
SW, Bd. 30, S. 154–161.

LIEBE

1.

Für welchen Gott, für welchen Göttersohn,
O Muse, stimmest du, in Kalliopens Schleier
Vermummt die ungelehr'ge Leier
Zum Heldenlied in kriegerischem Ton?
Versuch es nicht! Sie bleibt den Grazien getreuer!
Wenn du *Rinaldo* singst, tönt sie *Endymion*;
Sie weigert sich, Kastilischen Guitarren
Den Ruhm der *Amadis* und *Cide* nachzuschnarren.

2.

Die Welt ist längst der Kurzweil satt,
Den zornigen *Achill*, die zärtlichen *Äneen*
Mit andern Nahmen anferstehen
Und lächerlich verkappt in neuer Tracht zu sehen.
Was im *Homer* das Recht uns zu gefallen hat,
Wird in der Neuern Mund oft schwülstig, öfter platt:
Und doch sich neue Bahnen brechen
Heißt in ein Nest gelehrter Wespen stechen.

3.

Schreckt diese Furcht dich nicht, und fühlt
Dein Busen Muth genug, so wage dich in Welten
Worin die *Fantasie* als Königin befiehlt,
Wo alte Dinge nur so viel wir wollen gelten.
Dem allgemeinen Ohr, für das der Dichter spielt,
Mißfällt die Wahrheit oft, das Ungereimte selten:
Bedien' einmahl die Welt nach ihrer Art,
Und zeige, daß Vernunft sich auch mit Thorheit paart.

4.

Vom dummen Ernst wird zwar dieß Bündniß angeschwärzet:
Doch sey es! Steht dir nur die Laune zu Gebot
Von deinem *Hamilton,* dem Zärtlichkeit und Spott
Aus schwarzen Augen lacht, halb Faun, halb Liebesgott;
Der Zefyrn gleich um alle Blumen scherzet,
Um alle buhlt, doch nur die schönsten herzet,
Und, daß sein kleines Horn die Nymfen nicht erschreckt,
Es unter Rosen schlau versteckt.

5.

Durch ein verwickeltes Gewinde
Von Feerey und Wundern fortgeführt,
Sey, wer dich liest, besorgt wie er heraus sich finde,
Und nahe stets dem Ziel – indem er es verliert;
Er fühle, daß Natur sogar in Mährchen rührt,
Und daß Geschmack und Witz mit allem sich verbinde.
Er folge sonder Zwang, wohin die Fantasie
Ihn führt, lächl' oft, und gähn', ist's moglich, nie.

6.

Verbirg' ihm stets die unwillkommnen Züge
Der strafenden Satir' in schlaue Tändeley;
Man lese dich, man suche nichts dabey
Als wie man angenehm sich um die Zeit betrüge,
Und finde, still beschämt, daß deine Schilderey
Nicht halb so viel als die Erfindung lüge.
Ergetzen ist der Musen erste Pflicht,
Doch spielend geben sie den besten Unterricht.

7.

Es dürfte was du mahlst, die schöne Unschuld lesen,
Trotz aller Furcht, die schüchternen *Agnesen*
Hans Jakob Rousseau eingejagt.
Die ist gewiß vorher verführt gewesen,

Die dich, *getreuer Hirt*, der Kuppeley verklagt.
Die wahre Tugend ist nicht trotzig, nicht verzagt;
Und wagt es, ohne sich zu wenig zuzutrauen,
Den keuschen *Idris* selbst im Bade anzuschauen.

8.

Gesetzt, sie fühlt bey dem Gemählde schon
Was menschliches: so dient es ihr zur Lehre:
Sie denkt: Wie ging' es erst, wenn ich die Nymfe wäre?
Und läuft, im Falle selbst, nur hurtiger davon.
Was *Itifalln* betrifft, der spricht nur *Spröden* Hohn,
Und diese wehren sich mit Recht um ihre Ehre.
Vielleicht daß ihn, von seinem Spott bewegt,
Brigittens Zunft durch Beßrung widerlegt.

9.

Die Tadler, Muse, scheue nicht;
Das Schöne selbst gefällt nicht allen.
Wie? wenn dich auch *Pantil*, die Wanze sticht?
Was hälfe dir das Lob der Buden und der Hallen?
O, möchtest du, wenn dir die Menge Lorbern flicht,
Dem ächten Kenner nicht mißfallen,
Der ohne Schalkheit prüft, zum Tadel langsam ist
Und jede Schwierigkeit, die du besiegt, ermißt!

10.

Den *Aristarchen* liegt die Pflicht des Tadelns ob;
Sie sitzen zu Gericht; und dürfen nichts verzeihen.
Dem Züchtling zwar dünkt stets die Peitsche grob,
Doch lacht die Welt nur mehr, je mehr die *Dunse* schreyen.
Verdiene, wenn du kannst, des strengen Richters Lob,
Doch, ohne dich vor seinem Ernst zu scheuen,
Sein Tadel nützt der Kunst, und ging' er auch zu weit,
So schadet ihm, nicht dir, die Unbescheidenheit.

11.

Gefällst du endlich nicht, stimmt Welt und Kenner ein,
Dich deines Diensts zu überheben:
So mag dein Trost in diesem Unfall seyn,
Daß du, bey süßer Müh, mir viele Lust gegeben.
Du machst, o Muse, doch das Glück von meinem Leben,
Und hört dir niemand zu, so singst du mir allein.
Und so beginne nun in ungestörtem Frieden
Das schöne Abenteu'r von *Idris* und *Zeniden*.

12.

Es sank aus unbewölkten Lüften,
Nach einem schwülen Tag, der Abend sanft herab;
Die Blumen denen er das Leben wieder gab,
Durchbalsamten die Flur mit süßen Frühlingsdüften;
Die Weste kühlten sich an Silberbächen ab,
Und luden hier und da die Nymfen in den Grüften
Bey *Lunens* jüngferlichem Schein
Zum stillen Bad und leichten Tänzen ein.

13.

Um diese Zeit, da Tag und Nacht sich gattet,
Stieg, wie die Kronik sagt, in einem Myrtenwald
Ein junger Ritter ab. Er schien sehr abgemattet:
Doch hätte, wie er war, an Anstand und Gestalt
Don Galaor, Jocondo und *Rinald*,
Ja selbst *Medor* den Preis ihm ohne Kampf gestattet.
Er glich in Stahl dem Freund der Göttin von Cythere,
Und ohne Rüstung schien's, als ob er Amor wäre.

14.

Er hatte, seit Aurorens goldne Pforten
Dem Tag sich aufgethan, bis itzt in einem fort
Die Reise fortgesetzt, die ihm gerathen worden.
Sein Pferd, ein edles Thier vom ritterlichen Orden,

Flog Rehen gleich, und doch im schnellsten Flug
Des Ritters Ungeduld nicht schnell genug:
Er ritte noch, wofern ihn *Raspinette*,
Die keinen Fuß mehr fühlt, nicht abgemahnet hätte.

15.

Herr Ritter, sagte Raspinette,
Die Trägheit, wie ihr wißt, ist sonst mein Fehler nicht,
Ich lauf' im Fall der Noth mit Greifen in die Wette:
Allein ihr spannt bis Senn' und Bogen bricht.
Wir rennen, seit aus ihres Alten Bette
Aurora stieg, bis bald zum Sternenlicht:
Mehr ist zu viel; mir klebt' die Zung am Rachen;
Wir könnten dächt' ich, hier wohl eine Pause machen.

16.

Seht ihr die Quellen dort, die durch den jungen Hain,
Beblümt an jedem Bord, sich, Kränzen ähnlich, winden?
Bequemer kann kein Platz, selbst in den stillen Gründen
Elysiums, zum Übernachten seyn.
Ich würde frisches Gras an dieser Quelle finden,
Und ihr, Herr Ritter, schlieft bey ihrem Murmeln ein.
Ihr könntet, unterm Duft von jenen Myrtenbäumen,
Recht angenehm von eurem Fräulein träumen.

17.

Der schöne Ritter hört des klugen Pferdes Wort,
Steigt ab, läßt Raspinetten grasen,
Und sucht am blumenvollen Bord
Des fließenden Krystalls, auf sammetweichem Rasen,
Zur Lagerstatt sich einen schönen Ort,
Wo, sanft von Zefyrn aufgeblasen,
Sich volle Rosenbüsch' in wilde Lauben ziehn
Und wie Rubin im Abendschimmer glühn.

18.

Im Mittel dieser Rosenhecken
Ergoß das Wasser sich auf goldbestaubtem Sand
Aus manchem kleinen Arm in ein geraumes Becken,
Mit Marmor ausgelegt, doch nicht von Menschenhand.
Es schien gemacht die Badlust zu erwecken.
Der Ritter hatte kaum die Augen hingewandt,
So fiel ihm ein, sich hier ein wenig abzukühlen,
Und seinen schönen Leib vom Sommerstaub zu spülen.

19.

Er schnallt den Harnisch ab, legt Helm und Lanze nieder,
Und überläßt der lauen Flut
Den frischen Reitz der jugendlichen Glieder.
Ihr unbefleckter Schnee, getuscht mit Rosenblut,
Scheint aus den Spiegelwellen wieder,
So wie der Sonne Bild vom glatten Marmor thut.
Ihm hätte kaum (die Wahrheit zu gestehen)
Die alte *Vesta* selbst kaltblütig zugesehen.

20.

Der keusche Ritter glaubt in diesem stillen Bade
Allein zu seyn und unbelauscht;
Er plätschert wie ein Aal: als plötzlich vom Gestade
Ein raschelndes Getös' ihm in die Ohren rauscht.
Es war – was rathet ihr? – die lieblichste *Najade*,
An deren Anblick je ein Triton sich berauscht:
Es hatte sie, auf Klee am Ufer hingestrecket,
Aus einem leichten Traum sein Platschern aufgewecket.

21.

Man kennt aus *Gabalis* glaubwürdigen Berichten
Die Reitze der *Ondinen* schon;
Auch *Rubens* liebte sie um *Amfitritens* Thron
In großen Gruppen aufzuschichten,

So wohl genährt, so üppig, und (mit Züchten)
So nackt, daß einem Mann davon
Die Augen übergehn. Wir sollten also denken,
Ihr könntet uns die Müh ihn zu kopieren schenken.

22.

Viel Tritons hatten ihn vergeblich nachgetrachtet;
Fiel Faunen manche Nacht umsonst für sie durchwacht;
Der schönste ward von ihr nicht schön genug geachtet;
Zevs hätte sich umsonst zum Schwan für sie gemacht,
Doch ungerochen wird Cupido nie verachtet!
Ihr Stündchen kam da sie's am wenigsten gedacht:
Und freylich dürft' es auch der Sprödesten auf Erden
Gefährlich seyn, so überrascht zu werden.

23.

Sie stutzt, erröthet, will entfliehn,
Und bleibt, indem sich schon die schönen Knöchel heben,
Wie in der Flucht versteint, halb überm Boden schweben:
Ein fremder Zauber scheint auf unsern Paladin
Den abgewandten Blick mit Macht zurück zu ziehn;
Sie muß dem stärkern Gott sich überwunden geben;
Sie steht und saugt mit gierig offnen Blicken
Der Liebe süßes Gift und schmerzendes Entzücken.

24.

Der Augenblick, da uns ein schöner Gegenstand
Die ersten Seufzer lehrt, giebt uns ein neues Wesen;
Er macht die Wunder wahr, die wir in Dichtern lesen;
Flößt Klötzen Seelen ein, nimmt Weisen den Verstand;
Ein Busen sey so kalt wie Alpenschnee gewesen
Und härter als der Diamant,
So zwingt ihn Amors Hauch in Flammen aufzuwallen
Und sehnsuchtsvoll zu steigen und zu fallen.

25.

Ja, Liebe, deine Macht ist groß und wunderbar!
Wer darf im Kampf mit dir zu siegen sich getrauen?
Die Nymfe, die noch kaum so unempfindlich war,
Vor jungen Faunen floh, und ohne Frost und Grauen
Nicht fähig war den Flußgott anzuschauen,
Der, hingestreckt auf Schilf, in seinem Schlaf sogar
Ihr schrecklich schien, – wünscht itzt sich hundert Augen,
Den Reitz, der sie bethört, auf einmahl einzusaugen.

26.

Der schöne Paladin, in seinem Wahn allein,
(Denn unsre Lauscherin verbargen noch die Hecken)
Denkt nicht daran, ihr etwas zu verstecken;
Und mehr als nöthig war, in einer Brust von Stein,
In Hektors Mutter selbst, Begierden aufzuwecken,
Ist ihrem Blick erlaubt, als glatt wie Elfenbein
Sich aus der Fluth die schönen Hüften heben,
Schön, wie die Mahler sie dem jungen Bacchus geben.

27.

Es wallt der schwarzen Locken Nacht
Entfesselt um den Marmornacken;
Bey seines Rückens Glanz, der Schwanen schamroth macht.
Scheint spiegelnd Silber grau wie Schlacken;
Die ungeschwächte Tugend lacht
Aus seinem schwarzen Aug' und glüht auf seinen Backen;
Sein Arm, voll Kraft bespannt mit straffen Sehnen,
Beut Männern Trotz und – Schutz bedrängten Schönen.

28.

Der Nymfe trüber Blick erlischt in feuchter Gluth,
Ihr Busen athmet schwer von pressendem Verlangen;
Ein geistig Feuer schleicht durch ihr elektrisch Blut,
Und giebt dem ganzen Leib die Farbe ihrer Wangen;

Des Liebesgottes voll und seiner süßen Wuth
Eilt sie hervor, den Jungling zu umfangen.
Er hört ein Rascheln, stutzt, erschrickt,
Und plötzlich wird von ihm die schöne Nymf' erblickt.

29.

Man konnte nichts verführerischers sehen.
Und mancher Heil'ge ward von weniger berückt;
Zumahl, da das Kostum der *Töchter von Nereen*
Sie, als zum Überfluß mit eignem Reitz geschmückt,
Gar wenig mit geborgtem drückt.
Doch *Idris* unser Held, bewaffnet mit *Ideen*,
Blieb kalt, und sah – aus Tugend oder Wahn –
Die schöne *Nixe* gar mit Widerwillen an.

30.

Aus Tugend oder Wahn? Ist nicht ein Drittes möglich?
Vielleicht macht *Treue* bloß, mit etwas Stolz gepaart,
Den jungen Mann so unbeweglich?
Vielleicht ist's Liebe selbst, und von der schönsten Art,
Was seine Brust vor schwächerm Reitz verwahrt?
Genug, ihr Anblick wird ihm plötzlich unerträglich;
Er wendet sich und flieht. Mit thränenvollem Blick
Eilt sie ihm nach und ruft den Fliehenden zurück.

31.

O fliehe nicht, ruft sie mit zauberischem Ton,
(Denn Amor haucht aus ihrer süßen Kehle)
Verweile, schöner Göttersohn;
Beweise nicht durch Sprödigkeit und Hohn,
Daß deinem Reitz die höchste Zierde fehle!
Ein schöner Leib verspricht auch eine schöne Seele.
O fliehe nicht aus nie berührten Armen,
Die itzt zum ersten Mahl von Amors Gluth erwarmen!

32.

Nie hat an dieser Brust, die dir entgegen wallt,
Ein Gott noch Sterblicher gelegen.
Vergeblich suchten sie durch Jugend und Gestalt,
Durch Schmeicheln, Flehn und ganze Thränenregen
Mein Mitleid wenigstens statt Liebe zu erregen:
Ihr Bitten fand mich taub, ihr Feuer spröd und kalt;
Sie nannten mich ein Bild, zum Sehn allein zu brauchen,
Denn es bedurfte Dich mir Liebe einzuhauchen.

33.

Und, o wie dank' ich itzt dem seligen Geschick
Das deinen Anblick mir gegeben!
Erst seit ich lieb', erst seit dem Augenblick
Da ich dich sah, begann mein wahres Leben,
Wie wünsch' ich itzt die öde Zeit zurück,
Da ich den Pflanzen glich, die an der Erde kleben!
Mir ist, ich sey erst itzt aus jener kalten Nacht,
Dich anzuschauen, aufgewacht.

34.

Komm, fährt sie fort, und streckt mit reitzenden Geberden
Die Arme nach ihm aus vor zärtlicher Begier;
Komm, theil Unsterblichkeit und Götterglück mit mir!
Empfang und gieb das Glück, geliebt zu werden!
O, fliehe nicht, du zögest mich nach dir,
Flögst du bis an den Saum der Erden:
Flieh, wenn du willst zum schwarzen Höllenbach,
Ich folge dir ins Reich der Schatten nach.

35.

Der Jüngling steht und hört was Götter zu bethören
Vermögend war, und fühlt sich unbewegt!
Die Schöne, die ihr Herz mir selbst entgegen trägt,
Die fähig ist sich selbst so zu entehren,

Wird eh' ein Bild, in dessen Brust nichts schlägt,
Als mich (so spricht er stolz) aus meiner Ruhe stören;
Wo Augen ohne Scham in offne Arme winken,
Läßt die Begierde stracks die Flügel sinken.

36.

Doch wär' auch dieses nicht, so würde doch von mir
Die Liebesgöttin selbst nicht mehr als du erhalten.
Du bist so schön als sie, mein Mund gesteht es dir,
Mein Herz fühlt nichts davon. Die lieblichsten Gestalten
(Und machten sie Aurorens schwachen Alten
Von neuem jung, und Jupitern zum Stier,)
Sind ohne Reitz für mich, seit ich die Schöne kenne,
Für die ich, ungeliebt und ohne Hoffnung, brenne.

37.

Er spricht's und flieht aufs neu; allein sie hält ihn schon
Mit Armen, weiß wie Schnee und weich wie Flaum, umschlungen.
Aus Fesseln dieser Art hätt' auch Alkmenens Sohn
Sich nicht so leicht, als aus des Riesen Geryon
Dreyfachen Armen, los gerungen;
Hier wird der Stärkste nur am leichtesten bezwungen;
Wo Tugend und Natur sich bis ans Leben gehen,
Verzehrt der Widerstand die Kraft zum Widerstehen.

38.

Zwar bleibt sein Wille unverführt;
Doch alles, was er sieht, und höret, und berührt,
Er wolle oder nicht, berauschet seine Sinnen:
Ihr wollustschwerer Blick; ihr süßer Athem schürt
Die Flammen an, die schon in seinen Adern rinnen;
Wie *Xenofons Arasp* wird er zwey Seelen innen,
Bey deren ungelegnem Zwist
Die schöne Feindin siegt, und er verrathen ist.

39.

Er rafft in dieser Noth die letzte Kraft zusammen
Und ruft, so laut er nur vor kurzem Athem kann,
Den Gegenstand von seinen keuschen Flammen,
Nach ritterlichem Brauch, um schnellen Beystand an,
Ob sie ihn hörte, zweifelt man;
Doch wird darum kein Weiser ihn verdammen:
Sein brünstiges Gebet hielt ihm ihr Bildniß vor.
Und dieses half sogleich der bessern Seel' empor.

40.

Ihn däucht er sehe sie, von Götterglanz umgeben,
Gleich einem Genius, mit ausgereckter Hand,
Zu seinem Schutz auf einer Wolke schweben.
Mehr braucht' es nicht ihm Kraft zu neuem Widerstand
Und einen andern Lauf dem regen Blut zu geben.
Er ringet, bis es ihm vom zauberischen Band,
Worein die *Nais* ihn verstricket,
Auf einen Augenblick sich loszumachen glücket.

41.

Sie stutzt; allein sie war bereits zu weit gegangen
Um bey so schönem Spiel gleich muthlos still zu stehn;
Der Kampf scheint ihre Gluth nur stärker aufzuwehn,
Giebt ihren Augen Feu'r, Karmin den Rosenwangen,
Entwickelt jeden Reitz, und macht sie noch so schön.
Sie rüstet sich, den Streit von neuem anzufangen,
Und Amor weiß zu wessen Ehre,
Wenn nicht ein Mittelsmann dazu gekommen wäre.

42.

Ein Jüngling zeigte sich, der an Gestalt und Tracht,
An stolzem Wuchs und männlich starken Sehnen
Dem Halbgott glich, dem Sohn der Wundernacht,
Die dreyfach war und doch der zärtlichen Alkmenen

Nur Eine schien; ein Hektor in der Schlacht,
Ein Faun beym Schmaus, ein Paris bey den Schönen;
Dem ersten Anblick nach die Pest der Ungeheuer,
Doch weit ein größrer Freund der sanften Abenteuer.

43.

Ein fleckig Tiegerfell mit Klauen von Smaragd
Ist sein Gewand und schlägt die starken Lenden;
Und was sein Putz dem Auge nicht versagt,
Ist blühend, jugendlich, voll Kraft, und zum Verblenden;
Aus seinen Augen strahlt ein Muth, der alles wagt
Und von Begierde schwillt sein Leben zu verschwenden,
Ihm war an Willen und Vermögen
Im Dienst um Minnesold kein Ritter überlegen.

44.

Er reiste seinen Weg durch unsern Wald, nicht weit
Von da, wo wir die Kämpfenden gelassen:
Als das Getös' von diesem seltnen Streit
Ihm würdig schien, den Fußweg zu verlassen.
Zu einer Heldenthat den Anlaß zu verpassen
War seine Sache nicht, zumahl um Abendzeit.
Er eilt, er kommt, er sieht – Ist's möglich? Soll er trauen?
Ist es ein Blendwerk nicht, was seine Augen schauen?

45.

Die Nymf' erschrickt vor einem Mann
Der hier nicht nöthig war, daß ihr die Haare stehen,
Sie hätte wohl das Thier vom Ländchen *Gevaudan*,
Den Schrecken Galliens, so gern als ihn gesehen,
Zu gutem Glück war ihr die Kunst der Feen
Nicht unbekannt; hilft nichts, so hilft ein Talisman.
Sie spritzt mit hohler Hand ihm Wasser an die Hüfte,
Und sprach: Erhebe dich als Uhu in die Lüfte!

46.

Sie ruft's, und zweifelt nicht an ihrer Zauberkraft,
Der Luft und See gehorsam waren.
Allein, hier hätte selbst *Urgandens* Wissenschaft
Die Grenzen ihrer Macht erfahren.
Der Held bleibt wie er war steht unbesorgt und gafft
Die Reitzungen, die sie mit ihren laugen Haaren
Verbergen will und nicht verbergen kann,
Mit Lüsternheit und feuchten Augen an.

47.

Inzwischen hat, aus ihrem Arm entronnen,
Ihr spröder Liebling Luft gewonnen.
Sie schickt ihm ans Gestad' (allwo er, in der Hut
Des rosigen Gesträuchs, am letzten Strahl der Sonnen,
Halb angekleidet, matt und keichend ruht)
Mit thränenvollem Aug' und Wangen ohne Blut
Noch einen Seufzer nach, wie wenn von Amors Bogen
Ein Pfeil die Luft durchzischt, und stürzt sich in die Wogen.

48.

Der Mann im Tiegerfell, nachdem er lang' geharrt,
Und nach dem Ort, wo ihm ihr Reitz unsichtbar ward,
Mit unverwandtem Blick vergebens hingestarrt.
Sucht itzt auf seinem Ruhebette
Den Jüngling auf, an dessen Stätte
Er klüger, wie ihn däucht, sich aufgeführet hätte.
Sie grüßen sich, sie geben sich die Hand,
Und thun, als Ritter, gleich beym ersten Blick bekannt.

49.

Herr Ritter, (spricht zu unserm Paladine
Sein neuer Freund, und streckt sich neben ihn ins Grüne)
Was euer Herrlichkeit in ihren Adern fleußt,
Ist wohl kein Blut? – Verzeiht, ich rede dreist;

Allein, ihr haltet nicht, was eure gute Miene
Die Kennerinnen hoffen heißt.
Sich aus dem schönsten Arm mit Abscheu los zu reißen,
Kann euer *Plato* selbst, fürwahr! nicht Tugend heißen.

50.

Verbindet uns die Ritterpflicht,
Für jedes schöne Kind, das unsern Schutz bespricht,
Gefahr und Wunden zu verlachen,
Und, Damen zu befreyn, mit kühnem Angesicht
Durch Riesen, flammenschwangre Drachen,
Ja durch die Hölle selbst uns einen Weg zu machen;
Wie kann es sich mit ihr vertragen,
Den angebornen Kampf der Liebe auszuschlagen?

51.

Ein Abentheuer fliehn, dem sich die Blödigkeit
Von jedem unversuchten Knaben
Gewachsen fühlt, ist einem Mann von Gaben
Und Muth, wie ihr, Herr Ritter, seyd,
Nicht zu verzeihn; es müßte denn der Neid
Von einer Zaubrerin die Hand im Spiele haben.
Wenn dieses ist, bedau'r ich euch von Herzen;
Die Menschlichkeit verbeut in solchem Fall zu scherzen.

52.

Der schöne Held, beleidigt durch den Ton
Womit der Fremde spricht, mißt ihn mit Wuth im Blicke
Vom Wirbel bis zum Fuß. Nichtswerther Erdensohn,
Ruft er ergrimmt und faßt ihm am Genicke:
Wenn nicht ein Strom von Blut den pöbelhaften Hohn
In deinem Hals erstickt, so dank' es deinem Glücke!
Die Nacktheit ist dein Schirm; du solltest dich entblöden,
In ritterlichem Schmuck aus diesem Ton zu reden!

53.

Eh’ du so trotzig thust, spricht jener lächelnd nur,
Lern deinen Mann erst besser kennen!
Versuch’s, ich kann dir leicht der Waffen Vortheil gönnen;
Die Nymfen sollen doch nicht minder diese Flur
Das Grab des *neuen Atys* nennen.
Vernimm, daß *Itifall*, so wie ihn die Natur
Bewaffnet hat, und ohne Sper und Degen,
Die Helden deiner Art ins Grüne pflegt zu legen.

54.

Nimm deine Keul’, es ist genug geprahlt!
Versetzt der Held, und zieht mit ruhigern Geberden
Sein diamantnes Schwert, das gleich der Sonne strahlt;
Und nun begann ein Kampf, wie auf der weiten Erden
Noch nie gesehen ward, und nie gesehn soll werden
So lang’ der Tag die Welt mit sieben Farben mahlt,
Sie schienen sich an Muth, an Kraft und Kunst zu gleichen,
Und gleich entschlossen, eh’ zu fallen als zu weichen.

55.

Ein Kieselregen, der den Tag
Uns zu vermauern scheint, fällt nicht so rasch und dichte
Auf eine Flur voll goldner Sommerfrüchte,
Des Schnitters Reichthum, hin, der kaum zu fliehn vermag;
Als mit zerschmetterndem Gewichte,
Ergrimmt und rastlos, Schlag auf Schlag
Die Streiter wechselsweis erschüttert,
Und rings umher den halben Hain zersplittert.

56.

Allein, trotz ihrer Wuth, die jeder neue Streich
Mehr anzuflammen scheint, wills keinem doch gelingen,
Die kleinste Wunde nur dem Gegner anzubringen.
Umsonst erschöpfet ihr, erboßte Kämpfer, euch!

Des Sieges Wage steht auf beiden Seiten gleich:
Hält *Idris* durch den Schwung der stärksten aller Klingen
Den schweren Stahl wie Binsenrohr von sich,
So sieht er *Itifalln* fest gegen Hieb und Stich.

57.

Sie sehn erstaunt sich an, indeß für neue Kräfte
Der Kampf verschnaubt, und trau'n den Sinnen kaum.
Mischt Zauberey sich ins Geschäfte?
Ist's Blendwerk? Wäre nicht der matte Lauf der Säfte,
Der steife Arm, der ausgesogne Gaum,
Sie hieltens beide schier für einen bloßen Traum.
Doch, was es sey, sie sind entschlossen
Noch einen Gang zu thun, trotz allen *Karabossen*!

58.

Wie wenn aus Äols wildem Heer
Zwey von den wildesten, mit aufgeblasnen Backen
Auf offner See sich bey den Flügeln packen;
Sie schütteln sich; es weht, von Ungewittern schwer,
Ihr wirbelnd Haar um Stirn und Nacken,
Und unter ihnen braust das aufgeschwollne Meer;
Die Nymfen fliehn in schüchternem Gewimmel,
Und aus den Schlaf geschreckt schau'n Götter aus dem Himmel:

59.

So stoßen, unerschöpft an Muth,
Mit angestrengtem Arm die Kämpfer auf einander,
Es fochten nicht mit größrer Wuth
Um ein entlaufnes Weib die Helden am *Skamander*;
kein *Amadis*, kein *Koloander*
That mehr, als *Itifall* und als sein Gegner thut,
Um durch den Fall von einem unter beiden
Den edeln Wettstreit zu entscheiden.

60.

Umsonst! Auf beider Schutz bedacht,
Scheint eine höh're Macht des Schattenkriegs zu spotten:
Sie kämpfen noch, da schon die braune Nacht
Die halbe Welt von Mohnsaft trunken macht,
Und Titans Zug, in Amfitritens Grotten,
Von seinem Tagewerk den Himmel durchzutrotten
Auf einer Lilienstreu verschnaubt,
Und aus der Nymfen Hand ambrosisch Futter raubt.

61.

Doch, welch ein Wunder unterbricht
Das eitle Fechterspiel? – Ein Glanz, wovon die Quelle
Verborgen bleibt, ein überirdisch Licht,
Macht plötzlich um sie her die falben Schatten helle.
Bestürzt schaut Idris auf; doch Der im Tigerfelle
Reicht lächelnd ihm die Hand und spricht;
Herr Ritter, wie ihr seht, taugt unser Streit zum Lachen
So wenig als zum Ernst, wir wollen Friede machen!

62.

Wir kennen uns nunmehr, und (stimmt ihr anders ein)
Soll diese Nacht, wiewohl mit Zwietracht angefangen,
Weil Amor euch mißfällt, der Freundschaft heilig seyn,
Wischt nur den Heldenschweiß von euern schönen Wangen
Und ruhet aus: ihr seht, wir haben Wein
Und was die Augen nur verlangen;
Auf Reisen, wo das Essen schmeckt,
Ist's sehr bequem, wenn sich der Tisch von selber deckt.

63.

Kaum spricht er aus; so steht, wie auf sein Winken,
Ein aufgeschmücktes Gastmahl da,
Die Schüsseln Gold aus Angola,
Die Tafel Elfenbein, der Fuß Korallenzinken:

Und, was Herr *Itifall* hierbey am liebsten sah,
Ein Schenktisch von Krystall, wo frische Weine blinken.
Die Helden setzen sich, nachdem sie sich geküßt,
Und essen ohne Scheu was aufgetragen ist.

64.

Um ihre Tafellust zu mehren,
Läßt unsichtbar, vermuthlich aus den Sfären,
Sich ein Koncert von Instrumenten hören.
So war das Glück der guten *Feenzeit*!
Die ganze Geisterwelt stand auf den Wink bereit;
Man ritt in einem Tag wohl tausend Meilen weit;
Nachts stieg ein *Gnom* herauf, im Wald euch aufzutischen,
Und *Nymfen* gab's in allen Büschen.

Idris und Zenide (1768): SW, Bd. 17, S. 13–45.

–

Die Schöne lag auf ihrem Ruhebette,
Und hatte (fern, vermuthlich, vom Verdacht
Daß sie bey *Fanias* sich vorzusehen hätte,)
Ihr Mädchen fortgeschickt. Es war nach Mitternacht;
Ein leicht Gewölke brach des Mondes Silberschimmer,
Und alles schlief: als plötzlich, wie ihr däucht,
Den Gang herauf zu ihrem kleinen Zimmer
Mit leisem Tritt – ich weiß nicht was sich schleicht.

Sie stutzt. Was kann es seyn? Ein Geist? nach seinen Tritten –
Besuch von einem Geist! den wollt' ich sehr verbitten,
Denkt sie. Indem eröffnet sich die Thür,
Und eh' sie's ausgedacht, steht – *Fanias* vor ihr.

»Vergieb, Musarion, vergieb (so fing der Blöde
Zu stottern an) die Zeit ist unbequem –
Allein« – »Wozu, fiel ihm die Freundin in die Rede,

Wozu ein Vorbericht? Wenn war ich eine Spröde?
Ein Freund ist auch zur Unzeit angenehm:
Er hat uns immer was, das uns gefällt, zu sagen.«

»Dein Ton (erwiedert er) beweist,
Wie wenig dieser Schein von Güte meinen Klagen
Mitleidiges Gefühl verheißt.
Du siehst mein Innerstes, und kannst mich lächelnd plagen?
Siehst, daß ein Augenblick mir hundert Jahre scheint,
Und findest noch ein grausames Behagen
An meiner Qual? Du treibst mich zum Verzagen:
Kaltsinnige, und nennst mich deinen Freund?
Wie grausam rächst du dich!« –
                              »Ich? – fällt sie ein, mich rächen?
Träumt *Fanias*? – Er liebte mich vordem;
Er hörte wieder auf! War *dieses* ein Verbrechen?
War's *jenes*? Mir, mein Freund, war beides angenehm.
Wir Mädchen sehn doch immer mit Vergnügen
Die Weisheit eines Manns zu unsern Füßen liegen.
Allein, als Freundin sah' ich dich
Noch lieber kalt für mich – als lächerlich.«

»Wie du mich martern kannst, Musarion! Viel lieber
Stoß einen Dolch in dieses Herz, das du
Nicht glücklich machen willst!« –
                              »Nichts tragisches, mein Lieber!
Komm, setze dich gelassen gegen über,
Und sag' uns im Vertraun, wie viel gehört dazu,
Damit ich dich so glüchlich mache
Als du verlangst?« – »Mich lieben, wie ich dich!« –
»So liebt mich *Fanias*, der noch so kürzlich mich
Mit Abscheu von sich warf?« – »Ist (ruft er) dieß nicht Rache?
Du weißt zu wohl, ich war nicht Ich
In jener unglücksel'gen Stunde;
Gram und Verzweiflung sprach aus meinem irren Munde;

Ich lästerte die Lieb', und fühlte nie
Mein Herz so voll von ihr. Ich war zu sehr betroffen,
Zu wissen was ich sprach, und hielt für Ironie
Was du mir sagtest. Konnt' ich hoffen,
Daß was Athen von mir, mich von Athen verbannt,
Dein Herz allein mir plötzlich zugewandt?
Erwäge dieß, und kannst du nicht vergeben
Was ich mir selbst zwar nicht vergeben kann,
So blicke mich noch einmahl an,
Und nimm mit diesem Blick mir ein verhaßtes Leben.
Ob ich dich liebe? ach!« –

          »Nun, bey Dianen! Freund,
Die Liebe macht bey dir sehr klägliche Geberden:
Sie spricht so weinerlich, daß mir's unmöglich scheint
In diesen Ton jemahls gestimmt zu werden.
Die hohe Schwärmerey taugt meiner Seele nicht,
So wenig als *Theofrons* Augenweide:
Mein Element ist heitre sanfte Freude.
Und alles zeigt sich mir in rosenfarbnem Licht.
Ich liebe dich mit diesem sanften Triebe,
Der, Zefyrn gleich, das Herz in leichte Wellen setzt,
Nie Stürm' erregt, nie peinigt, stets ergetzt:
Wie ich die Grazien, wie ich die Musen liebe,
So lieb' ich dich. Wenn dieß dich glücklich machen kann,
So fängt dein Glück mit diesem Morgen an,
Und wird sich nur mit meinem Leben enden.«

Welch einen Strahl von unverhofftem Licht
Läßt dieses Wort in seine Seele fallen!
Er glaubte seinem Ohr den süßen Wechsel nicht;
Allein, er sieht das Glück, das ihm ihr Mund verspricht,
In ihren schönen Augen wallen.
Vor Wonne sprachlos sinkt sein Mund auf ihre Hand;
Wie küßt er sie!

Sein inniges Entzücken
Entwaffnet ihren Widerstand;
Sie gönnet ihm und sich die Lust ihn zu beglücken,
Die Lust die so viel Reitz für schöne Selen hat;
Selbst da er sich vergißt bestraft sie ihn so matt,
Daß er es wagt, den Mund an ihre Brust zu drücken.

Die Nacht, die Einsamkeit, des Mondschein, die Magie
Verliebter Schwärmerey, ihr eignes Herz, dem sie
Nur lässig widersteht, wie vieles kommt zusammen,
Das leichte Blut der Schönen zu entflammen!
Allein *Musarion* war ihrer selbst gewiß:
Und als er sich durch das was sie erlaubte,
Nach Art der Liebenden, zu mehr berechtigt glaubte,
Wie stutzt' er, da sie sich aus seinen Armen riß!

Daß eine Fyllis sich erkläret
Sie wolle nicht, daß sie mit – leiser Stimme schreyt,
Und wenn nichts helfen will, euch – lächelnd dräut,
Und sich, so lang' es hilft mit stumpfen Nägeln wehret,
Ist nichts befremdliches. Ein Satyr kaum verzeiht
Den Nymfen, die er hascht, zu viele Willigkeit.
Sie sträuben sich: gut, dieß ist in der Regel;
Und so verstand es auch der schlaue *Fanias.*
Er irrte sich, es war nicht das!
Sie scherzte nicht, und wies ihm keine Nägel.

Nach mehr als Einem fehl geschlagnen Versuch
Fängt unser Held sehr kläglich an zu krähen.
Und in der That, wer hätte sich's versehen?
Man treibt in einem Ritterbuch
Die Tugend kaum so weit! – Doch will er nicht gestehen,
Daß dieß Betragen Tugend sey:
Er nennt es Eigensinn und Grillenfängerey;
Er schilt sie spröd, unzärtlich, unempfindlich.

Die Schöne, die gesteht daß sie uns günstig sey,
Macht, seiner Meinung nach, sich zum Beweis verbindlich.

»Und ich, mein Herr, (versetzt sie) die so viel
Beweisen soll, bin ich, nach eurer Sittenlehre,
Nicht auch befugt daß ich Beweis begehre?
Und wie, wenn eure Gluth ein bloßes Sinnenspiel,
Ein flüchtiger Geschmack, ein kleines Fieber wäre?
Wenn *Fanias* mich liebt, so räumt er, hoff’ ich, ein,
Daß ich, eh’ ich mich selbst verschenke,
Auf meine Sicherheit vorher ein wenig denke.
Bey Leuten von so warmem Blut
Ist diese Vorsicht wohl nicht allzu weit getrieben.
Verzeihe, wenn sie dir ein wenig Unrecht thut;
Allein du selber willst daß wir im Ernst uns lieben?
Sonst tändelt’ ich mit Amors Pfeilen nur:
jetzt, da er mich erhascht, ist’t nicht mehr Zeit zum Lachen:
Es ist darum zu thun daß wir uns glücklich machen,
Und nur vereinigt kann dieß Weisheit und Natur.«

Unwiderstehlich, sagt man, sey
Der Weisheit Reitz aus einem schönen Munde.
Wir geben’s zu, so fern euch nicht dabey
Aus einem Nachtgewand mit nelkenfarbnem Grunde
Ein Busen reitzt, der, jugendlich gebläht,
Die Augen blendt und niemahls stille steht;
Ein Busen, den die Göttin von Cythere,
Wenn eine Göttin nicht zum Neid zu vornehm wäre,
Beneiden könnt’. In diesem Falle fand
Sich, leider! unser Held, von zwey verschiednen Kräften
Gezogen. Mußt’ er auch so starr und unverwandt
Auf die Gefahr ein lüstern Auge heften?
Natürlich muß der stärkre Sinn
Des schwächern Eindruck bald verdringen;
Und was die Freundin spricht, ihn zu sich selbst zu bringen,

Schwebt ungefühlt an seinen Ohren hin.
Was Amor nur vermag um Spröden zu bezwingen,
Was, wie man sagt, schon Drachen zahm gemacht,
Die Künste, die *Ovid* in ein System gebracht,
Die feinsten Wendungen, die unsichtbarsten Schlingen
Versucht er gegen sie, und keine will gelingen.

»Ergieb dich (spricht zuletzt die schöne Siegerin)
Mit guter Art! Du siehst, wie nachsichtsvoll ich bin
So vielen Übermuth zu tragen:
Mehr Eigensinn, erlaube mir's zu sagen,
Beleidigt meine Zärtlichkeit,
Und dient zu nichts, als deine Prüfungszeit
Mehr, als ich selbst vielleicht es wünsche, zu verlängern.
Genug von diesem! Schwatzen wir,
Wenn dir's gefällt, von unsern Grillenfängern.
Ich weiß nicht wie der Einfall mir
Zu Kopfe steigt – allein, ich wollte schwören,
Daß diesen Augenblick – was meinst du, *Fanias*? –
Mein Mädchen – rathe doch! – und dein Pythagoras –«

»Wie? etwa gar die Sfären singen hören?
(Versetzt mit Lachen *Fanias*)
Das hieße mir ein Abenteuer!
Und doch, wer weiß? Ich merkte selbst so was:
Es wallte, däuchte mich, ein ziemlich irdisch Feuer
In seinem Aug', als *Chloens* lose Hand
Den Blumenkranz um seine Stirne wand.
Wie viel, *Musarion*, hab' ich dir nicht zu danken!
Was für ein Thor ich war, Gesellen dieser Art,
An denen nichts als Mantel, Stab und Bart
Sokratisch ist, (wie hass' ich den Gedanken!)
Ein Paar, das nur in einem Possenspiel
Bey rohen Satyrn und Bacchanten

Zu glänzen würdig ist, für Weise, für Verwandten
Der Götter anzusehn!« –

              »Du thust dir selbst zu viel,
(Fällt ihm die Freundin ein) und, wie mich däucht, auch ihnen.
Kein Übermaß, mein Freund, ich bitte sehr!
Du schätztest sie vordem vermuthlich mehr,
Jetzt weniger, als sie vielleicht verdienen.«
»Was hör' ich! (ruft er) spricht *Musarion* für sie?
Du scherzest! Hätt'st du auch (was du gewißlich nie
Gethan hast) dieß Gezücht so hoch als ich gehalten,
So müßte dir, nach dem was wir gesehn,
Der günst'ge Wahn so gut als mir vergehn.
Wie? dieser *Stoiker*, der nur die Tugend schön
Und gut erkennt, entlarvt in einen alten
Bezechten Faun! – *Theofron*, der vom Glück
Der Geister singt, indeß sein unbescheidner Blick
In *Chloens* Busen wühlt – Was braucht es mehr Beweise?« –

»Daß sie sehr menschlich sind, (fällt ihm die Freundin ein)
Und in der That nicht ganz so weise
Als ihr System, das zeigt der Augenschein. –
Und dennoch ist nichts mächtiger, um Seelen
Zu starken Tugenden zu bilden: unsern Muth
Zu dieser Festigkeit zu stählen,
Die großen Übeln trotzt und große Thaten thut,
Als eben dieser Satz, für welchen dein *Kleanth*
Zum Märtyrer sich trank. Die alten *Herakliden*,
Die Männer, die ihr Vaterland
Mehr als sich selbst geliebt, die *Aristiden*,
Die *Focion* und die *Leonidas*,
Ruhmvolle Nahmen!« – »Gut! (ruft unser Mann) und waren
Sie etwann Stoiker?« – »Sie waren, *Fanias*,
Noch etwas mehr! Sie haben das *erfahren*
Was *Zeno* spekulirt; sie haben es *gethan*!

Warum hat Herkules Altäre?
Den Weg, den *Prodikus* nicht gehn, nur mahlen kann,
Den *ging* der Held« –

          – »Und wem gebührt davon die Ehre,
Als der Natur, die ihn, und wer ihm gleicht, gebar
Und auferzog, eh' eine *Stoa* war?
Ein Held wird nicht geformt, er wird geboren.«

»Indessen hat, weil ihr der erste Preis gebührt,
Doch *Plato* nicht sein Recht an *Focion* verloren.
Was die Natur entwirft, wird von der Kunst vollführt.
Die Blume, die im Feld sich unbemerkt verliert,
Erzieht des Gärtners Fleiß zum schönsten Kind der Floren.«

»Gesetzt«, spricht *Fanias,* »daß dieses richtig sey,
So ist doch was von Zahlen und Ideen
Und Dingen, die kein Aug' gehört, kein Ohr gesehen,
Theofron schwatzt, handgreiflich Träumerey?«

»Und mit den nehmlichen Ideen
War doch *Archytas* einst ein wirklich großer Mann!
Auch Seelen dieser Art erzeuget dann und wann
(Zwar sparsam) die Natur. Man wird zum Geisterseher
Geboren, wie zum Feldherrn *Xenofon,*
Wie *Zeuxis* zum Palett, und *Filipps Sohn* zum Thron.
Und in der That, was hebt die Seele höher,
Was nährt die Tugend mehr? erweitert und verfeint
Des Herzens Triebe so, als glänzende Gedanken
Von unsers Daseyns Zweck? – das Weltall ohne Schranken,
Unendlich Raum und Zeit, die Sonne die uns scheint
Ein Funke nur von einer höhern Sonne,
Unsterblich unser Geist, Unsterblichen befreundt,
Und, ahmt er Göttern nach, bestimmt zu Götterwonne!«

»Bey allen Grazien! (ruft lachend *Fanias*)
Du wirst noch mit der Zeit die Sfären singen hören!
Vor wenig Stunden gab dieß Galimathias
Dir Stoff zum Spott« –

        »Der *Mann*, nicht seine *Lehren*:
Das Wahre nicht, obgleich (nach aller Schwärmer Art)
Sein glühendes Gehirn es mit Schimären paart,
Nur diese trifft der Spott. – Doch stille! wir versteigen
Uns allzu hoch. Ich wollte dir nur zeigen,
Daß dich dein Vorurtheil für dieses weise Paar
Nicht schamroth machen soll. Nichts war
Natürlicher in deiner schlimmen Lage.
Der Knospe gleich am kalten Märzentage
Schrumpft, wenn des Glückes Sonnenschein
Sich ihr entzieht, die Seel' in sich hinein.
Entfiedert, nackt, von allem ausgeleeret
Was sie für wesentlich zu ihrem Wohlseyn hielt.
Was Wunder, wenn sich ihr ein Lehrbegriff empfiehlt,
Der sie die Kunst es zu entbehren lehret?
Der ihr beweist, was nicht zu ihr gehöret,
Was sie verlieren kann, sey keinen Seufzer werth;
Ja, ihren Unmuth zu betrügen,
Aus der Entbehrung selbst ein künstliches Vergnügen
Ihr statt des wahren, schafft? – Was ist so angenehm
Für den gekränkten Stolz, als ein System,
Das uns gewöhnt für Puppenwerk zu achten
Was aufgehört für uns ein Gut zu seyn?
Was, meinst du, bildete der *Mann* im *Faß* sich ein,
Der, groß genug Monarchen zu verachten,
Von Filipps Sohn nichts bat, als freyen Sonnenschein?
Noch mehr willkommen muß im Falle den wir setzen,
Die Schwärmerey des *Platonisten* seyn,
Der das Geheimniß hat, die Freuden zu *ersetzen*
Die *Zeno* nur *entbehren* lehrt;
Der statt des thierischen verächtlichen Ergetzen

Der *Sinne*, uns mit *Götterspeise* nährt.
Wir sehn mit ihm aus leicht erstiegnen Höhen
Auf diesen Erdenball als einen Punkt herab;
Ein Schlag mit seinem Zauberstab
heißt Welten um uns her bey Tausenden entstehen;
Sind's gleich nur Welten aus Ideen,
So baut man sie so herrlich als man will;
Und steht einmahl das Rad der äußern Sinne still,
Wer sagt uns, daß wir nicht im Traume wirklich sehen?
Ein Traum, der uns zum Gast der Götter macht –«

»Hat seinen Werth – zumahl in einer Winternacht«,
Ruft *Fanias*: »allein auch aus den schönsten Träumen
Ist doch zuletzt *Endymion* erwacht!
Wozu, *Musarion*, aus Eigensinn versäumen
Was wachend uns zu Göttern macht?«
An Antworts Statt reicht sie, zum stillen Pfand
Der Sympathie, ihm ihre schöne Hand.
Er drückt mit schüchternem Entzücken
Sie an sein schwellend Herz, und sucht in ihren Blicken
Ob sie sein Klopfen fühlt. Ein sanftes Wiederdrücken
Beweist es ihm. Mit manchem süßen Ach,
Das ihr im Busen zu ersticken
Unmöglich ist, bekämpft sie allzu schwach
Die Macht des süßesten der Triebe,
Und kämpfend noch bekennt ihr Herz den Sieg der Liebe.

Der schönste Tag folgt dieser schönen Nacht.
Mit jedem neuen fühlt sich unser Paar beglückter,
Indem sich jedes selbst im andern glücklich macht.
Durch überstandne Noth geschickter
Zum weiteren Gebrauch, zum reitzendern Genuß
Des Glückes, das sich ihm so unverhofft versöhnte,
Gleich fern von Dürftigkeit und stolzem Überfluß,
Glückselig, weil er's war, nicht weil die Welt es wähnte,

Bringt *Fanias* in neidenswerther Ruh
Ein unbeneidet Leben zu;
In Freuden, die der unverfälschte Stempel
Der Unschuld und Natur zu ächten Freuden prägt.
Der bürgerliche Sturm, der stets *Athen* bewegt,
Trifft seine Hütte nicht – den Tempel
Der Grazien, seitdem *Musarion* sie ziert.
Bescheidne Kunst, durch ihren Witz geleitet,
Giebt der Natur, so weit sein Landguth sich verbreitet,
Den stillen Reitz, der ohne Schimmer rührt.
Ein Garten, den mit Zefyrn und mit Floren
Pomona sich zum Aufenthalt erkohren;
Ein Hain, worin sich Amor gern verliert,
Wo ernstes Denken oft mit leichtem Scherz sich gattet;
Ein kleiner Bach von Ulmen überschattet,
An dem der Mittagsschlaf ihn ungesucht beschleicht;
Im Garten eine Sommerlaube,
Wo, zu der Freundin Kuß, der Saft der Purpurtraube,
Den *Thasos* schickt, ihm wahrer Nektar däucht;
Ein Nachbar, der *Horazens* Nachbarn gleicht,
Gesundes Blut, ein unbewölkt Gehirne
Ein ruhig Herz und eine heitre Stirne,
Wie vieles macht ihn reich! Denkt noch *Musarion*
Hinzu, und sagt, was kann zum frohen Leben
Der Götter Gunst ihm mehr und bessers geben?
Die Weisheit nur, den ganzen Werth davon
Zu fühlen, immer ihn zu fühlen,
Und, seines Glückes froh, kein andres zu erzielen!
Auch diese gab sie ihm. Sein *Mentor* war
Kein Cyniker mit ungekämmtem Haar,
Kein runzligter *Kleanth*, der, wenn die Flasche blinkt,
Wie *Zeno* spricht und wie *Silenus* trinkt:
Die Liebe war's. – Wer lehrt so gut wie sie?
Auch lernt' er gern, und schnell, und sonder Müh,
Die reitzende Filosofie,

Die, was Natur und Schicksal uns gewährt,
Vergnügt genießt, und gern den Rest entbehrt;
Die Dinge dieser Welt gern von der schönen Seite
Betrachtet; dem Geschick sich unterwürfig macht,
Nicht wissen will was alles das bedeute,
Was Zevs aus Huld in räthselhafte Nacht
Vor uns verbarg, und auf die guten Leute
Der Unterwelt, so sehr sie Thoren sind,
Nie böse wird, nur lächerlich sie findt,
Und *sich* dazu, sie drum nicht minder liebet,
Den Irrenden bedau'rt, und nur den Gleißner flieht;
Nicht stets von Tugend spricht, noch, von ihr sprechend, *glüht*,
Doch, ohne Sold und aus Geschmack, sie *übet*;
Und, glücklich oder nicht, die Welt
Für kein Elysium, für keine Hölle hält,
Nie so verderbt, als sie der Sittenrichter
Von seinem Thron – im sechsten Stockwerk sieht,
So lustig nie als jugendliche Dichter
Sie mahlen, wenn ihr Hirn von Wein und Fyllis glüht,

So war, so dacht' und lebte *Fanias*,
Und weil er *war* – wornach wir andern *streben*,
So that er wohl, zu seyn, zu denken und zu leben,
So wie er that. – »Das mag er denn! – Und was
Ward aus dem Manne, der so gerne – Sfären maß?«
Gut, daß ihr fragt, den hätt' ich' rein vergessen –
Er ward in einer einz'gen Nacht
Zum γνωϑι σεαυτον in Chloens Arm gebracht;
Er fand er sey nicht klug, und lernte Bohnen essen.
»Und Herr *Kleanth*?« – Der kroch, so bald die Mittagssonne
Ihn aufgeweckt, ganz leise auf den Zehn
Aus seinem Stall – vielleicht in eine *Tonne*;
Kurz, er verschwand, und ward nicht mehr gesehn.

Musarion (1768): SW, Bd. 9, S. 81–101.

Schön, liebenswerth, mit jedem Reitz geschmückt,
Der Aug' und Herz und Geist zugleich entzückt.
An edlem Bau und langen blonden Haaren
Der schönsten Frau in *Artaxatens* Reich,
An Grazien nur Amors Mutter gleich,
Sah sich, im Flor von fünf und zwanzig Jahren,
Aspasia zum priesterlichen Stand
Aus eines Helden Arm, aus *Cyrus* Arm, verbannt.

Es hatte zwar zu *Ekbatane*
(So hieß ihr Sitz) die Oberpriesterin
Der stets jungfräulichen *Diane*
Die Majestät von einer Königin.
Ihr Kerker war ein schimmernder Palast,
Ihr Zimmer ausgeschmückt mit Indischen Tapeten;
Und, ihr Brevier gemächlicher zu beten,
Schwoll unter ihr mit Polstern von Damast
Der weichste Kanapee. Auch hielt die Frau im Beten
(Wie billig) Maß, aß viel und niedlich, trank
Den besten Wein, den *Kos* und *Cypern* senden,
Und, wenn sie sich zur Ruh begab, versank
Die schöne Last der wohl gepflegten Lenden
In Schwanenflaum: und doch, bey frischem Blut
Und blühendem Gesicht, – schlief sie – nur selten gut.

Man glaubt, der Stand der Oberpriesterinnen
Sey diesem Ungemach vor andern ausgesetzt.
Vergebens hoffen sie mit ihren andern Sinnen
Was Einem abgeht zu gewinnen;
Durch alle fünfe wird der sechste nicht ersetzt.

Die *Stoa* lehrt uns zwar, wir *können* was wir *wollen*;
Allein dem Prahlen bin ich gram.
Aspasien hätte man, eh' sie den Schleier nahm,
Vorher im *Lethe* baden sollen.

Liegt's etwa nur an ihr, sich nicht bewußt zu seyn?
Und kann man stets der Fantasie gebieten?
Sie mag sich noch so sehr vor Überraschung hüten.
Geberde, Kleidung, Blick mag noch so geistlich seyn;
Man ist deßwegen nicht von Stein.
Oft fällt im Tempel selbst, bey ihrer Göttin Schein,
Ein weltlicher Gedank' ihr ein:
»So schien durch jenen Myrtenhain,
Wo Amorn über sie der erste Sieg gelungen,
Der stille Mond!« – Was für Erinnerungen!
An solchen Bildern schmilzt der priesterliche Frost.
Diana selbst, um, ihr die Strafe gern zu schenken,
Darf an *Endymion* nur denken.
Ein Priester hälfe sich vielleicht, in süßem Most
Versuchungen, wie diese, zu ertränken:
Doch wenn ich recht berichtet bin,
Schlägt dies Rezept nicht an bey einer Priesterin;
Galenus sagt: Das Übel quille
Bey dieser aus der Herzensfülle.
Nichts hemmt und alles nährt bey ihr die Fantasie;
Die Einsamkeit, die klösterliche Stille,
Die Andacht selbst vermehrt, ich weiß nicht wie,
Den süßen Hang zu untersagten Freuden.
Muß Amor gleich Dianens Schwelle meiden,
Ist ihre Stirne gleich verhüllt:
Ihr Herz, von dem was sie geliebt erfüllt,
Läßt sich davon durch keine Gitter scheiden,
Und sieht im *Mithras* selbst des schönen Cyrus Bild.

Mit Einem Wort: ihr ging's nach aller Nonnen Weise,
Die gute Priesterin gestand sich selbst ganz leise,
Es irre, wer sie glücklich preise.
Die Schäferin, die, statt auf Sammt und Flaum
Im dunkeln Busch auf weiches Moos gestrecket,
Ihr junger Hirt, leibhaftig, nicht im Traum,

Mit unverhofften Küssen wecket,
War, wenn sie schlaflos sich auf ihrem Lager wand,
Oft ihres Neides Gegenstand.

Doch (wie uns die Natur für alle kleine Plagen
Des Lebens immer Mittel weist)
Auch unsre Priesterin fand endlich das Behagen,
Das ihr Gelübd' und Zwang versagen –
Wo, meint ihr wohl? – *in ihrem Geist*!

Der Zufall führt ihr einen *Magen*
Vom Strand des *Oxus* zu. Es war in seiner Art
Ein seltner Mann, wiewohl noch ohne Bart,
Von Ansehn jung doch altklug an Betragen;
An Schönheit ein *Adon*, an Unschuld ein *Kombab*;
Bey Damen, denen er sehr gern Besuche gab,
Kalt wie ein Bild von Alabaster;
Doch seelvoll, wie ein Geist in einem Luftgewand,
Und mit dem *unsichtbaren Land*
Beynahe mehr als unsrer Welt bekannt;
Mit Einem Wort: ein zweyter *Zoroaster*!

Ein Weiser dieser Art schien wirklich ganz allein
Für eine Priesterin, wie sie, gemacht zu seyn.
Er sprach von dem, was in den Sfären
Zu sehen ist, mit aller Zuversicht
Der Männer, die, versengt an Angesicht
Und an Gehirn, vom Land der fabelhaften *Seren*,
Gebläht mit Wundern, wiederkehren.

Der Weg – nur bis zum nächsten Stern,
Ist ziemlich weit, wie uns die *Zache* lehren
Drum lügt sich's gut aus einer solchen Fern';
Und was er ihr erzählt – setzt, daß es Mährchen wären –
So wünscht man's wahr, und glaubt es gern.

Wie dem auch sey, die Luft der idealen Sfären
Bekam *Aspasien* gut: sie ward in kurzer Zeit
So schön davon! Ihr ist, es werde
So leicht ihr drin, so wohl, so weit
Ums Herz, daß ihr der Dunstkreis unsrer Erde
Bald grauenhafter scheint als eine Todtengruft.

Die vorbesagte Luft
Hat eine sonderbare Tugend
Mit *Lethe's* Flut gemein.
Aspasia sog darin von ihrer freyern Jugend
Ein gänzliches Vergessen ein,
Bald wurde selbst an jenen Myrtenhain,
Wo sie dem Liebesgott ihr erstes Opfer brachte,
Nicht mehr gedacht, als an ein Puppenspiel,
Das ihr vordem die Kindheit wichtig machte.
Ihr schien die Welt und was ihr einst gefiel
Ein Traum, woraus sie eben itzt erwachte.
Ihr Geist (der ganz allein itzt alles bey ihr that,
Was bey uns andern pflegt mechanisch zuzugehen)
Sah in der neuen Welt, in die er wundernd trat,
Rings um sich nichts als – *Geitser* und *Ideen.*
Doch führt Herr *Alkahest* (so hieß der Weise) sie
Nicht so geradezu ins Land der Fantasie.
Ihr neu geöffnet Aug' ertrüge (wie er spricht)
Den unsichtbaren Glanz des Geisterreiches nicht.
Erst läßt er (wie ein weiser Okuliste
In solchem Fall verfahren müßte)
Von dem, was wahr und immer schön
Und selbstbeständig ist, ihr nur *die Schatten* sehn,
Die auf den Erdenklos, auf dem wir alle wallen,
Herab aus höhern Welten fallen;
Denn was uns Wesen heißt, ist bloßer *Wiederschein.*
So mahlen sich im majestät'schen Rhein,
Indem er stolz mit königlichem Schritte

Das schönste Land durchzieht, bald ein bejahrter Hain,
Bald ein zertrümmert Schloß, bald Hügel voller Wein,
Bald ein Palast, bald eine Fischerhütte.

Nachdem in weniger als einem Vierteljahr
Ihr diese Art zu sehr geläufig war:
Nun war es Zeit zu höhern Lehren!
Nun wies ihr *Alkahest* die edle Kunst – *zum Sehn
Der Augen gänzlich zu entbehren.*
Nothwendig mußte dieß ein wenig langsam gehn.
Erst sah sie – *nichts.* Doch nur getrost und immer
Hinein geguckt! – Schon zeigt ich weiß nicht welcher Schimmer
Von ferne sich. Was kann ein fester Vorsatz nicht!
Zusehens öffnet sich ihr innerlich Gesicht
Dem nicht mehr blendenden unkörperlichen Licht;
Dem Element ätherischer Geschöpfe.
Sie sieht – o welche Augenlust! –
Sie sieht bereits die schönsten Engelsköpfe
Mit goldnen Flügelchen; bald wächst die schönste Brust
An jeden Kopf; an jedem Busen schließen
Sich schöne Arme an. Zuletzt stehn *Geister* da,
(So geistig als *Aspasia*
Sie immer glaubt) vom Kopf bis zu den Füßen
Den schönsten Knaben gleich, die man sich denken kann:
Doch da es *Geister* sind, macht sie sich kein Gewissen
Und sieht sie unerröthend an.

Der *Nahme*, wie man weiß, thut öfters viel zur Sache.
Vor Alters stellten euch die von *Böozien*
Drey *Klötze* auf, und nannten's *Grazien.*
Man irrt noch heut zu Tag' sehr gern in diesem Fache.
Wie mancher sieht bey seinem Trauerspiel
Daß unsre Augen Wasser machen,
Und, überzeugt wir weinen aus Gefühl,
Bemerkt er nicht, wir weinen bloß vor Lachen.

Zwar Thränen sind's in diesem Falle, wie
In jenem, nur die Quelle ist verschieden.
Allein, wie selten giebt auch jemand sich hienieden
Den Quellen nachzuspähen Müh!
Die muntre rasche Fantasie
Hat einen kürzern Weg. Sie giebt den Dingen Nahmen
Nach Willkühr und Bequemlichkeit;
Vermenget Wesen, Form, Verhältniß, Ort und Zeit,
Bestimmt den Platz und Werth der *Bilder* nach den *Rahmen*,
Und läßt, wie Kinder gern von jeder Ähnlichkeit,
So plump sie ist, sich hintergehen.

Dieß war *Aspasiens* Fall. Die gute Frau befand
Nur darum sich so wohl im Lande der Ideen,
Weil alles dort dem schönen Feenland,
Worin von Jugend an sie gern zu irren pflegte,
Dem Land der Fantasie, so wunderähnlich sah.

Ob *Alkahest* hiervon die Folgen überlegte;
Ob ihm nicht selbst vielleicht was menschliches geschah,
Wovon er Anfangs nicht den kleinsten Argwohn hegte;
Kurz, ob er, ohne die Gefahr
Voraus zu sehn, der Narr von seinem Herzen war,
Getrauen wir uns nicht zu sagen.
Er fing sein Werk so systematisch an
Daß man zur Noth sich überreden kann,
Er habe nichts dabey zu wagen
Vermeint; – wiewohl für einen Mann
Von seiner Gattung gut zu sagen
Bedenklich ist. Genug, Herr *Alkahest* gewann
Bey seiner guten Art, die Damen
In den Mysterien der Geister einzuweihn.
Von je her, um ein *Herz* zu überschleichen, nahmen
Die *Alkaheste* erst das *Cerebellum* ein.

Die Geister – konnten sie auch wohlerzogner seyn? –
Die Geister kamen nun, zwar ohne Fleisch und Bein,
Doch so geputzt als Geister nur vermögen,
In *Mäntelchen von Sonnenschein*
Aspasien auf halbem Weg entgegen.
Den ganzen Weg zu ihr zurück zu legen,
Dieß hieße (meint Herr *Alkahest*)
Mehr fordern als sich billig fordern läßt.
Man soll vielmehr zu beiden Theilen
Einander gleich entgegen eilen.
Wenn Geister, einer schönen Frau
Zu Lieb', in Rosenduft sich kleiden:
So ziemt es auch der schönen Frau
Der Geister wegen, selbst mit einem kleinen Leiden,
Von Fleisch und Blut sich möglich zu entkleiden,
Nichts, dächt' ich, kann so billig seyn!

Aspasia ergiebt sich desto leichter drein,
Da sie dabey an Schönheit zu gewinnen
Die beste Hoffnung hat. Den *Salamanderinnen*
An Reitzen gleich zu seyn, dieß ist doch wohl Gewinn
Für eine Oberpriesterin,
Die ihrem Spiegel gegen über
Mit jedem Tag ein Reitzchen welken sieht?
Die unsrige, wie ganz natürlich, glüht
Vor Ungeduld, je schleuniger je lieber
Entkörpert sich zu sehn. Allein Herr *Alkahest*
Belehrt sie, daß sich hier nichts übereilen läßt.
Daß große Werk kann nur durch Stufen
Zur Zeitigung gedeihn. Die *erste* ist, den Geist,
Der oft zur Unzeit sich am thätigsten erweist,
Von aller Wirksamkeit zum *Ruhen* abzurufen;
Die *zweyte*, nach und nach ihn von der Sinnlichkeit,
Von dem, worin wir uns den Thieren ähnlich finden,
Selbst vom *Bedürfniß* – los zu winden;

Die *dritte* Stufe – Doch, so weit
Kam unser Pärchen nicht. Denn, leider! auf der zweyten,
Schon auf der zweyten glitscht der Fuß den guten Leuten.
Auch ist der Schritt ein wenig dreist,
Wenn man es recht bedenkt. Verwickelt
Im Stoffe, wie wir sind, – verstümmelt und zerstückelt
Man leichter sich, als daß man los sich reißt.
Zum mindsten ist den Kandidaten
Des Geisterstandes *kaltes Blut*
End *Eile langsam*! anzurathen:
Denn hier thut Eilen selten gut!

Herr *Akahest*, um beym Entkörp'rungswesen
Recht ordendlich zu gehn, fing mit der *Tafel* an.
Aspasia aß und trank nach Skrupel und nach Gran,
Und nur was ihr der Weise ausgelesen;
Nichts was nicht fein und leicht und geistig, kurz so nah
An Nektar und Ambrosia
Als möglich, war, der ächten Götterspeise.
Dem *Schlummer* brach er gleicher Weise
Die Hälfte ab, zumahl beym Mondenschein
In schönen warmen Sommernächten;
Nur ließ er sie aldann, *aus Vorsicht*, nie allein.

Wir selbst gestehn, wir sind den Sommernächten
Bey Mondschein gut, wiewohl wir dächten
Daß unserm schwärmerischen Paar
Die Hälfte schon entbehrlich war.

Der Mondschein hat dieß eigen, wie uns däucht,
Er scheinet uns *die Welt der Geister* aufzuschließen:
Man fühlt sich federleicht,
Und glaubt in Luft dahin zu fließen;
Der Schlummer der Natur hält rings um uns herum
Aus Ehrfurcht alle Wesen stumm;

Und aus den Formen, die im zweifelhaften Schatten
Gar sonderbar sich mischen, wandeln, gatten,
Schafft unvermerkt der Geist sich ein *Elysium*.
Die Werktagswelt verschwind. Ein wollustreiches Sehnen
Schwellt sanft das Herz. Befreyt von irdischer Begier
Erhebt die Seele sich zum wesentlichen Schönen,
Und hohe Ahnungen entwickeln sich in ihr.

Es sey nun was ihr wollt – denn hier es zu entscheiden
Ist nicht der Ort – es sey ein süßer Selbstbetrug,
Es sey Realität, es sey vermischt aus beiden,
Was diesen Seelenstand so reitzend macht – genug,
Ein Schwärmer, der in diesem Stande
Mit einer Schwärmerin, wenn alles dämmernd, still
Und einsam um ihn ist – *platonisiren* will,
Gleicht einem, der bey dunkler Nacht am Rande
Des steilsten Abgrunds schläft. Auch hier macht *Ort* und *Zeit*
Und *Er* und *Sie* sehr vielen Unterscheid!
Die zärtlichste Empfindsamkeit
Bemächtigt unvermerkt sich unsers *Mystagogen*.
Der *Geist der Liebe* weht durch dieß Elysium
Wohin er mit *Aspasien* aufgeflogen.
Er schlägt, indem er spricht, den Arm um sie herum,
Und schwärmt ihr von der Art wie sich die Geister lieben
Die schönsten Dinge vor, mit einem Wörterfluß,
Mit einer Gluth, daß selbst *Ovidius*
Korinnens Kuß nicht feuriger beschrieben.
»Wie glücklich diese Geister sind!
Wie viel ein Geist dadurch gewinnt,
Daß ihn im Ausdruck seiner Triebe
Kein Körper stört! – An ihm ist *alles* Liebe,
Und sein Genuß ist nicht ein Werk des Nervenspiels.
Wie matt, wie unvollkommen mahlet
In *unsern Augen* sich die Allmacht des Gefühls!
Wenn dort ein Geist den andern ganz durchstrahlet,

Ihn ganz durchdringt, erfüllt, mit ihm in Eins zerfließt,
Und, ewig unerschöpft, sich mittheilt und genießt!
Ach! – ruft er aus und drückt (vor Schwärmen und Empfinden
Deß, was er thut, sich unbewußt)
Sein glühendes Gesicht an ihre heiße Brust –
Ach! ruft er, welch ein Glück vom Stoff sich los zu winden,
Der so viel Wonn' uns vorenthält!«

Aspasia, in eine andre Welt
Mit ihm entzückt, und halb, wie er, entkörpert, fühlte
So wenig als ihr Freund, daß hier
Der unbemerkte Leib auch eine Rolle spielte.
Zu gutem Glück kommt ihr – und mir
Ein Rosenbusch zu Hülf', in dessen Duft und Schatten
Sie, in Gedanken, sich zuvor gelagert hatten.

Wie weit sie übrigens in dieser Sommernacht
Es im *Entkörp'rungswerk* gebracht,
Läßt eine Lücke uns im Manuskript verborgen.
Nur so viel sagt es uns: Kaum war am nächsten Morgen
Das gute fromme Paar erwacht,
So wurden sie gewahr, der Weg den sie genommen,
Sey wenigstens – der *nächste* nicht
Um in die Geisterwelt zu kommen.
Sie sahn sich schweigend an, verbargen ihr Gesicht,
Versuchten oft zu reden, schlossen wieder
Den offnen Mund, und sahn beschämt zur Erde nieder.
Der junge Zoroaster fand,
Er habe bey dem Amt von einem Mystagogen
Sich selbst und seinen Gegenstand
Durch *wie*? und *wo*? und *wann*? betrogen.
Gern hätt' er auf sich selbst, gern hätt' auf sich und ihn
Aspasia gezürnt: allein sie fühlten beide
Ihr Herz nicht hart genug, in dem gemeinen Leide
Des Mitleids Trost einander zu entziehn.

»*Freund*, sprach die Priesterin zuletzt: wir müssen fliehn!
In dieser Art gilt Ein Versuch für hundert:
Wir würden immer rückwärts gehn;
Und alles was mich itzt bey unserm Zufall wundert,
Ist, *daß wir nicht den Ausgang vorgesehn*.«

Und nun – was haben wir aus allem dem zu lernen?
Sehr viel zu lernen, Freund, sehr viel!
Kennt ihr den Mann, der, als er nach den Sternen
Zu hitzig sah, in eine Grube fiel?
Es war ein Beyspiel mehr! Laßt's euch zur Warnung dienen!
Auch, wenn ihr je bey Mondenlicht im Grünen
Platonisiren wollt, platonisirt *allein*!
Und kommt die Lust euch an, in einem heil'gen Hain
Um solche Zeit – des Stoffs euch zu entladen,
So laßt dabey (so wie beym Baden
In einer Sommernacht) ja keine *Zeugin* seyn!

Wir zögen leicht mehr schöner Sittenlehren
Aus der Geschichte noch heraus:
Allein wir lassen gern den Leser selbst gewähren:
Wer eine Nase hat – spürt sie unfehlbar aus;
Die andern können sie entbehren!

Aspasia oder die platonische Liebe (1773): SW, Bd. 9, S. 107–126.

–

Menander an Dinias

Als du vor mehr als sechs Jahren, bei Gelegenheit deiner Ver-
mählung mit der edeln Kleariste, mich wegen meines vermeinten
Weiberhasses schaltest, sagte ich dir zwischen Scherz und Ernst,
wie das Mädchen beschaffen sein müßte, die meinen Flattersinn
auf immer fesseln könnte. Nicht lange darauf glaubte ich diese

Idee, die mir selbst, als ich sie dir mittheilte, ein bloßes Traumgebilde schien, in der reitzenden *Kränzehändlerin* von Sicyon verwirklicht zu sehen, und verliebte mich mit aller Schwärmerei, deren ich fähig bin in – das Geschöpf meiner Phantasie und meines Herzens. Erinnerst du dich noch, daß ich dir damals schrieb, das Schlimmste, was mir begegnen könnte, falls ich mich in meiner Erwartung getäuscht finden sollte, wäre, daß ich um eine Erfahrung reicher sein und mich in meiner bisherigen Denkart über die Weiber bestätigt finden würde? – Diese Erfahrung ist nun gemacht, lieber Dinias, und ich bedarf keiner neuen, um gänzlich überzeugt zu sein, daß alles, was in der Liebe über den Genuß der Sinne hinausgeht, eitel Zauberwerk und Selbsttäuschung ist. Aber wiederholte Erfahrungen haben mich auch belehrt, daß das letzte Ziel der Liebe ihr Grab ist. Seit ich dies sogar bei Glycera erfahren habe, wie könnt' ich länger an einer so alten, so bewährten, so allgemein anerkannten Wahrheit zweifeln? An wem die Schuld liege, ob an Glycera, oder an mir, oder an der guten Mutter Natur, die den Mann und das Weib so und nicht anders machte, mögen sie im *Lyceon*, oder in *Epikurs Gärten* aufs Reine bringen! Ich halte mich an die Sache selbst. Unläugbar war Glycera ein ungemein liebenswürdiges Mädchen. O daß sie nicht immer das liebliche, unbefangene, sich selbst unbekannte, alles nur ahnende, nur durch leises schüchternes Tasten sich wahr machende, anspruchlose, trauliche Kind bleiben konnte, das sie mit sechszehn Jahren war! – Thörichter Wunsch! und doch die einzige Bedingung, unter welcher der Zauber, womit sie mich umfangen hielt, ewig dauern konnte. – Ewig dauern, sagte ich? Sollte nicht auch dies bloße Einbildung sein? Es ist mehr als wahrscheinlich. Wenigstens begehre ich mich von dem Vorwurf der Liebe zur Veränderung nicht ganz freizusprechen. Eben derselbe Gegenstand, wie vollkommen er auch sein mag, immer gesehen, immer genossen, wird mir endlich gleichgültig; und, um mich fest zu halten, müßte das Weib, das ich liebe, alle Arten von Reitzungen, die unter das ganze Geschlecht vertheilt sind, in sich vereinigen und in ewiger Abwechselung nach und nach vor mir entfalten. Lache über meine Ungenügsamkeit so viel du willst, aber ehre meine Aufrichtigkeit; denn ich bin gewiß, daß ich aus der Seele aller Männer, dich selbst nicht ausgenommen, gesprochen habe. Und soll ich nun so einfältig treuherzig sein, den Weibern auf ihr Wort zu glauben, daß sie beständiger im Lieben seien, als wir? Das soll mir, beim Jupiter! keine weiß machen, nachdem mich die Erfahrung belehrt hat, daß ein Mädchen, das lauter Natur, Wahrheit und Gefühl war, – daß *Glycerion selbst* ihrer ersten Liebe ungetreu werden konnte.

Ungetreu? hör' ich dich ausrufen: hat sie denn einen Andern geliebt als dich? sich einem andern gegeben als dir? – Das sag' ich nicht, Dinias. Aber ist sie nicht ihren ersten Gesinnungen gegen mich, ihrem Versprechen immer dieselbe für mich zu bleiben und meiner kleinen Verirrungen wegen mich nicht weniger zu lieben, ungetreu worden? Ist sie immer das anspruchlose, zutrauliche Kind der Natur geblieben, das sie Anfangs war? und hat sie mir nicht mehr als Einen Beweis gegeben, daß sie von den gewöhnlichen Untugenden ihres Geschlechts, von Stolz, Eifersucht und Neigung, die ihnen unsre Schwäche über uns giebt, zu mißbrauchen, nicht ganz frei ist? Hat sie sich nicht, zumal seitdem die Philosophin *Leontion* sich ihres Vertrauens bemächtigt, und ihr unvermerkt ihre eigene Denkart beigebracht hat, zu einem Selbstgefühl, einem Bewußtsein ihrer Liebenswürdigkeit erhoben, wovon an der kleinen Kränzehändlerin keine Spur zu sehen war? Es mag sein, daß von dem allen, ohne meine Verirrung mit der schönen Bacchis und neuerlich ohne meine Schwärmerei für die unwiderstehliche Nannion, vielleicht wenig oder nichts zum Vorschein gekommen wäre: aber hätte es jemals zum Vorschein kommen können, wenn es nicht da war? Doch das klingt ja, als ob ich, meine eigene Schuld zu erleichtern, *ihr* Vorwürfe machen wolle, und wozu bedürft' ich das? Gesteht sie nicht selbst, daß unsre Liebe im Grunde bloße Täuschung war? daß überhaupt alle Verhältnisse zwischen Mann und Weib, Kraft eines nothwendigen Naturgesetzes, auf wechselseitiger Täuschung beruhen? Meine Unbeständigkeit ist also durch sie selbst gerechtfertigt, und wir haben einander nichts vorzuwerfen; glücklich genug, wenn uns anstatt der Liebe, die mit unsern Schwüren davon geflogen ist, die Freundschaft bleibt, welcher es, weil sie an keine ausschließliche Vorrechte Anspruch macht, um so leichter wird, die Fehler und Schwachheiten des Freundes zu ertragen. Daß es beiden Theilen wenigstens nicht an gutem Willen fehle, einander diese Entschädigung zu gewähren, wirst du aus den angeschloßnen Abschriften der Absagebriefe ersehen, die zwischen uns gewechselt worden sind.

Ist es aber nicht sonderbar, daß unsre Sympathie sich sogar in dem Augenblick zeigen mußte, da wir uns von einander lossagten? Beide Briefe wurden, wie es scheint, in eben derselben Stunde geschrieben und abgeschickt. Unsre Briefträger begegnen einander auf halbem Wege. Eben gehe ich deinem Herrn diesen Brief zu bringen, sagt Glycerions Sklavin zu meinem Dromio. – Und ich diesen hier deiner jungen Frau, antwortet dieser. So könnten wir uns ja den halben Weg ersparen, und unsre Herrschaften bekämen ihre Briefe desto bälder, sagen Beide. Sie wechseln also die Briefe gegen einander aus, und wir erhalten Jedes den seinigen im nehmlichen Augenblick. Welcher Dichter hätte unserm *erotischen Drama* einen zierlichern Ausgang erfinden können?

Ich muß dir gestehen, Dinias, das unverhoffte Glück meinen Mitwerbern um die reitzende Nannion den Vorsprung abgewonnen zu haben, macht mich gegen die Trennung von Glycera unempfindlicher, als ich vielleicht sein sollte. Aber auch – welch ein Glück! – Ich sage dir nichts weiter, als daß mich sogar Jupiter darum beneiden würde, wenn die Zeiten nicht bei ihm vorüber wären, da ihn die Jo's, die Europen, die Kalisto's, die Leden und Antiopen zu so manchen nicht allzuanständigen Verwandlungen nöthigten. Wenn für die Olympier selbst endlich eine solche Zeit kommt, wär' es nicht thöricht von einem Sterblichen, wenn er eine Gelegenheit, wie diese, nicht bei ihrer fliegenden Locke faßte? Je gewisser ich (der bezaubernden Trunkenheit ungeachtet, womit das ahnungslose Mädchen sich seinen Gefühlen überläßt) voraussehen kann, daß mein Glück von keiner sehr langen Dauer sein wird, desto mehr liegt mir ob, dafür zu sorgen, daß ich mir, wenn diese Wonnetage vorüber sein werden, keinen Vorwurf machen müsse, auch nur einen Augenblick, dessen Genuß in meiner Gewalt war, leichtsinniger und undankbarer Weise verloren zu haben. Was kann ein Erdensohn mehr verlangen, als daß ihn das Andenken eines so hohen Lebensgenusses durch die ganze Zeit seines Daseins begleite?

Menander und Glycerion (1804): SW, Bd. 39, S. 114–119.

Die nöthigste und *nützlichste* aller Wissenschaften, oder, noch genauer zu reden, diejenige, in welcher alle übrigen eingeschlossen sind, ist die Wissenschaft des *Menschen*:
Der Menschheit eignes Studium ist *der Mensch*.
Sie ist eine Aufgabe, an deren vollständiger und reiner Auflösung man noch Jahrtausende arbeiten wird, ohne damit zu Stande gekommen zu seyn. Sie anzubauen, zu fördern, immer größere Fortschritte darin zu thun, ist der Gegenstand des *Menschen-Studiums*: und wie könnte dieses auf andere Weise mit Erfolg getrieben werden, als indem man die Menschen, wie sie von jeher *waren*, und wie sie *dermahlen sind*, nach allen ihren Beschaffenheiten, Verhältnissen und Umständen, kennen zu lernen sucht?

Über die Rechte und Pflichten der Schriftsteller (1785): SW, Bd. 30, S. 140.

–

Nun ist noch die schwerste Frage übrig, lieber Hegesias, – du möchtest auch *den Gott des Apollonius* kennen. – Was *soll*, oder was *kann* ich dir sagen? Welche Sprache hat Worte, sich darüber auszudrücken? Was du von mir zu wissen verlangst, ist *das Geheimniß der Natur*, das *unaussprechliche Wort* ihrer heiligsten Mysterien, auf denen ein Schleier liegt, den noch kein Sterblicher aufgedeckt hat. Von Jugend an bemühte ich mich, zu diesem unzugangbaren Licht eine Öffnung zu finden. Ich durchforschte alle Meinungen und Systeme der Denker, und es wurde immer dunkler um mich her. Ich überließ mich der Einbildungskraft, und erkannte gar bald ihre magischen Täuschungen. Ich hatte Augenblicke, wo ich *fühlte* ohne zu glauben, andere, wo ich *glaubte* ohne zu fühlen, unzählige, wo ich keines von beiden bedurfte. Ich habe nun sechs und neunzig Jahre hinter mir, und will dir sagen, wohin ich gekommen bin. Die grenzenlose Natur, die ewige Ordnung und Harmonie der Dinge, das, was diese Masse der ungleichartigsten Erscheinungen *außer* mir zusammen hält und in ein unergründliches Ganzes innigst verwebt und vereinigt, und das, was die unermeßliche Masse von Empfindungen, Ideen, Trieben und Gesinnungen *in mir* zusammen hält, und in einem sich selbst unerforschlichen *Ich* zu Einem Ganzen zu verbinden strebt – alle diese helldunkeln geistigen Anschauungen fallen, wenn ich, tief in mich selbst gekehrt, jede derselben einzeln betrachten will, plötzlich in einander; das *unendliche Eins* verschlingt Raum und Zeit; alles was war, was ist und was seyn wird, zerfließt in den einzigen Akt eines einzigen ewigen Augenblicks, und ich verliere mich darin, wie Kymon gestern sagte, gleich einem Wassertropfen im uferlosen Ocean. – Aber bald öffnen sich meine Augen wieder, und glücklicher Weise finde ich mich wieder in meinem angebornen beschränkten Vaterland, *Himmel* und *Erde*; ich sehe wieder das allerfreuende Licht, und die allernährende *Erde*; die schönen *Horen* mit ihrem wimmelnden Gefolge von Tagen und Stunden tanzen wieder um mich her; das allgemeine Leben der Natur drängt sich wieder warm an mein Herz, ich webe in allem was webt, und fühle mich in allem was athmet; die Fantasie schließt ihre unsichtbare Zauberwelt wieder vor mir auf; die Unsterblichen nahen sich meinem Geiste, und mit süßem Schauern umfaßt mich die Gegenwart des *allgemeinen Genius der Natur*, des liebenden, versorgenden *Allvaters*, oder wie der beschränkte Sinn der Sterblichen den *Unnennbaren* immer nennen mag, und ich bin – mit Einem Worte, wieder was ich seyn soll, ein *Mensch*, gut und glücklich, und verlange nicht *mehr* zu seyn als ich seyn *kann* und *soll*.

Agathodämon (1799): SW, Bd. 32, S. 471–473.

Was ich von den Leuten halte, die in spekulativen Dingen *immer entscheiden, nie zweifeln*, nie gestehen wollen, daß sie von gewissen Dingen nicht mehr wissen, als wir andern? – Von den Leuten, welche euch ganze Wochen lang von *Wesen* und *Naturen*, von *Atomen* und *Homöomerien*, vom *Vollen* und *Leeren*, von *Geist* und *Materie*, von *Ursachen* und *Zwecken* unterhalten, und euch die *unbekannten Länder*, ihre Lage, Größe, Länge, Breite, Luftbeschaffenheit, Wärme und Kälte, ihre Produkte, Pflanzen, Thiere, Einwohner, und deren Lebensart, Polizey, ehmahlige und künftige Begebenheiten u. s. w. so genau und zuversichtlich beschreiben, als ob sie eben jetzt mit Gelegenheit eines Kometen, oder der Himmel weiß welches andern wunderbaren Fuhrwerks, von dannen angelangt wären? – Was ich von ihnen halte?

Ich hörte einst einen solchen viel wissenden Schwätzer in der bunten Halle zu Athen zwey volle Stunden von den Geheimnissen der Pythagorischen Zahlen sprechen. Wir liehen ihm unsre Ohren mit großer Geduld, und begriffen nichts von dem was er uns offenbarte; dem ungeachtet fand der Pythagoräer großen Beyfall. Er versprach, den folgenden Tag von den sieben Sfären, und von der achten Sfäre, und von den erstaunlichen Dingen, die *über* der achten Sfäre sind, eben so lang' und eben so gelehrt zu sprechen. Ich lachte über meine eigne Narrheit, und ließ mich dennoch von der kindischen Neugier, was der Mann über solche Dinge werde sagen können, noch um zwey Stunden und zehen Drachmen betrügen. – Das sollen aber auch die letzten Drachmen seyn, sagte ich wie er fertig war, die ich um Nachrichten von den Dingen überm Mond ausgebe, und wenn ich älter werden sollte als Tithon!

Nach etlichen Tagen ließ ich in ganz Athen ansagen, daß ein

Chaldäischer Weiser neu angekommen sey, welcher sich im Keramikus zu einer gesetzten Zeit öffentlich werde hören lassen.

Es versammelte sich eine erstaunliche Menge Volks. Ich hatte mich, so gut ich immer konnte, in einen Chaldäer vermummt; ein langer weißer Bart, und ein Mantel, mit allen Thieren des Sternhimmels bemahlt, that eine vortreffliche Wirkung. Man lechzte vor Erwartung unerhörter Dinge bey meinem Anblick. Alles wurde still, wie ich mich zu räuspern anfing. Ich fing also an, und sprach –

Ich gebe euch zehen Tage, oder zehen Olympiaden, wenn ihr wollt, zu errathen *wovon* ich sprach; – ihr werdet eher auf alles andre rathen –

Vom *Mann im Monde* sprach ich.

Ich unterließ nicht meine Zuhörer in dem Eingang meiner Rede mit einem so emfatischen Schwunge zu dem, was ich ihnen sagen würde, vorzubereiten, daß sie kaum erwarten konnten, bis ich wirklich zur Sache schritt. Aber ich muß noch jetzt lachen, wenn ich mir den Ausdruck von Erstaunen, Überraschung, Ungeduld, und zwanzig andern Leidenschaften wieder vorstelle, der mir in der possierlichsten Vermischung aus unzähligen verzerrten Gesichtern entgegen kam, wie ich ankündigte, daß ich sie vom *Mann im Monde* unterhalten würde.

Einer sah den andern an, und murmelte – *vom Mann im Monde!* – Alle ohne Ausnahme sahen wie Leute aus, die sich gewaltig in ihrer Erwartung betrogen fänden. – *Vom Mann im Monde!*

Ja, *vom Mann im Monde,* rief ich, ohne mich aus der Fassung setzen zu lassen: von der wunderbarsten, wichtigsten und geheimnisvollesten Materie, wovon jemahls ein Sterblicher zu Sterblichen gesprochen hat; *vom Mann im Monde!*

Der alte Knabe ist ein Narr, rief einer ziemlich laut, oder er hält uns für Narren.– Es könnte wohl beides seyn, dacht' ich.

Der dritte Theil der Versammelten machte Miene davon gehen zu wollen.

Seyd ihr klug? rief ihnen ein alter hohlaugiger Schuhflicker zu, der selbst so aussah, als ob er aus irgend einem Planeten ausgewandert wäre; konntet ihr von einem Weisen aus Chaldäa weniger erwarten? Sagte er nicht, daß er von unerhörten Dingen reden würde? Man muß ihn erst anhören eh' man urtheilen kann. Ich habe mehr Leute seiner Art gesehen; es stecken Dinge hinter ihm, die man ihm nicht an der Nase ansieht; und gerade, weil die Materie, wovon er sprechen will, närrisch scheint, wollt' ich um meinen Kopf wetten, daß ein Geheimniß unter der Decke liegt. Wer weiß – Kurz, ich will den *Mann im Mond* kennen lernen – ein andrer kann auch thun was er will.

Was der Schuhflicker *gesagt* hatte, war, dem Ansehen nach, gerade was der größte Theil der Versammlung *dachte*. Nachdem also der Lärm eine Weile gedauert hatte, kam am Ende heraus daß jedermann da blieb, und wenigstens hören wollte, *was man wohl vom Mann im Monde werde sagen können?*

Ich fuhr fort, so viel ich mich erinnern kann, ungefähr wie folget;

»Nach dem was ich euch angekündiget habe, meine Herren von Athen, scheint nichts billiger von mir erwartet werden zu können, als daß ich euch vor allen Dingen eine solche Erklärung von dem, was unter dem *Mann im Monde* zu verstehen sey, gebe, vermittelst deren ein jeder, so oft die wellenförmige Bewegung der Töne, woraus dieser Nahme besteht, sein Trommelfell erschüttert, denjenigen bestimmten Begriff damit verknüpfen könne, der keinem andern Mann in der Welt zukommt, als *dem Mann im Monde.*

»Dem ersten Anschein nach eine sehr billige Forderung; aber in der That, meine Herren, eine Forderung, welche so schwer zu befriedigen ist, daß ihr mir eben so leicht zumuthen könntet, den Ocean in einen Becher zu schöpfen, und – wofern es Wein von Thasos wäre – ihn auf eure Gesundheit auszutrinken.

»Es giebt viele Dinge in der Welt, die beym ersten Anblick nicht die geringste Schwierigkeit zu haben scheinen; man glaubt sie so gut zu kennen, als die Mutter die uns geboren hat. Kommt es aber dazu, daß wir den Mund aufthun sollen, um uns deutlich darüber vernehmen zu lassen, so finden wir uns beynahe in der Nothwendigkeit, ihn unverrichteter Sachen wieder zuzuschließen, so weit wir ihn aufgemacht hatten. So ist, zum Beyspiel, nichts leichter zu sagen, als: Wir wollen *vom Mann im Monde* reden! oder – Laßt doch hören, was man vom Mann im Monde sagen kann! Aber ich berufe mich auf euer eigenes Gefühl, wie euch zu Muthe wäre, wenn ihr euch anheischig gemacht hättet, von einem Dinge zu sprechen, das weder in die Sinne fällt, noch ohne Sinne begriffen werden kann!

»Aufrichtig zu reden, ungeachtet ich als ein Filosof verbunden bin, niemahls einiges Mißtrauen in die *Allgemeinheit* und *Unfehlbarkeit* meiner Einsichten zu verrathen: so seh' ich mich doch in keiner geringen Verlegenheit, ob ich von der *Wirklichkeit* des Mannes im Mond, oder von seiner *Möglichkeit* zuerst reden soll. Denn damit er *wirklich* seyn könne, muß er *möglich* seyn, und damit er *möglich* seyn könne, muß er *wirklich seyn*. Hier liegt der Knoten!

»Sag' ich, der Mann im Mond *ist möglich*: so denk' ich entweder nichts bey dem was ich sage, – welches freylich das bequemste ist – oder ich setze in der That voraus, *daß er sey*; denn wie könnt' ich sonst sagen, *er sey* möglich. Es ist gerade so viel als sagt' ich, der Mann im Mond ist blau, oder großmüthig, oder er ist ein gutes Mann; – denn bey jeder dieser Behauptungen setz' ich voraus, daß ein Mann im Mond *ist*, oder es wäre lächerlich zu sagen, er *ist dieß* oder er *ist jenes*; und ich würde im Grund eben so viel sagen als: das Ding das nicht ist, ist etwas.

»Sag' ich auf der andern Seite, der Mann im Mond ist *wirklich*: so setze ich seine Möglichkeit *voraus*, wozu ich doch nicht befugt bin, eh' ich sie erwiesen habe. Will ich sie aber erweisen, flugs bin ich wieder in dem verwünschten *Zirkel*, in welchem ich mich so lange von Möglichkeit zu Wirklichkeit und von Wirklichkeit zu Möglichkeit herum drehe, bis mir der Kopf so schwindlig wird, daß ich die ganze Welt, den Mann im Mond und meine eigene Wenigkeit aus dem Gesicht verliere, und am Ende nicht einmahl den Unterschied zwischen meinem eigenen kleinen *Ich* und dem unendlichen *Nicht-Ich* mehr erkennen kann.

»Bey so bewandten Umständen weiß ich Ihnen und mir nicht anders zu helfen, als daß wir uns entweder mit dem einfältigen Behelf, »*es ist nichr klar*,« ausreden, – und eh' ich mich *dazu* bequemte, wollt' ich lieber den Kopf verlieren! – oder daß wir einen Anlauf nehmen, und mit so vieler Dreistigkeit, als uns nur immer möglich ist, geradezu behaupten: der *Mann im Mond* existiere, so gut als *Hermes Trismegistus* oder irgend ein andrer Mann in der Welt; eine Behauptung, wobey wir den doppelten Vortheil haben, daß unsre Gegner entweder *das Gegentheil beweisen* – oder *schweigen* müssen, und daß alle Männer außerhalb des Monds um ihrer selbst willen genöthigt sind, sich zu *uns* zu halten; denn wo lebt der Mann, gegen den sich nicht die nehmlichen Zweifel erregen ließen? In welchem Betracht ich gestehe, daß mir der Beweis des tiefsinnigen *Heraklitus* noch immer die meiste Genüge thut, der, um auf einmahl aus der Sache zu kommen, sagt: Der Mann im Mond ist da, *denn* wie könnte er sonst der Mann im Mond seyn?

»Nachdem wir uns solcher Gestalt aus dieser ersten Schwierigkeit glücklich heraus gewickelt haben, so entsteht die andre große Frage: Wenn der Mann im Mond *ist, was* ist er?

»Hier, meine Herren, öffne ich euch die Pforte des metafysischen Abgrundes. Ein undurchdringliches Dunkel scheint hier euern forschenden Blicken auf ewig Einhalt zu thun. Aber lasset euch nicht dadurch abschrecken! Wir schauen so lange hinein, bis wir etwas sehen.

»Ich verrathe euch hier ein großes Geheimniß; eure Filosofen werden böse auf mich werden; aber ich mache mir nichts daraus. Nur immer hinein geschaut, meine Freunde! Wir haben kein andres Mittel Entdeckungen in den unbekannten Ländern zu machen.

»Seht ihr noch *nichts*? – Seyd deßwegen unbekümmert! Es liegt bloß daran, daß wir unsre Augen zuvor in die gehörige Verfassung setzen. Höret an!

»Als ich zuerst anfing, mich um den *Mann im Mond* zu be-kümmern, ohne zu wissen wie ich es anfangen sollte, ging ich bey allen euern Filosofen herum, und fragte sie, was sie davon wüß-ten?

»*Der Mann im Monde*? – sagte der *erste*, an den ich mich wandte – es ist so leicht nicht ihn kennen zu lernen! Wenn ihr aber entschlossen seyd das Abenteuer zu unternehmen, so kommt alles darauf an, daß ihr ausfündig macht, *was* er ist, – und *wie* er ist *was* er ist. – Das ists eben was ich wissen möchte, sagte ich. – So musst du nun bey andern nachfragen, versetzte jener, denn ich habe dir alles gesagt was ich von der Sache weiß.

»Nun ging ich von Haus zu Haus, um zu hören, was die Wei-sen im Volk auf meine Fragen antworten würden. Und hier er-fuhr ich die Wahrheit des alten Sprichworts: *Viel Köpfe viel Sinne*; ausgenommen, daß ich zuletzt einen guten Theil mehr Köpfe als Sinne herausbrachte.

»*Der Mann im Mond* ist kein *eigentlicher* Mann, sagten einige: man könnte eben so gut sagen, die *Frau* im Mond, ob er gleich, genau zu reden, weder Mann noch Frau ist. – Denn wenn er ein eigentlicher Mann wäre, so müßte er eine Frau haben, oder wo bliebe der zureichende Grund seiner Mannheit? Nun hat man aber nie von einer Frau im Monde, oder von der Frau des Man-nes im Monde reden gehört: also u. s. w. –

»Die Wahrheit ist, daß er gar nichts mit uns gemein hat, sagte ein *Andrer*.

»Das ist unmöglich, sprach der *Dritte*, er muß uns doch immer ähnlicher seyn als einer *Auster* oder einer *Seenessel*.

»Ich *beweise* meinen Satz, versetzte *jener*. Alles was *unterm* Mond ist, ist nicht *im* Mond, und umgekehrt; und es muß ein Grund vorhanden seyn, *warum* es *unterm* Mond und nicht viel-mehr *im* Mond ist, wo es sich vielleicht eben so gut befände; nun stimmen alle Leute überein, daß der Mann im Mond – *im Mond* ist –

»*Wenn* er im Mond ist, zugegeben! fiel ihm *dieser* ein: aber ich getraue mir zu behaupten, daß er vielleicht zwey Drittheile vom

Jahr in der *Venus* oder im *Merkur* ist, oder daß er sich wenigstens den Winter über, der im Monde ziemlich kalt seyn mag, anderswo aufhält.

»Fy, sagte jener, wie wolltet ihr das beweisen können, da warm und kalt nichts *absolutes* ist ? Natürlicher Weise ist die Organisazion des Mannes im Monde seinem Aufenthalt gemäß; und weil dieser (wie alle Astronomen wissen) *feucht* und *kalt* ist, so muß auch der Mann im Mond ein ausgemachter Flegmatikus seyn: ist er aber das, so läßt sich ohnehin nicht begreifen, was man in der Venus, welche der Planet der Liebe ist, mit ihm anfangen wollte.

»Die Herren sprechen sehr zuversichtlich von dem guten Mann im Monde, sprach ein *Vierter*; und doch bin ich gewiß, daß sie nicht mehr von ihm wissen als ich – das ist, so viel als – gar nichts. Denn ich behaupte, man müßte wenigstens einen Sinn mehr haben, als die fünf oder sechs die wir haben, um sich eine richtige Vorstellung von ihm machen zu können. Nach unsrer Art zu reden ist er weder groß noch klein, weder hitzig noch frostig, weder sauer noch süß, weder weiß noch schwarz; – er ist – er ist – das mag er selbst wissen was er ist!

»Die Meinung dieses letztern führte offenbar zum *Skepticismus*, der uns Dogmatikern von jeher so verhaßt gewesen ist, als – die Filosofie der *Gymnosofisten* – der *Schneidergilde*. Indessen, da ich doch nach allem, was mir die weisen Männer gesagt hatten, weder mehr noch weniger von der Sache wußte als zuvor: so beschloß ich einen Versuch zu machen, wie weit mich mein eigenes Nachdenken in dieser äußerst dunkeln Materie führen könnte.

»Wenn es seine Richtigkeit hat, sagt' ich zu mir selbst, daß ein jedes Ding das ist was es ist, so kann ich ohne mindestes Bedenken zum Grunde legen, der Mann im Monde *sey – der Mann im Monde*. Ihr meint vielleicht, damit sey *nicht viel* gesagt: aber da würdet ihr euch mächtig irren, meine werthen Herren. Ich habe schon viel damit gewonnen, wenn ihr mir das zugeben müßt! Denn wenn der Mann im Mond – der Mann im Mond ist, so ist er also

nicht der Mann im Merkur,

noch im Mars,
noch im Jupiter,
noch im Saturnus; – u. s. w. Er ist auch
nicht der Mann im Thierkreise,
noch in der Milchstraße,
noch im Feuerhimmel,
noch im leeren Raum,
noch im Chaos, – sondern wirklich und wahrhaftig der *Mann im Monde*; und da er das ist, so
ist er auch *weder* Fisch,
noch Vogel,
noch Amfibion,
noch Insekt.

»Er kann weder schwimmen noch fliegen – Wiewohl ich für die Gewißheit des letztern nicht gut sagen wollte. Denn vielleicht ist es im Monde möglich, *ohne* Floßfedern zu schwimmen und *ohne* Flügel zu fliegen; oder er könnte auch Flügel und Floßfedern *haben*, ohne darum weniger der Mann im Monde zu seyn.

»Eben so wenig getraue ich mir aus seiner bloßen Identität mit sich selbst d. i. daraus, daß der Mann im Mond – nicht der *Nicht-Mann im Nicht-Mond* ist – mit völliger Gewißheit zu bestimmen, ob er

von Essen und Trinken lebt, wie wir,
oder von der Luft, wie der Paradiesvogel,
oder von Sonnenstrahlen, wie der Fönix,
oder von Ideen, wie Platons Geister?
ob er sein Geschlecht fortpflanzt, oder nicht? und ersten Falls,
ob er ein Weibchen seiner Gattung dazu nöthig hat?
oder ob er sich mit sich selbst behelfen kann, wie unsre Schnecken?
oder ob er sich durch die Wurzel,
oder durch Zwiebeln,
oder durch Knospen,
oder durch Schößlinge,
oder durch Eyer,

oder durch lebendige Junge fortpflanzt? –

oder vielleicht, wie der Fönix, immer der einzige von seiner Art bleibt, und nur von Zeit zu Zeit wieder aus seiner Asche hervor geht? –

ob er lang oder kurz,

fett oder mager,

blond oder braun,

gut- oder bösartig,

gelehrt oder unwissend,

ein guter oder schlechter Dichter ist?

ob er gut tanzt,

gut reitet,

gut Ball spielt, – u. s. f.

»Diese und zwanzig tausend andre Fragen dieser Art, welche ein jeder, auch mit dem mäßigsten Grade von Witz, sich selbst machen kann, unter andern auch die nicht ganz unerheblich scheinenden:

Was kümmert uns der Mann im Mond?

Was für einen Einfluß hat er auf unser Wohl- oder Übelbefinden?

Ist es auch wohl überall der Mühe werth, sich den Kopf um ihn zu zerbrechen?

»*Alle* diese Fragen werden (wie ich besorge) nicht wohl beantwortet werden können, so lange wir nicht Mittel und Wege finden – den Mann im Monde *näher kennen zu lernen*; ob ich gleich überhaupt nicht ungeneigt bin zu glauben, daß er – falls er so allein im Mond ist, wie man vorauszusetzen pflegt – ziemlich oft lange Weile haben, und überhaupt kein Mann von sehr angenehmer Laune oder lebhaftem Umgang seyn mag.

»Doch, wie gesagt, meine Herren Athener, die Ehre, alle nur ersinnliche *Probleme*, welche sich über oft besagten *Mann im Mond* aufwerfen lassen, rein und aus dem Grunde aufzulösen, ist lediglich demjenigen unter unsern filosofischen Abenteurern aufbehalten, welcher sinnreich oder glücklich genug seyn wird – den *Weg in den Mond* zu entdecken, wofern einer ist; oder sich einen Weg dahin selbst *zu machen*, wofern keiner ist; und – was zum wenigsten eben so nothwendig scheint – den Weg wieder *zurück zu finden*, nachdem er sich lange genug da aufgehalten haben wird, um eine hinlängliche Anzahl von Beobachtungen machen zu können; *vorausgesetzt*, daß es überhaupt möglich sey, mit Hülfe solcher Sinne wie die unsrigen, über einen Mann, wie der *Mann im Mond* ist, irgend eine Entdeckung zu machen.

»Ihr seht, meine guten Athener, daß ich eure Aufmerksamkeit – nicht gemißbraucht, und, alles wohl erwogen, vielleicht mehr geleistet habe, als ihr billiger Weise von mir erwarten konntet. Wenige meiner Zunftgenossen würden sich so aufrichtig herausgelassen, und so wenige Umschweife gemacht haben, um euch auf eine gelehrte Art zu erkennen zu geben, daß sie von einem Dinge sprechen, von dem sie nichts wissen noch wissen können, d. i. von einem Dinge, welches – was es auch *an sich* oder für die Bewohner andrer Weltkörper seyn mag, wenigstens *für sie – kein Ding* ist.

»Übrigens hoff' ich dem *Mann im Monde* selbst, wer er auch seyn mag, durch das, was ich von ihm gesagt oder vielmehr *nicht* gesagt habe, auf keinerley Weise zu nahe getreten zu seyn. Er hätte sich vielleicht beleidiget finden können, wenn ich unverschämt genug gewesen wäre, *ein System über ihn zu machen*, und euch mit der gewöhnlichen Dreistigkeit meiner Amtsbrüder seine Figur, Farbe, Bildung, Fähigkeiten, Sitten, Lebensart, Religion, kurz alle seine innerlichen und äußerlichen Bestimmungen vorzudemonstrieren. – Aber *ich* – was konnt' ich *unschuldigers* von ihm sagen, als – – – *gar nichts*?«

Hiermit endigte sich meine Rede, und ich schlich mich hinter die Scene, um der Wirkung, welche sie thun würde, desto ungestörter zuzusehen.

Meine Athener, welche vermuthlich geglaubt hatten das beste würde noch kommen, machten sehr alberne Gesichter, da sie sich in ihrer Hoffnung betrogen sahen. – Etliche Augenblicke lang standen sie ganz betroffen da, große Augen und halb offne Mäuler nach der Bühne, wo der Chaldäer gestanden hatte, hingekehrt. Aber nachdem sie sich völlig überzeugt hatten, daß nun nichts mehr zu erwarten sey, erhob sich ein vermischtes Gemurmel, welches immer lauter wurde, und zuletzt in ein allgemeines Getümmel ausbrach. Ein jeder sagte und behauptete seine Meinung von der Sache, von der Absicht die der Chaldäer bey seiner Rede gehabt haben möchte, ob er gut oder schlecht gesprochen habe, von seiner Miene, von seinem Bart, endlich vom Mann im Monde selbst, und wen er wohl darunter verstanden habe; denn daß ein Geheimniß unter der Sache stecke, wurde für ausgemacht angenommen. Der Tumult nahm überhand, man zankte sich, man schrie, alle gaben ihre Stimme auf einmahl; und da viele, welche mit Gründen und Schlüssen nicht so gut zurechte kommen konnten, desto stärker von Schultern und Knochen waren, so wurde man endlich handgemein – kurz, es fehlte wenig, daß *der Mann im Monde* nicht einen allgemeinen Aufstand in Athen veranlaßt hätte

Was für Kinder die Athener sind! rief einer von den Klügern, indem er sich in Zeiten auf die Seite machte: merkt ihr denn *noch* nicht, daß der *Chaldäer* keine andre Absicht hatte, als euch und eure Filosofen zum besten zu haben?

Nachlass des Diogenes von Sinope (1770): SW, Bd. 13, S. 128–146.

ROMAN

Der Herausgeber der gegenwärtigen Geschichte siehet so wenig Wahrscheinlichkeit vor sich, das Publicum überreden zu können, daß sie in der Tat aus einem alten Griechischen Manuscript gezogen sei; daß er am besten zu tun glaubt, über diesen Punct gar nichts zu sagen, und dem Leser zu überlassen, davon zu denken, was er will. Gesetzt, daß wirklich einmal ein Agathon gewesen, (wie dann in der Tat, um die Zeit, in welche die gegenwärtige Geschichte gesetzt worden ist, ein comischer Dichter dieses Namens den Freunden der Schriften Platons bekannt sein muß:) gesetzt aber auch, daß sich von diesem Agathon nichts wichtigers sagen ließe, als wenn er geboren worden, wenn er sich verheiratet, wie viel Kinder er gezeugt, und wenn, und an was für einer Krankheit er gestorben sei: was würde uns bewegen können, seine Geschichte zu lesen, und wenn es gleich gerichtlich erwiesen wäre, daß sie in den Archiven des alten Athens gefunden worden sei?

Die Wahrheit, welche von einem Werke, wie dasjenige, so wir den Liebhabern hiemit vorlegen, gefodert werden kann und soll, bestehet darin, daß alles mit dem Lauf der Welt übereinstimme, daß die Character nicht willkürlich, und bloß nach der Phantasie, oder den Absichten des Verfassers gebildet, sondern aus dem unerschöpflichen Vorrat der Natur selbst hergenommen; in der Entwicklung derselben so wohl die innere als die relative Möglichkeit, die Beschaffenheit des menschlichen Herzens, die Natur einer jeden Leidenschaft, mit allen den besondern Farben und Schattierungen, welche sie durch den Individual-Character und die Umstände einer jeden Person bekommen, aufs genaueste beibehalten; daneben auch der eigene Character des Landes, des Orts, der Zeit, in welche die Geschichte gesetzt wird, niemal aus den Augen gesetzt; und also alles so gedichtet sei, daß kein hinlänglicher Grund angegeben werden könne, warum es

233

nicht eben so wie es erzählt wird, hätte geschehen können, oder noch einmal wirklich geschehen werde. Diese Wahrheit allein kann Werke von dieser Art nützlich machen, und diese Wahrheit getrauet sich der Herausgeber den Lesern der Geschichte des Agathons zu versprechen.

Seine Hauptabsicht war, sie mit einem Character, welcher gekannt zu werden würdig wäre, in einem manchfaltigen Licht, und von allen seinen Seiten bekannt zu machen. Ohne Zweifel gibt es wichtigere als derjenige, auf den seine Wahl gefallen ist. Allein, da er selbst gewiß zu sein wünschte, daß er der Welt keine Hirngespenster für Wahrheit verkaufe; so wählte er denjenigen, den er am genauesten kennen zu lernen Gelegenheit gehabt hat. Aus diesem Grunde kann er ganz zuverlässig versichern, daß Agathon und die meisten übrigen Personen, welche in seine Geschichte eingeflochten sind, wirkliche Personen sind, dergleichen es von je her viele gegeben hat, und in dieser Stunde noch gibt, und daß (die Neben-Umstände, die Folge und besondere Bestimmung der zufälligen Begebenheiten, und was sonsten nur zur Auszierung, welche willkürlich ist, gehört, ausgenommen) alles, was das Wesentliche dieser Geschichte ausmacht, eben so historisch, und vielleicht noch um manchen Grad gewisser sei, als irgend ein Stück der glaubwürdigsten politischen Geschichtschreiber, welche wir aufzuweisen haben.

Es ist etwas bekanntes, daß öfters im menschlichen Leben weit unwahrscheinlichere Dinge begegnen, als der Chevalier de Mouhy selbst zu erdichten sich getrauen würde. Es würde also sehr übereilt sein, die Wahrheit des Characters unsers Helden deswegen in Verdacht zu ziehen, weil es öfters unwahrscheinlich ist, daß jemand so gedacht oder gehandelt habe, wie er. Wenn es unmöglich sein wird, zu beweisen, daß ein Mensch, und ein Mensch unter den besondern Bestimmungen, unter welchen sich Agathon von seiner Kindheit an befunden, nicht so denken oder handeln könne, oder wenigstens es nicht ohne Wunderwerke, Einflüsse unsichtbarer Geister, oder übernatürliche Bezauberung hätte tun können: So glaubt der Verfasser mit Recht erwarten zu können, daß man ihm auf sein Wort glaube, wenn er positiv versichert, daß Agathon wirklich so gedacht oder gehandelt habe. Zu gutem Glücke finden sich in den beglaubtesten Geschichtschreibern, und schon allein in den Lebensbeschreibungen des Plutarch Beispiele genug, daß es möglich sei, so edel, so tugendhaft, so enthaltsam, oder, nach der Sprache des Hippias, und einer ansehnlichen Classe von Menschen zu reden, so seltsam, so eigensinnig und albern zu sein als es unser Held in einigen Gelegenheiten seines Lebens ist.

Man hat an verschiedenen Stellen des gegenwärtigen Werks die Ursachen angegeben, warum man aus dem Agathon kein Modell eines vollkommen tugendhaften Mannes gemacht hat. Da die Welt mit ausführlichen Lehrbüchern der Sittenlehre angefüllt ist, so steht einem jeden frei, (und es ist nichts leichters) sich einen Menschen einzubilden, der von der Wiege an bis ins Grab, in allen Umständen und Verhältnissen des Lebens, allezeit und vollkommen so empfindet, denkt und handelt, wie eine Moral. Damit Agathon das Bild eines wirklichen Menschen wäre, in welchem viele ihr eigenes erkennen sollten, konnte er, wir behaupten es zuversichtlich, nicht tugendhafter vorgestellt werden, als er ist; und wenn jemand hierin andrer Meinung sein sollte, so wünschten wir, daß er uns (wenn es wahr ist, daß derjenige der Beste ist, der die besten Eigenschaften mit den wenigsten Fehlern hat,) denjenigen nenne, der unter allen nach dem natürlichen Lauf Gebornen, in ähnlichen Umständen, und alles zusammen genommen, tugendhafter gewesen wäre, als Agathon.

Es ist möglich, daß irgend ein junger Taugenichts, wenn er siehet, daß ein Agathon den reizenden Verführungen der Liebe und einer Danae endlich unterliegt, eben den Gebrauch davon machen kann, welchen der junge Chärea beim Terenz von einem Gemälde machte, welches eine von den Schelmereien des Vater Jupiters vorstellte, – und daß er, wenn er mit herzlicher Freude gelesen haben wird, daß ein so vortrefflicher Mann habe fallen können, zu sich selbst sagen mag: Ego homuncio hoc non facerem? ego vero illud faciam ac lubens.

Es ist eben so möglich, daß ein übelgesinnter oder ruchloser Mensch, den Discurs des Sophisten Hippias lesen, und sich einbilden kann, die Rechtfertigung seines Unglaubens und seines lasterhaften Lebens darin zu finden: Aber alle rechtschaffnen Leute werden mit uns überzeugt sein, daß dieser junge Bube, und dieser ruchlose Freigeist beides gewesen und geblieben wären, wenn gleich keine Geschichte des Agathon in der Welt wäre.

Dieses letztere Beispiel führt uns auf eine Erläuterung, wodurch wir der Schwachheit gewisser gutgesinnter Leute, deren Wille besser ist, als ihre Einsichten, zu Hülfe zu kommen, und sie vor unzeitig genommenem Ärgernis oder ungerechten Urteilen zu verwahren, uns verbunden glauben. Wir gestehen gerne, daß wir in das Bewußtsein der Redlichkeit unsrer Absichten eingehüllt, nicht daran gedacht hätten, daß diese Sorgfalt nötig wäre, wenn uns nicht die Anmerkung stutzen gemacht hätte, welche einer unsrer Freunde, ohne unser Vorwissen, auf der Seite pag. * unter den Text zu setzen, gut befunden.

Diese Erläuterung betrifft die Einführung des Sophisten Hippias in unsere Geschichte, und den Discurs, wodurch er den Agathon von seinem liebenswürdigen und tugendhaften Enthusiasmus zu heilen, und zu einer Denkungsart zu bringen hofft, welche er nicht ohne guten Grund für geschickter hält, sein Glück in der Welt zu machen. Leute, die aus gesunden Augen gerade vor sich hin sehen, würden ohne unser Erinnern aus dem ganzen Zusammenhang unsers Werkes, und aus der Art, wie wir bei aller Gelegenheit von diesem Sophisten und seinen Grundsätzen reden, ganz deutlich eingesehen haben, wie wenig wir dem Mann und dem System günstig sind; und ob es sich gleich weder für unsere eigene Art zu denken, noch für den Ton und die Absicht unsers Buches geschickt hätte, mit dem heftigen Eifer gegen ihn auszubrechen, welcher einen jungen Magister treibt, wenn er, um sich seinem Consistorio zu einer guten Pfründe zu empfehlen, gegen einen Tindal oder Bolingbroke zu Felde zieht: So hoffen wir doch bei vernünftigen und ehrlichen Lesern keinen Zweifel übrig gelassen zu haben, daß wir den Hippias für einen schlimmen und gefährlichen Mann, und sein System, (in so fern es den echten Grundsätzen der Religion und der Rechtschaffenheit widerspricht) für ein Gewebe von Trugschlüssen ansehen, welche die menschliche Gesellschaft zu grunde richten würden, wenn es moralisch möglich wäre, daß der größere Teil der Menschen damit angesteckt werden könnte. Wir glauben also vor allem Verdacht über diesen Artikel sicher zu sein. Aber da unter unsern Lesern ehrliche Leute sein können, welche uns wenigstens eine Unvorsichtigkeit Schuld geben, und davor halten möchten, daß wir diesen Hippias entweder gar nicht einführen, oder wenn dieses der Plan unsers Werkes ja erfodert hätte, seine Lehrsätze ausführlich hätten widerlegen sollen: So sehen wir für billig an, ihnen die Ursachen zu sagen, warum wir das erste getan, und das andere unterlassen haben.

Weil nach unserm Plan der Character unsers Helden auf verschiedene Proben gestellt werden sollte, durch welche seine Denkensart und seine Tugend erläutert, und dasjenige, was darin übertrieben, und unecht war, nach und nach abgesondert würde; so war es um so viel nötiger ihn auch dieser Probe zu unterwerfen, da Hippias, bekannter maßen, eine historische Person ist, und mit den übrigen Sophisten derselben Zeit sehr vieles zur Verderbnis der Sitten unter den Griechen beigetragen hat. Überdem diente er den Charakter und die Grundsätze unsers Helden durch den Contrast, den er mit selbigen macht, in ein desto höheres Licht zu setzen. Und da es mehr als zu gewiß ist, daß der größeste Teil derjenigen, welche die große Welt ausmachen, wie Hippias denkt, oder doch nach seinen Grundsätzen handelt; so war es auch in dem Plan der moralischen Absichten, welche wir uns bei diesem Werke vorgesetzt haben, zu zeigen, was für einen Effect diese Grundsätze machen, wenn sie in den gehörigen Zusammenhang gebracht werden. Und dieses sind die hauptsächlichsten Ursachen, warum wir diesen Sophisten (welchen wir nicht schlimmer vorgestellt haben, als er wirklich war, und seine Brüder noch heutiges Tages sind) in die Geschichte des Agathon eingeflochten haben.

Eine ausführliche Widerlegung dessen, was in seinen Grundsätzen irrig und gefährlich ist: (Denn in der Tat hat er nicht allemal unrecht,) wäre in Absicht unsers Plans ein wahres hors d'œuvre gewesen, und schien uns auch in Absicht der Leser überflüssig; indem nicht nur die Antwort, welche ihm Agathon gibt, das beste enthält, was man dagegen sagen kann; sondern auch das ganze Werk (wie einem jeden in die Augen fallen wird, sobald man das Ganze wird übersehen können) als eine Widerlegung desselben anzusehen ist. Agathon widerlegt den Hippias beinahe auf die nämliche Art wie Diogenes den Sophisten, welcher leugnete, daß eine Bewegung sei: Diogenes ließ den Sophisten schwatzen, so lang er wollte; und da er fertig war, begnügte er sich vor seinen Augen ganz gelassen auf und ab zu gehen. Dieses war unstreitig die einzige Widerlegung, die er verdiente.

Wir würden dem zweiten Teile, dessen Ausgabe von der Aufnahme des ersten abhangen wird, den Vorteil der Neuheit und den Lesern zu gleicher Zeit ein künftiges Vergnügen rauben, wenn wir den Inhalt desselben vor der Zeit bekannt machten. Genug, daß man unsern Helden in der Folge in eben so sonderbaren und interessanten Umständen und Verwicklungen sehen wird, als in dem ersten Teil. Alles, was wir vorläufig von der Entwicklung sagen können, ist dieses: daß Agathon in der letzten Periode seines Lebens, welche den Beschluß unsers Werkes macht, ein eben so weiser als tugendhafter Mann sein wird, und (was uns hiebei das beste zu sein deucht,) daß unsre Leser begreifen werden, wie und warum er es ist; warum vielleicht viele unter ihnen, weder dieses noch jenes, sind; und wie es zugehen müßte, wenn sie es werden sollten.

Geschichte des Agathon (1766/67): GA, S. 5–11.

–

Wenn es seine Richtigkeit hat, daß alle Dinge in der Welt in der genauesten Beziehung auf einander stehen, so ist nicht minder gewiß, daß diese Verbindung unter einzelnen Dingen oft ganz unmerklich ist; und daher scheint es zu kommen, daß die Geschichte zuweilen viel seltsamere Begebenheiten erzählt, als ein Romanen-Schreiber zu dichten wagen dürfte. Dasjenige, was unserm Helden in dieser Nacht begegnete, gibt mir neue Bekräftigung dieser Beobachtung ab. Er genoß noch der Süßigkeit des Schlafs, den Homer für ein so großes Gut hält, daß er ihn auch den Unsterblichen zueignet; als er durch ein lermendes Getöse plötzlich aufgeschreckt wurde. Er horchte gegen die Seite, woher es zu kommen schiene, und glaubte, in dem vermischten Getümmel ein seltsames Heulen und Jauchzen zu unterscheiden, welches von den entgegenstehenden Felsen auf eine fürchterliche Art widerhallte. Agathon, der nur im Schlaf erschreckt werden konnte, beschloß diesem Getöse mit eben dem Mut entgegen zu gehen, womit in spätern Zeiten der unbezwingbare Ritter von Mancha dem nächtlichen Klappern der Walkmühlen Trotz bot. Er bestieg also den obern Teil des Berges mit so vieler Eilfertigkeit als er konnte, und der Mond, dessen voller Glanz die ganze Gegend weit umher aus den dämmernden Schatten hob, begünstigte sein Unternehmen. Das Getümmel nahm immer zu, je näher er dem Rücken des Berges kam; er unterschied izt den Schall von Trummeln und das Flüstern regelloser Flöten, und fing an zu erraten, was dieser Lerm zu bedeuten haben möchte; als sich ihm plötzlich ein Schauspiel darstellte, welches fähig scheinen könnte, den Weisen selbst, dessen wir oben erwähnet haben, seiner eingebildeten Göttlichkeit vergessen zu machen. Ein schwärmender Haufen von jungen Thracischen Weibern war es, welche von der Orphischen Wut begeistert, sich in dieser Nacht versammlet hatten, die unsinnigen Gebräuche zu begehen, die das heidnische Altertum zum Andenken des berühmten Zuges des Bacchus aus Indien eingesetzt hatte. Ohne Zweifel könnte eine ausschweifende Einbildungskraft, oder der Griffel eines la Fage von einer solchen Scene ein ziemlich verführerisches Gemälde machen; allein die Eindrücke die der würkliche Anblick auf unsern jungen Helden machte, waren nichts weniger als von der reizenden Art. Das stürmisch fliegende Haar, die rollenden Augen, die beschäumten Lippen und die aufgeschwollnen Muskeln, die wilden Gebärden und die rasende Fröhlichkeit, mit der diese Unsinnigen in frechen Stellungen, ihre mit zahmen Schlangen umwundnen Thyrsos schüttelten, ihre Klapperbleche zusammen schlugen, oder abgebrochne Dithyramben mit lallender Zunge stammelten; alle diese Ausbrüche einer fanatischen Wut, die ihm nur desto schändlicher vorkam, weil sie den Aberglauben zur Quelle hatte, machten seine Augen unempfindlich, und erweckten ihm einen Ekel vor Reizungen, die mit der Schamhaftigkeit alle ihre Macht auf ihn verloren hatten. Er wollte zurück fliehen, aber es war unmöglich, weil er in eben dem Augenblick, da er sie erblickte, von ihnen bemerkt worden war. Der unerwartete Anblick eines Jünglings, an einem Ort und bei einem Feste, welches kein männliches Aug entweihen durfte, hemmte plötzlich den Lauf ihrer lärmenden Fröhlichkeit, um alle ihre Aufmerksamkeit auf diese Erscheinung zu wenden.

Geschichte des Agathon (1766/67): GA, S. 17–19.

–

Bis hieher scheint die Geschichte unsers Helden, wenigstens in den hauptsächlichsten Stücken, dem ordentlichen Lauf der Natur, und den strengesten Gesetzen der Wahrscheinlichkeit so gemäß zu sein, daß wir keinen Grund sehen, an der Wahrheit derselben zu zweifeln. Aber in diesem eilften Buch, wir müssen es gestehen, scheint der Autor aus dieser unsrer Welt, welche, unparteiisch von der Sache reden, zu allen Zeiten nichts bessers als eine Werkel-Tags-Welt (wie Shakespear sie irgendwo nennt) gewesen ist, ein wenig in das Land der Ideen, der Wunder, der Begebenheiten, welche gerade so ausfallen, wie man sie hätte wünschen können, und um alles auf einmal zu sagen, in das Land der schönen Seelen, und der utopischen Republiken verirret zu sein. Es stehet bei den Lesern, ihm hierin soviel Glauben beizumessen, als sie gerne wollen; wir an unserm Teil nehmen uns der Sache weiter nichts an; unsere Absichten sind bereits erreicht, und die glücklichen oder unglücklichen Umstände, welche dem Agathon noch bevorstehen mögen, haben nichts damit zu tun. Indessen glauben wir doch, daß der Autor allen den gutherzigen Leuten, welche sich für den Helden einer solchen Geschichte nach und nach interessieren, und gerne haben, wenn sich am Ende alles zu allerseitigem Vergnügen, mit Entdeckungen, Erkennungen, glücklichem Wiederfinden der verlornen Freunde, und etlichen Hochzeiten endet, einen Gefallen getan habe, seinen Helden, nachdem er eine hinlängliche Anzahl guter und schlimmer Abenteuer bestanden hat, endlich für seine ganze übrige Lebens-Zeit glücklich zu machen. Es mag sein, daß der Verfasser der griechischen Handschrift hierin seinem guten Naturell den Lauf gelassen hat; denn in der Tat, scheint es ein Zeichen eines harten und grausamen Herzens zu sein, welches ein Vergnügen an der Qual und den Tränen seiner unschuldigen Leser findet, wenn man alles anwendet, uns für den Helden und die Heldin einer wundervollen Geschichte einzunehmen, bloß um uns zuletzt durch einen so jämmerlichen Ausgang, als eine schwermütige, menschenfeindliche Imagination nur immer erdenken kann, in einen desto empfindlichern und unleidlichern Schmerz zu versenken, da es lediglich bei dem guten Willen des Autors stund, uns desselben zu überheben. Gleichwohl aber scheint uns unser edler gesinnte Verfasser noch eine andre Absicht dabei gehabt zu haben, welche er, ohne sich einer noch größern Unwahrscheinlichkeit schuldig zu machen, nicht wohl anders als durch diese nicht allzuwahrscheinliche Verbindung glücklicher Umstände, worein er seinen Helden in diesem Buche setzt, erreichen konnte – – Und was für eine Absicht mag das wohl sein? – – Ich will es ihnen unverblümt und ohne Umschweife sagen, meine Herren und Damen, ob ich gleich besorgen muß, daß die ungewöhnliche Offenherzigkeit, welche ich ihnen in dem ganzen Laufe dieses Werkes habe sehen lassen, mir von einem oder dem andern aus ihrem Mittel übel aufgenommen werden möchte – – Unser Verfasser wollte dem Vorwurf ausweichen, welchen Horaz gleichnisweise in dem bekannten Verse – –

Amphora cœpit
Institui – – currente rota cur urceus exit? – –

denjenigen Dichtern macht, in deren Werken das Ende sich nicht zu dem Anfang schickt. Er wollte in seinem Helden, dessen Jugend und erste Auftritte in der Welt so große Hoffnungen erweckt hatten, nachdem er ihn durch so viele verschiedene Umstände geführt, als er für nötig hielt seine Tugend zu prüfen, zu läutern und zu der gehörigen Consistenz zu bringen, am Ende einen so weisen und tugendhaften Mann darstellen, als man nur immer unter der Sonne zu sehen wünschen, oder nach Gestalt der Sachen, erwarten könnte. Der Enthusiasmus, der die eigentliche Anlage seines Helden zu einem mehr als gewöhnlichen Grade moralischer Vollkommenheit enthielt, verhinderte ihn zu eben der Zeit da er seine Tugend erhöhte, so weise zu sein, als man sein muß, um nicht mit den erhabensten Begriffen, und den edelsten Gesinnungen, von sich selbst und von andern betrogen zu werden. Eine Art zu denken, welche ihn zu einer höhern Classe von Wesen als die gewöhnlichen Menschen sind, zu erheben schien, setzte ihn dem Neid, der verkehrten Beurteilung, den Nachstellungen und Verfolgungen dieser Menschen aus; und machte ihn, welches für seine Tugend das Schlimmste war, unvermerkt vergessen, daß er im Grunde doch immer weder mehr noch weniger sei, als ein Mensch. Die Erfahrungen, die er endlich hierüber bekam, öffneten ihm die Augen, und zerstreuten einen Teil der Bezauberung; er lernte sich selbst besser kennen; aber er kannte die Welt noch nicht genug. Ein neues und großes Theater, auf welches er versetzt wurde, half diesem Mangel ab; eine immer weiter ausgebreitete und vervielfältigte Erfahrung stimmte seine allzuidealische Denk-Art herab, und überführte ihn, daß er, wie der großmütige, tugendhafte und tapfre Ritter von Mancha (dieses lehrreiche Bild der Schwachheiten und Verirrungen des menschlichen Geistes!) Windmüh-

242

len für Riesen, Wirtshäuser für bezauberte Schlösser, und Dorf-Nymphen für göttliche Dulcineen angesehen hatte. Er wurde weiser, aber auf Unkosten seiner Tugend. So wie die Bezauberung seiner Einbildungs-Kraft verging, hörte auch die Begierde auf, große Taten zu tun, allem Unrecht in der Welt zu steuern, mit den Feinden der allgemeinen Glückseligkeit sich herumzuschlagen, und die Menschen, wider ihren Dank und Willen, glücklich machen zu wollen. Nun sage man mir, nachdem es mit unserm Helden dazu gekommen war, (und, alles wohl erwogen, mußte es auf eine oder andere Art endlich dazu kommen; denn die edelste, die liebenswürdigste Schwärmerei, wenn sie gar zu lange dauert, und sich so gar durch die Maul-Esel-Treiber von Jangois nicht austreiben lassen will, wird endlich zu Narrheit,) was sollte, was konnte unser Autor nun weiter mit ihm anfangen? Einen misanthropischen Einsiedler aus ihm machen? – – Dazu war sein Kopf zu heiter und sein Herz zu schwach – – oder zu zärtlich – – oder zu gut; was ihr wollt; und zudem mochte unser Autor, der ein Grieche war, und wenigstens in die Zeiten des Alciphrons gesetzt werden muß, (wie die Gelehrten ohne unser Erinnern bemerkt haben) vermutlich von der Vortrefflichkeit einer einsiedlerischen Tugend die erhabenen Begriffe nicht haben, welche man sich in den wundervollen Zeiten des dreizehnten und vierzehnten Jahrhunderts bis zu unsern philosophischen Zeiten davon gemacht hat, und (allem Ansehen nach) in einigen Ländern noch lange machen wird. Ihn wieder in die weite Welt zurückzuführen, wäre nichts anders gewesen, als ihn der augenscheinlichsten Gefahr aussetzen, in seiner antiplatonischen Denk-Art durch immer neue Erfahrungen bestärkt, und durch die Gesellschaft witziger und liebenswürdiger Leute, welche entweder gar keine Grundsätze, oder nicht viel bessere als der weise Hippias, gehabt hätten, nach und nach auch um diesen kostbaren Überrest seiner ehemaligen Tugend gebracht zu werden, den er glücklicher Weise aus der verpesteten Luft der großen Welt noch davon gebracht hat. Vielleicht hätte er in solchen Umständen noch immer eine Art von Mittel zwischen

Weisheit und Torheit, eine mehr lächerliche als hassenswürdige Composition von kühnem Witz und unschlüssiger Vernunft, von wahren und willkürlichen Begriffen, von Aberglauben und Unglauben, von guten und bösen Leidenschaften, Gewohnheiten und Launen, von gleich betrüglichen Tugenden und Lastern; kurz, eine so vortreffliche Art von Geschöpfen werden können, wie ungefähr die meisten von uns andern sind, wir mögen es nun einsehen – – und wenn wir's einsehen, eingestehen – – oder nicht. Bei so bewandten Umständen, und da es (wie gesagt) nun einmal die Absicht des Autors war, aus seinem Helden einen tugendhaften Weisen zu machen, und zwar solchergestalt, daß man ganz deutlich möchte begreifen können, wie ein solcher Mann – – so geboren – – so erzogen – – mit solchen Fähigkeiten und Dispositionen – – mit einer solchen besondern Bestimmung derselben – – nach einer solchen Reihe von Erfahrungen, Entwicklungen und Veränderungen – – in solchen Glücks-Umständen – – an einem solchen Ort und in einer solchen Zeit – – in einer solchen Gesellschaft – – unter einem solchen Himmels-Strich bei solchen Nahrungs-Mitteln (denn auch diese haben einen stärkern Einfluß auf Weisheit und Tugend, als sich manche Moralisten einbilden) – – bei einer solchen Diät – – kurz, unter solchen gegebenen Bedingungen, wie alle diejenigen Umstände sind, in welche er den Agathon bisher gesetzt hat, und noch setzen wird – – ein so weiser und tugendhafter Mann habe sein können, und (diejenigen, welche nicht gewohnt sind zu denken, mögen es nun glauben oder nicht,) unter den nämlichen, oder doch sehr ähnlichen Umständen es auch noch heutzutage werden könnte: Da, sage ich, dieses seine Absicht war, so blieb ihm freilich kein andrer Weg übrig, als seinen Helden in diesen Zusammenhang glücklicher Umstände zu setzen, in welchen er sich nun bald, zu seinem eigenen Erstaunen, befinden wird. Freilich ist ein solcher Zusammenfluß glücklicher Umstände allzuselten, um wahrscheinlich zu sein. Aber wie soll sich ein armer Autor helfen, der (alles wohl überlegt) nur ein einziges Mittel vor sich sieht, aus der Sache zu kommen, und dieses ein gewagtes? Man hilft sich wie man kann, und wenn es auch durch einen Sprung aus dem Fenster sein sollte. Der kleine Held der Königin von Golconde ist nicht der erste, der sich durch dieses Mittel helfen mußte: Julius Cäsar würde ohne einen solchen Sprung das Vergnügen nicht gehabt haben, als Herr der Welt (wie man, zwar lächerlich genug, zu sprechen gewohnt ist,) durch die Straßen Roms ins Capitolium einzuziehen.

Und soviel mag dann zur Rechtfertigung unsers Autors gesagt sein; wenn es anders zu seiner Rechtfertigung dienen kann, welches wir den Kunstrichtern überlassen müssen. Das Urteil mag indessen ausfallen wie es will, so beladet sich der Herausgeber, wie er schon erklärt hat, dessen im geringsten nicht. Die Absichten, warum er die alte Urkunde, welche zufälliger Weise in seine Hände gekommen ist, in einen Auszug von derjenigen Form und Beschaffenheit, wie die vorhergehenden zehen Bücher weisen, gebracht hat, sind bereits erreicht. Es ist verhoffentlich unnötig, sich hierüber näher zu erklären. Doch soviel können wir wohl sagen, daß er niemalen daran gedacht hat, einen Roman zu schreiben, wie sich vielleicht manche, ungeachtet des Titels und der Vorrede, zu glauben in den Kopf gesetzt haben mögen – – und da dieses Buch, in so fern der Herausgeber Teil daran hat, kein Roman ist, noch einer sein soll; so hat er sich auch um die so genannte Schürzung des Knotens, und ob der Verfasser der Urkunde seinen Knoten geschickt oder ungeschickt entwickelt oder zerschnitten hat, wenig zu bekümmern.

Geschichte des Agathon (1766/67): GA, S. 552–557.

Ich bin so überzeugt als es jemand seyn kann, daß der *Ödipus* des Sofokles eines der *vollkommensten Muster* der Tragödie ist; und daß die Regeln, die von diesem Meisterstück der tragischen Kunst abgezogen worden, Regeln sind, bey deren Beobachtung ein Mann, der den *Geist des Sofokles* geerbt und den Vortheil gehabt hätte, ein eben so glückliches Süjet als der Ödipus ist, aufzufinden, ein eben so vortreffliches Trauerspiel hervorbringen würde. Aber die bloße Beobachtung dieser Regeln, besonders der sogenannten *drey Einheiten*, macht darum noch kein vortreffliches Werk: und das regelloseste Stück, mit *Shakespears* Genie, tiefem Blick in die innersten Falten des Herzens, Lebendigkeit und Energie der Imaginazion, Wärme des Gefühls, und unerschöpflichem Reichthum an Gedanken und Bildern geschrieben, würde doch wohl, ohne jemandes Widerrede, unendlich mahl mehr werth seyn als *Gottscheds Cato*, mit aller Beobachtung der Regeln des göttlichen Aristoteles. Wer wollte nicht lieber mit einem sehr unregelmäßig gebauten *Äsop* Umgang pflegen, als mit einem *Antinous,* wenn er nur eine hirnlose Puppe wäre?

Shakespears Stücke sind, größtentheils, *Haupt-* und *Staatsakzionen*, oder dramatisierte *Novellen* und *Mährchen*, bey deren Anlage er so wenig an den Plan des Ödipus dachte, als an das Ceremonien-Tribunal zu Peking. Nicht desto besser! sagt Hr. v. A. und beynahe möchte ich es auch sagen, wenn ich überzeugt wäre, daß Shakespear durch Regelmäßigkeit nicht mehr verloren als gewonnen hätte. Aber es sey dem so! Er ist und bleibt dennoch (mit Erlaubniß meines edeln Freundes) *der erste dramatische Dichter aller Zeiten und Völker – nich*t weil er sich über die Regeln der Griechischen Tragödie wegsetzte; *nicht* wegen seiner Vermengung des erhabensten Tragischen mit dem niedrigsten

Komischen; *nicht* wegen gewisser Fehler, die ihm mit den größten Schriftstellern seiner Nazion und Zeit gemein waren, noch
wegen der Opfer, die er dem schlimmen Geschmacke seines Publikums, von welchem er seinen Unterhalt ziehen mußte, *wis-*
sentlich brachte – dieß dächte ich, sollte sich doch endlich einmahl von selbst verstehen! – sondern weil ihn, in allem was das
Wesentlichste eines großen Dichters überhaupt und eines Dramatischen insonderheit ausmacht, an Stärke aller Seelenkräfte, an
innigem Gefühl der Natur, an Feuer der Einbildungskraft, und
der Gabe sich in jeden Karakter zu verwandeln, sich in jede Si-
tuazion und Leidenschaft zu setzen, weder Corneille noch Racine, weder Crebillon noch Voltaire, nicht nur *nicht übertroffen*,
sondern (wenn wir ohne Vorurtheile und nachhinlänglicher Untersuchung und Vergleichung der Sache urtheilen wollen) *bey*
weitem nicht erreicht haben. Wer von *Spuren* eines großen Genies spricht, die man *oft* in seinen Werken finde, erweckt den
Verdacht, sie nie gelesen zu haben. Nicht *Spuren*, sondern im-
merwährende Ausstrahlungen und volle Ergießungen des mächtigsten, reichsten, erhabensten Genius, der jemahls einen Dichter
begeistert hat, sind es, die mich, bey Lesung seiner Werke, überwältigen, mich für seine Fehler und Unregelmäßigkeiten unempfindlich machen, mich, unter dem Zauber seiner allgewaltigen
Fantasie, eben so wenig an Französische Regeln und Französische Muster denken lassen, als mir in einer herrlichen Land-
schaft, oder in einem majestätischen, von der wärmsten Sonne
beleuchteten Walde einfallen könnte, zu beklagen, daß *Le Notre*
der Natur hier nicht mit seiner Meßschnur und Baumscheere zu
Hülfe gekommen sey. Shakespears Werke sind, in Vergleichung
mit regelmäßigen Tragödien nur in *so fern Ungeheuer* (wie sie
Hr. v. A. nennt) als die Domkirche zu Mayland oder die Abtey
von Westminster in Vergleichung mit Griechischen Tempeln,
oder die Faßade, des Straßburger-Münsters in Vergleichung mit
der Faßade vom Louvre *Ungeheuer* sind. Ein mittelmäßiges
Tempelchen, nach Jonischer Ordnung gebaut, wäre freylich *ele-*
ganter als die majestätische Kathedralkirche zu York, die eines

der prächtigsten Denkmähler im sogenannten Gothischen Geschmacke ist: aber was müßte das für ein Kopf seyn, der, (wenn
es auf *ihn* ankäme) *diese* niederreißen lassen wollte, um *jenes* an
ihren Platz zu setzen?

Shakespears *Unregelmäßigkeit* wird, an sich selbst, nie eine
Schönheit werden, wiewohl sie bey ihm oft die Veranlassung
großer Schönheiten ist; und seine *Fehler* bleiben Fehler, wiewohl
sie Fehler eines großen Mannes sind. Es ist nicht wohl gethan,
jene nachzuahmen, ohne von der Natur mit Geisteskräften wie
die seinige ausgesteurt worden zu seyn; und es ist *lächerlich,
diese* nachzuäffen. Aber was könnte denn auch das *servum pecus*
geistloser Nachahmer an einem Shakespear sonst nachahmen als
seine Fehler? Sein Genie läßt sich freylich nicht nachahmen. Indessen sind es doch bloß die Affen Shakespears, deren Mach-
werk er nun darum entgelten soll, weil sie ihn von seiner tadel-
haften Seite zum Muster genommen haben. Immerhin eifere man
gegen seine unberufenen, unverständigen und geschmacklosen
Nachtreter! Aber was hat Shakespear mit *diesen* zu schaffen? Er
steht für sich selbst. Seine Werke, an denen die Natur so viel und
die Kunst so wenig Antheil hat, werden ewig das Vergnügen aller Leser von unverdorbenem Gefühl, und *das Studium aller
wahren Künstler* bleiben; sie sind gemacht, gelesen, empfunden,
studiert, aber nicht anders nachgeahmt zu werden, als in so ferne
die *getreuen Abdrücke der Natur*, die sie uns in so großem Über-
flusse darstellen, als eben so viel *Modelle* betrachtet werden können. Ungeachtet der ausgebildete Mensch alles was er ist, gewissermaßen durch Nachahmung wird; so ist doch gewiß, daß nur
Menschen, die mit *dem Geiste* der schönen Künste *geboren* wurden, nur Menschen von wahrem entschiedenem Talente, fähig
sind, die großen Meister, deren Lehrerin die Natur selbst war,
mit Diskrezion und Weisheit nachzuahmen. Das Vorbild mag ein
Shakespear oder ein Corneille, ein Rafael oder ein Rembrand
seyn, wenn derjenige, der sich nach ihm bilden will, ein *servum
pecus* oder ein Affe ist, so kann nichts Taugliches herauskommen.
Wenn Shakespear auch nie unter uns bekannt worden wäre, oder

gar nicht existiert hätte: so würden wir, aller Wahrscheinlichkeit nach, nicht ein einziges vortreffliches Werk *mehr*, und kein schlechtes *weniger* haben. Die von der letzten Gattung würden nur unter *andern Formen* und in einer *andern Manier* schlecht seyn: statt mißgeschaffner Nachahmungen des Engländers würden wir eine größere Anzahl schaler, geistloser, gereimter oder ungereimter Nachahmungen der Franzosen bekommen haben: statt wilder Menschenfresser, Tollhäusler, Banditen, und Helden die aufs Rad oder wenigstens an eine Galeerenkette gehören, würden wir *Scuderische* und *Calprenedische Romanhelden*, oder in feine Parisische Herren und Damen verwandelte Griechen, Römer und Morgenländer auf unsern Bühnen sehen: und was hätte dann die Kunst oder unsere Litteratur dabey gewonnen? – Noch einmahl also, nicht darin daß wir schlechte Muster genommen, sondern daß wir den guten größtentheils auf einem verkehrten Wege und auf eine verkehrte Art nachgeahmt haben, liegt das Übel, welchem abgeholfen werden muß, und vermuthlich sobald abgeholfen werden wird, als in einer Deutschen Stadt, welche groß und reich genug ist ein gutes stehendes Theater zu unterhalten, die Anzahl der Leute von Geschmack groß genug seyn wird, um dem übrigen Publikum den Ton anzugeben; und sobald es also für Männer von Genie, Wissenschaft und Talent ehrenvoll und belohnend genug seyn wird, sich der Schaubühne ganz zu widmen.

Briefe an einen jungen Dichter (1784): SW, Suppl.-Bd. 6, S. 272–278.

Ja, *Filomedon*, ich behaupte es: der elendeste Wasserträger in Korinth ist ein schätzbarerer Mann als du! – Du wirst mir meine Freyheit vergeben, – oder wenn du böse darüber würdest, so wirst du mir doch erlauben daß ich – nichts darnach frage.

»Das wollen wir sehen,« sagte Filomedon mit trotziger Miene.

Ich habe so wenig zu verlieren, junger Mann, daß es nicht der Mühe werth wäre mich vor jemand zu fürchten. – Fy, wer wollte böse darüber werden wenn man ihm die Wahrheit sagt! –

»Unverschämter Geselle!«

Du scherzest, Filomedon; die Wahrheit von dem was ich sagte, fällt so stark in die Augen, daß dich alle deine Eigenliebe nicht blind genug machen kann, sie nicht zu sehen. Der Wasserträger, so ein armer schlechter Kerl er ist, nützt doch dem gemeinen Wesen; aber wozu nützest Du? – Komm, keinen kindischen Trotz! Wir wollen freundschaftlich von der Sache sprechen. – Du verzehrest alle Jahre zwanzig Talente, das beträgt beynahe fünf hundert Drachmen auf jeden Tag.

»Und es verdrießt dich, daß du es nicht auch so machen kannst, Diogenes, nicht wahr? Du könntest wenigstens mein Tischgenosse seyn, wenn du wolltest; aber dazu bist du zu stolz.«

Nicht eben zu stolz, Filomedon, aber zu *bequem*. Seitdem ich die Beschwerlichkeiten der Sklaverey gekostet habe, wollt' ich das Glück, mein eigner Herr zu seyn, nicht gegen alle Schätze Asiens vertauschen.

»Gerade so denk' ich auch, Diogenes. Ich bin reich; ich genieße meines Reichthums, und andre genießen ihn mit mir. Er verschafft mir Ansehen, oft auch Einfluß. Ich habe nicht nöthig erst zu erwerben, was mir das Glück freywillig zugeworfen hat. Warum sollt' ich nicht eben so gut mein eigner Herr seyn dürfen als du?«

Der Schluß von mir auf dich geht nicht an; der Unterschied ist zu groß zwischen uns. Du ziehest jährlich zwanzig Attische Talente aus dem Staate; ich nichts.

»Ich ziehe meine Einkünfte nicht vom Staate; sie sind mein Eigenthum.«

Beides geht mit einander. Sie sind dein Eigenthum, es ist wahr; aber nur kraft des Vertrags, welcher zwischen den Stiftern der Republik getroffen wurde, da sie die erste Gühertheilung vornahmen. Deine Vorfahren bekamen ihren Antheil unter der Bedingung, daß sie so viel, als in ihren Kräften wäre, zum Besten des Staats beytragen sollten. Dieser Vertrag dauert noch immer fort. Wer Vortheile aus dem Staate zieht, ist ihm auch Dienste schuldig.

»Ziehest du etwa keine Vortheile aus dem Staate?«

Welche zum Exempel?

»Du lebst doch, und man lebt nicht von Luft. Du gehst frey und sicher unter dem Schutze der Gesetze herum. – Rechnest du das für nichts?«

Es ist etwas, Filomedon; aber es ist doch nicht mehr als mir die Korinthier schlechterdings *schuldig* sind. Das wenigste, was ich nach dem Gesetze der Natur an ihnen zu fordern habe, ist, *daß sie mich ungekränkt leben lassen*, wenigstens so lang' ich ihnen nichts böses zufüge.

»Warum sollten sie das mir nicht eben so schuldig seyn als dir, ohne daß ich ihnen mehr Dienste zu thun brauche als du?«

Sie sind es auch; aber du würdest übel zufrieden seyn, wenn sie dich damit abfertigen wollten. Du forderst noch gar viel mehr von ihnen. Andre müssen deine Felder bauen, andre deine Herden hüten, andre in deinen Fabriken arbeiten, andre die Kleider weben die du anziehst, oder die Teppiche womit du deine Zimmer belegst, andre deine Speisen bereiten, andre den Wein pflanzen den du trinkst; kurz, alles was du nöthig hast, – und wie viel Bedürfnisse hast du nicht! – das müssen dir andre verschaffen: du allein legst dich hin und thust nichts, nichts auf der Welt als essen, trinken, tanzen, küssen, schlafen, und dir aufwarten lassen; und dieß alles kraft deiner zwanzig Attischen Talente, an die du kein andres Recht hast, als was dir *der gesellschaftliche Vertrag* und die daher fließenden bürgerlichen Gesetze geben; ein Recht, welches, wie ich sagte, gewisse Pflichten von deiner Seite voraussetzt, deren Beschaffenheit du vermuthlich in deinem ganzen Leben nie so ernsthaft in Überlegung genommen hast, als den Küchenzettel, über den du dich alle Morgen mit deinem Hausmeister berathschlagst.

»Mich däucht, Diogenes, du vergissest, daß alles, was wir andre thun, entweder durch Sklaven geschieht, die ich dafür ernähre, oder durch Freywillige, die ich dafür bezahle?«

Das wickelt dich noch lange nicht heraus, mein guter Filomedon. – Wer giebt dir ein Recht, Menschen, welche *von Natur* deines gleichen sind, als dein Eigenthum anzusehen? – »*Die Gesetze,*« wirst du sagen; – aber gewiß nicht das Gesetz der Natur, sondern Gesetze, welche ihre Verbindlichkeit eben demjenigen ausdrücklichen oder stillschweigenden Vertrage zu danken haben, auf den sich die ganze bürgerliche Verfassung stützet. Denn was anders als diese nöthigt deine *Sklaven* zu einem Gehorsam, den sie dir bald aufkündigen würden, wenn sie nicht durch eine so furchtbare Macht im Zaum gehalten würden? – Und kannst du dir einbilden, daß unter allen den *Freygebornen,* welche dir um Belohnung arbeiten, nur ein einziger sey, der dessen nicht lieber überhoben wäre, wenn ihn nicht dringende Bedürfnisse, oder die Begierde sich zu bereichern, zu deinem freywilligen Sklaven machten? Meinst du nicht, die meisten, anstatt durch die beschwerliche Arbeit etlicher Tage dir kaum den zehntausendsten Theil deiner Einkünfte abzuverdienen, würden weit lieber, an deinem Platze, zwischen der lächelnden Venus und dem Bacchus, dem Geber der Freude, auf einem wollüstigen Ruhebette liegen, und für die zwanzig Talente, welche sie jährlich ohne die geringste Mühe einzunehmen hätten, – (denn auch diese überträgst du deinem Verwalter) – zehntausend andre Menschen für sich arbeiten lassen? – Ja, es ist kein Zweifel, daß die meisten, wenn sie dürften, die ganz einfältige Überlegung machen würden, sie könnten sich diese Mühe ersparen, wenn ihrer etliche zusammen träten, und sich deines Vermögens mit Gewalt bemächtigten. Was anders sichert dich gegen diese Gefahr als die bürgerliche Polizey und der Schutz der Gesetze, von deren Handhabung die ganze Gültigkeit des Vertrags, *ich arbeite dir damit du mich bezahlest,* abhängt?

Und gesetzt auch, du hättest keine Gewalt zu besorgen, so würden eben diese Leute, von denen du, gegen einen kleinen Theil deines Geldes, Nothwendigkeiten, Bequemlichkeiten und Wollüste eintauschest, dir ihre Waaren oder ihre Arbeit in einem so übermäßigen Preise verkaufen, daß deine zwanzig Talente kaum für die Bedürfnisse einer Woche zureichten, – wenn es nicht abermahl eine Wirkung der Polizey wäre, daß die Preise der Arbeiten und Waaren nicht von der Willkühr der Arbeiter und Verkäufer abhangen.

Gestehe also, Filomedon, daß du von der bürgerlichen Gesellschaft, wovon du ein Mitglied bist, so große und wesentliche Vortheile ziehst, daß dir ohne sie alles Gold des Königs Midas wenig helfen würde. Ist aber dieses richtig, so brauchen wir weiter keinen Beweis, daß der erste beste Lastträger zu Korinth mehr Verdienste hat als du. Denn für den dürftigen Unterhalt, den ihm die Gesellschaft reicht, arbeitet er zu ihrem Dienste. Du hingegen, dem sie zwanzig Talente jährlich zu verzehren giebt, thust nichts für sie; oder wenigstens ist dein ganzes Verdienst um den Staat *das Verdienst einer Hummel,* welche den besten Theil des Honigs, den die arbeitenden Bienen mühsam zusammen tragen, verzehrt, ohne etwas anders dafür zu thun, als dem Staate junge Einwohner zu verschaffen; – und erlaube mir zu sagen, daß du auch dieses nicht thun würdest, wenn der Reitz des Vergnügens nicht mächtiger auf dich wirkte, als das Gefühl deiner Pflichten gegen die Gesellschaft.

Nachlass des Diogenes von Sinope (1770): SW, Bd. 13, S. 101–107.

–

Glaube mir, Bruder, in allen unsern Deklamazionen gegen die Unvollkommenheiten und Gebrechen der menschlichen Natur ist kein Grän Menschenverstand. *Unterdrückung*, und ihre Töchter, *Üppigkeit*, die mit den *Unterdrückern – Dürftigkeit*, die mit den *Unterdrückten* gepaart ist, sind die wahren Ursachen des menschlichen Verderbens. Die Menschen würden *besser* werden, so bald man ihnen erlaubte *glücklicher* zu seyn; und sie würden glücklich *genug* seyn, so bald nicht einige auf Kosten der übrigen glücklicher, als es Menschen zukommt, seyn wollten. Ich habe dir eine Familie gezeigt, die in der Einfalt der Natur bey einer beschäftigten Lebensart, von Mangel und Überfluß gleich weit entfernt, durch Gesundheit, frohen Muth und gegenseitige Zuneigung glücklich ist. In allen unsern Hütten triffst du solche Bewohner an. Niemahls hat Kummer, Gram, noch Verzweiflung die Quellen des Gefühls in ihrem Herzen vergiftet, ihnen nach erschöpfender Arbeit des Tages den Schlaf geraubt, um sie mit trostlosen Aussichten in künftiges Elend zu ängstigen. Mäßige Arbeit, gute Nahrung und ein fröhliches Herz erhält den Mann und sein Weib gesund, verlängert ihre Jugend, unterhält ihre Kräfte; sie zeugen gesunde, wohlgestalte, fröhliche Kinder. Ungeängstigt von der Sorge woher sie Brot für selbige nehmen werden, erschrecken sie nicht wenn sich ihre Zahl vermehrt; ihre Kinder sind ihr Reichthum, ihre Wonne; sie verdoppeln ihre Arbeit mit Lust, weil sie für ihre Kinder arbeiten. Und wie sollten Ältern, die ihr größtes Glück in ihren Kindern finden, nicht von diesen wieder geliebt werden? Wie sollten Geschwister, welche, gemeinschaftlich auf dem Schooß der Liebe erzogen, die Zuneigung der Mutter und des Vaters vom zartesten Alter an zu theilen gewohnt sind, wie sollten sie einander nicht lieben? Und wie könnte also eine durch die mächtigen Bande der Natur und der Liebe in Eine schöne Gruppe zusammen geschlungne und von Einem Herzen belebte Familie, in den vorausgesetzten Umständen, nicht gut, nicht glücklich seyn?

Aber setzen wir eben diese Familie in ein Land der Unterdrückung: wie plötzlich wird diese ganze Scene von häuslichem

Glücke verschwunden seyn! In ihrer Hütte werden alle Sinne durch das vollständigste Elend beleidigt. Überall Dürftigkeit, Ungemach und Blöße – die Körper der Ältern von übermäßiger Arbeit, kärglicher ungesunder Nahrung, und Mangel an Ruhe, Erquickung und Vergnügen gedrückt, abgewelkt, ausgemergelt – die Kinder, elende ungestaltete, kränkelnde Mißgeschöpfe, Kinder der Verzweiflung vielmehr als der Liebe, die der Hitze, dem Regen und dem Frost nichts als Nacktheit oder moderende Lumpen entgegen zu setzen haben, den Ältern zur Last und zum Kummer leben, und, von langsamen Hunger verzehrt, einander jeden Bissen in den Rachen zählen – Ich kann das abscheuliche Gemählde nicht vollenden, wiewohl ich besorge, daß die Originale dazu allenthalben wo es *Sultanen* und *Raja's* giebt, nur zu häufig anzutreffen sind. Wie wär' es nun möglich, daß so elende Geschöpfe gut *seyn*, gut *werden*, oder gut *bleiben* könnten? Welch ein Wunder müßte geschehen, wenn so viel Elend sie nicht vielmehr mißvergnügt, düster, undankbar, gleichgültig gegen fremde Noth, neidisch und schadenfroh, niederträchtig, betrügerisch, diebisch, raubgierig und zu jedem Verbrechen, wodurch etwas zu gewinnen ist, bereitwillig machen sollte? – Und nun komme mir Sofist, Derwisch oder Kalender, und deklamiere gegen die *menschliche Natur*! Gegen die großen und kleinen Sultanen reißt die Mäuler auf, wenn ja deklamiert seyn muß! *Diese* sind die ersten und letzten Ursachen alles Übels in der Welt!

Geschichte des weisen Danischmend (1775): SW, Bd. 8, S. 138–141.

–

Ein Sklave, *eben darum weil er nicht emporstreben darf*, hört endlich auf Mensch zu seyn, und wird zum bloßen Thier erniedrigt. Empört sich auch zuweilen die Vernunft in ihm, so hält der Sultan Stock und Geißel, Strick, Schwert und Pfahl bereit, ihn dafür *zu bestrafen*. Denn wo ein Sultan den Meister spielt, ist *Denken* ein *Verbrechen*. Aber die Tyrannen haben schon dafür gesorgt, daß die unnatürlichsten Verbrechen unter ihrer Herrschaft weniger selten sind als dieß. Wie könnt' ein von knechtischer Arbeit zu Boden gedrückter Sklave, über dessen Rücken stets die Geißel schwebt, Zeit oder Muth zum Denken gewinnen? Und könnt' er auch, wozu hälf' es ihm, als sein Elend zu vergrößern, da er seine Gedanken und Anschläge niemanden mittheilen darf? Was verrmag ein einzelner Mensch?

Es ist wahr, unter so vielen Millionen Sklaven giebt es Tausende, die, als kleinere Sultane, als Gehülfen der Unterdrückung, als Günstlinge, oder als nothwendige Werkzeuge der Üppigkeit, auf die eine oder andre Weise ihr Glück machen, und zu Ansehen, Macht und Reichthümern gelangen. Aber dieses Glück ist vielleicht nur *ein Augenblick*: man muß ihn eilends haschen, genießen, hinunter schlingen; das Gegenwärtige ist Alles, wo keine Sicherheit für die Zukunft ist. Die *Furcht* thut also bey den Großen und Reichen die nehmliche Wirkung wie bey dem niedrigsten Sklaven. Dieser *kann* nicht denken wenn er auch *wollte*, jene *wollen* nicht wenn sie auch *könnten*.

Geschichte des weisen Danischmend (1775): SW, Bd. 8, S. 152–154.

Teutscher Merkur

Vorrede des Herausgebers

Die gute Aufnahme welche die erste Ankündigung dieses neuen
Journals allenthalben gefunden hat, überhebt mich der Mühe, die
Unternehmung desselben zu rechtfertigen, und von dem Nutzen, den das Publicum mit einigem Grunde davon erwarten kan,
viele Worte zu machen, Ich werde mich also in dieser Vorrede,
wodurch ich den deutschen Merkur bey dem lesenden Theile der
Nation aufführen soll, blos darauf einschränken, von der Einrichtung desselben, und von den Bedingungen wozu die Unternehmer sich anheischig machen, vorläufig Rechenschaft zu geben.

Ohne eine Anzahl auserlesener Gehülfen, welche sich mit mir
zu Einem Zweck verbunden haben, und ohne die Hofnung einer
allgemeinen Mitwürkung unsrer besten Köpfe würd' ich nie
daran gedacht haben, mich mit einem Periodischen Werke zu beladen, welches nur durch eine gewisse Vollkommenheit und
durch nähere Beziehungen auf den gegenwärtigen Zustand unsrer Litteratur der allgemeinen Erwartung würdig werden kan.
Die Unternehmer wünschen also Beyträge zu erhalten, und laden dazu nicht nur die Schriftsteller ein, welche bereits im Besitz
der allgemeinen Hochachtung sind: sie sind gar nicht ungeneigt,
auch für angehende Schriftsteller einen Schauplatz zu eröfnen,
wo sie sich dem Publico zeigen können, und es würde ihnen sehr
angenehm seyn, wenn sie durch diese Unternehmung Gelegenheit erhielten, ein hier oder da noch schlummerndes Genie aufzuwecken, oder ein vielleicht noch unentschlossnes in die ihm
angemeßne Laufbahn einzuleiten. Indessen können wir doch
nicht umhin, voraus zu erklären, daß wir von den etwan einlauf-
fenden Beyträgen nicht ohne Prüfung und Auswahl Gebrauch

machen können, und in dieser Wahl, ohne einige Rücksicht auf Personen und besondere Verhältnisse, den Vortheil des Publicums ganz allein zu Rathe ziehen werden. Wir befinden uns, was diesen Punct betrift, gar nicht in dem Falle des Französischen Merkurs, dem alles willkommen seyn muß, was man ihm zuwirft, weil er jährlich sechzehn Bände, es sey nun womit es wolle, anzufüllen hat. Wir haben uns nur zum vierten Theile einer so starken Lieferung anheischig gemacht, und alles müßte uns betrügen, oder diese Bescheidenheit wird uns in den Stand setzen, das Publicum, wenigstens einigen Artikeln merklich besser zu bedienen.

Aus Gelegenheit des so eben erwähnten Mercure de France, find' ich nöthig zu erinnern, daß die Benennung des deutschen Merkurs, welche einigen Patrioten ein wenig anstößig gewesen ist, in Ermanglung einer schicklichen, blos darum gewählt worden, weil man glaubte, sie würde dem Publico, wenn man ihrer einmal gewohnt wäre, die bequemste seyn. Uebrigens soll und kan der deutsche Merkur, weder was die Ausführung, noch was die Anzahl und Beschaffenheit der Artikel betrift, völlig nach dem Französischen gemodelt werden. Selbst die wesentliche Verschiedenheit der Nationalverfassung läßt dies nicht zu. Wir haben keine Hauptstadt, welche die allgemeine Akademie bei Virtuosen der Nation, und gleichsam Gesetzgeberin des Geschmacks wäre. Wir haben kein feststehendes National-Theater; unsre besten Schauspieler, so wie unsre besten Schriftsteller, Dichter und Künstler, sind durch alle Kreise des deutschen Reiches zerstreut, und größtentheils der Vortheile eines nähern Umgangs und einer vertraulichen Mittheilung ihrer Einsichten, Urtheile, Entwürfe u. s. w. beraubt, welche zur Vollkommenheit ihrer Werke so viel beytragen würde. Aus diesem Grunde wird der Artikel, Schauspiele, der im Mercure einer der beträchtlichsten ist, im Merkur keinen grossen Raum einnehmen. Neueste Beyspiele haben uns überzeugt, wie wenig man sich oft auf die Nachrichten von dieser oder jener Schauspielergesellschaft verlassen darf, welche durch dabey interessierte Personen, vielleicht auch wohl zuweilen durch gedungne Lobredner, in die Welt geschickt werden. Wir können uns also einsweilen noch zu keinen historisch-kritischen Nachrichten von allen Schaubühnen Deutschlands anheischig machen, und, ausser einer Art von allgemeinen Ephemeriden des deutschen Theaters, welche von Zeit zu Zeit geliefert werden sollen, wird von besondern Schauspielergesellschaften nur alsdann die Rede seyn, wenn wir etwas zuverläßiges und interessantes von ihnen zu sagen haben.

Den Künsten wird aus verschiedenen Ursachen kein besonderer Artikel eingeräumt. Die hauptsächlichste ist, weil wir bereits Journale besitzen, welche dem Liebhaber und selbst dem Kenner wenig zu wünschen übrig lassen. Gleichwohl, da alles, wobey der Ruhm der Nation vorzüglich betroffen ist, innerhalb unsers Gesichtskreises liegt, werden wir nicht unterlassen, von solchen Kunstwerken, die in ihrer Art eine Epoche machen, und wodurch, so zu sagen, der National-Reichthum vermehrt wird, so, wie wir dazu Gelegenheit bekommen, Anzeige zu thun.

Von den Politischen Begebenheiten in Europa wird das Neueste und Wichtigste in einer zusammenhängenden Erzählung jederzeit einen besondern Artikel des letzten Stücks eines jedes Bandes einnehmen.

Litterarische Neuigkeiten, kurze Nachrichten, Todesfälle, an welcher die Nation Antheil nimmt, und andre Dinge dieser Art sollen jedem Stücke zum Schluß angehängt werden.

Die Artikel, vermischte Aufsätze, Beurtheilung neuer Schriften und Revision bereits gefällter Urtheile, werden also diejenigen seyn, wodurch sich der Merkur dem Publico vorzüglich zu empfehlen suchen wird. Auch sind es, dem Anscheinen nach, gerade diejenige, auf welche die Erwartung der Liebhaber am meisten gerichtet ist.

Was die ersten betrift, so haben wir uns zum Gesetze gemacht, allem, was sich nicht in seiner Art über das mittelmäßige erhebt, den Ausschluß zu geben. Dies soll zwar nicht alle Kleinigkeiten ausschliessen. Es giebt auch interessante Kleinigkeiten, und bey solchen gewinnt der gute Geschmack und das Herz oft mehr, als bey der schwerfälligen Ernsthaftigkeit, über welche die Langeweile ihre Schlummerkörner ausgestreut hat. Gleichwohl werden diese Aufsätze größtenteils aus solchen bestehen; welche den Verstand denkender oder das Herz empfindsamer Leser zu unterhalten geschickt sind. Einige meiner Mitarbeiter werden aus dem Gebiete der Geschichte; andre aus der Naturkunde und Moral-Philosophie, andere aus der Litteratur und Critik Stoff zu Ausarbeitungen hohlen, welche viellecht für die Wissenschaften, wenigstens dadurch, daß sie andre zum denken veranlassen, nicht ohne Nutzen seyn werden.

Von dem, was ich selbst zu diesem Artikel beytragen werde; will ich nur so viel sagen als vonnöthen ist, diejenige von meinen Freunden zu beruhigen, welche sich, nicht ohne Grund, beredet haben, daß ich kein Schriftsteller nach der Uhr sey. Meine dermalige Bestimmung und Umstände sind bekannt. Aber vielleicht ist nicht allen, die mich lesen, gleich bekannt, daß Agathon, Don Silvio und Musarion zu einer Zeit geschrieben worden, da die Canzley der löblichen, damals ziemlich unruhigen, Reichsstadt B*** auf meinen schwachen Schultern lag. Dem ungeachtet wurden meine Herren und Obern so wenig von den Arbeitern meiner Nebenstunden gewahr, daß einige von Ihnen erst zu Wien erfuhren, daß ein Schriftsteller sey. Ich war damals weit entfernt so einsam zu seyn, als mein Freund Zimmermann aus gewissen vermeynten Aehnlichkeiten der Stadt Abdera mit der Stadt *** geschlossen hat: und wenn ich an alle die Zerstreuungen zurück denke, welche mir den größten Theil meiner Nebenstunden raubten, so begreife ich selbst beynahe eben so wenig von der Sache, als meine lieben Mitbürger. Wie dem auch gewesen seyn mag, dies ist gewiß, daß ich mich zwar nicht anheischig mache, etwas witziges, geschweige dessen viel, zu schreiben: Aber (wenn ich anders das, was einige meinen Genie oder meine Laune zu nennen blieben, recht kenne:) so werden die Leser des Merkurs (sie müssen denn nur Trauben von den Dornen und Feigen von den Disteln lesen wollen) noch ganz erträglich mit dem Herausgeber zufrieden seyn.

Wessen man sich zu den sogenannten Recensionen im Merkur versehen könne, wird erhellen, wenn ich versichere, daß ich und meine Conföderierten einen Bund geschworen haben, nicht etwan – daß niemand Verstand haben soll als wir und unsre Freunde – sondern, daß wir der Wahrheit und Pop's Essay on Criticism getreu bleiben wollen, es entstehe daraus was entstehen kan. Wir werden in unsern Urtheilen so bescheiden seyn, als ob wir – keine Kunstrichter wären, und so aufrichtig, daß die Autoren, deren Werke in vicum vendentem thus et odores gehören, sich ärger vor dem Merkur fürchten sollen, als die Bedienten im Gespenst mit der Trommel vor dem verkappten Zauberer. Doch dies ist gerade die Classe, die am wenigsten von uns zu besorgen hat. Nur gute Schrifsteller verdienen eine scharfe Beurtheilung, denn an ihnen ist alles, bis auf die Fehler selbst, merkwürdig und unterrichtend.

Unser Tadel wird daher öfter den Ton des Zweifels, der sich zu belehren sucht, als den herrischen Ton der Unfehlbarkeit haben, die ihre Richtersprüche wie Orakel von sich giebt. Man wird uns ansehen, daß wir lieber Schönheiten als Fehler bemerken; daß wir die letztern nicht mühsam suchen, aber uns eben so wenig scheuen, sie anzuhalten, wenn sie uns aufstossen. Wir befinden uns nicht in dem Falle der kritischen Herostraten, welche, aus Verzweiflung sich durch irgend ein löbliches Werk hervorthun zu können, die Tempel der Musen und der Grazien in Brand zu stecken versuchen, und zufrieden sind, daß man das schlimmste von ihnen spreche, wenn sie nur erhalten können, daß von ihnen gesprochen wird. Wir sind uns bewußt, daß nichts als die Schranken unsrer Einsichten uns verhindern könnte, allezeit gerecht zu seyn: aber eben darum werden wir über nichts urtheilen, das wir nicht verstehen. Wir können uns zuweilen irren, aber wenigstens werden wir alle mögliche Behutsamkeit anwenden, damit es nicht geschehe. Kurz, wir wünschen dem deutschen Merkur das Ansehn des Arcopagus zu Athen zu erwerben, welches nicht auf Gerichtszwang, sondern auf den Ruhm der Weisheit und Unbestechlichkeit gegründet und so befestigt war, daß Götter selbst kein Bedenken trugen, ihre Fehden vor diesem ehrwürdigen Senat entscheiden zu lassen.

Die gelehrte Republick in Deutschland hat seit einiger Zeit die Gestalt einer im Tumult entstandnen Demokratie gewonnen, worinn ein jeder, den der Kitzel sticht, oder der sonst nichts zu thun weiß, sich zum Redner aufwirft, wohl oder übel über die Angelegenheiten des Staats spricht, und, wenn es nicht durch Verdienste geschehen kan, durch Ränke, Cabalen und verwegne Streiche, sich wichtig zu machen sucht. Man muß gestehen, die Nachläßigkeit und nicht selten auch die Partheylichkeit, womit zuweilen die ordentlichen Richter ihr kritisches Amt verwalten, giebt zu Beschwehrden Anlaß, von welchen jene anmaßliche Demagogen den Vorwand nehmen, die gelehrte Republik in Verwirrung zu setzen, und die Verfassung dieses Staats, der seiner Natur nach Aristokratisch seynt muß, gänzlich umzukehren.

Eine Art von Litterarischem Revisions-Gericht, worinn über die Beurtheilungen geurtheilt, und was von andern gelehrten Richtern entweder verstehen oder gesündiget worden, vergütet oder gerüget würde, möchte vielleicht eines von den würksamsten Mitteln seyn, jenen Mißbräuchen und Unordnungen nach und nach abzuhelfen; und dies ist es, was wir in dem Artikel, Revision, mit Freymüthigkeit, Bescheidenheit und Unpartheylichkeit zu leisten versuchen werden.

Es versteht sich wohl von selbst, daß unsre Meynung nicht seyn kan, den Merkur dadurch gleichsam zum Oberrichter über die deutsche Litteratur aufzuwerfen. Einzelne Gelehrte und besondere Gesellschaften derselben, haben nur Eine Stimme; der nahmenloseste Erdensohn hat, wenn er was kluges zu sagen hat, die seinige so gut als der Präsident einer Akademie; die Kunstrichter sind nur Sachwalter; das Publicum allein ist Richter, aber die Zeit spricht das Endurtheil aus.

So wie es begegnen kan, daß ein Werk des Genies ein halb Jahrhundert zu früh kömmt: so geschieht es auch oft, daß ein Werk vom Publico gut angenommen wird, nicht weil es gut ist, sondern weil das Publicum noch nicht weiß was gut ist. Zur Zeit, da der feinere Theil unsrer Nation der Haupt- und Staats-Actionen und des Hans-Wursts müde war, mußte das erste regelmäßige Trauerspiel mit einer Art von Entzückung aufgenommen werden; und in Vergleichung mit Posteln und Menantes mußten Neukirch und Gottsched Virgil und Horaz seyn; so wie die gleichgültigste Figur in einer Gesellschaft von häßlichen Zwergen zur Schönheit wird. Der Beyfall, der von dem größten Theile des lesenden Publici noch izt so vielen mittelmässigen Werken zugejauchzt wird; die noch immer herrschende Nachsicht gegen wesentliche Mängel; die Gewohnheit, bey vortreflichen Werken um weniger kleiner vielleicht nur eingebildeter Flecken willen kaltsinnig zu bleiben; die überhand nehmende Gleichgültigkeit gegen das wahre Einfache, und Große; und um alles in ein Wort zusammen zu fassen, die beynahe allgemeine Willkührlichkeit des Geschmacks, sind sichre Merkzeichen, daß gesunder Verstand und unverdorbne Empfindung in Sachen der Litteratur noch nicht so gemein unter uns sind, als sie es bey einer aufgeklärten Nation seyn sollten. Ich könnte einen Dichter nennen, von welchem seine Freunde und ihre Nachtsprecher nie anders als mit Entzücken und Anbetung sprechen, während daß man in der besten Gesellschaft sich lächerlich machen würde, wenn man mit besonderer Hochachtung von seinen Werken spräche. Die Frage ist nicht, ob diese oder jene Parthey recht habe. Ich will mit diesem Beyspiel blos so viel sagen, daß wir in diesem Punct (wie in so vielen andern) weit unter den Engländern sind, bey welchen es keine Frage ist, was von einem Milton oder Schakespear zu halten seiy. Die ganzen Nation hat über den Werth dieser Dichter, über ihre Schönheiten und Fehler nur eine Stimme.

Alles dies beweiset nichts gegen das Richteramt des Publici, es beweiset nur: daß die Zeit allein seinen Aussprüchen das Siegel der Gültigkeit aufdrückt. Was will man mit diesem Ausdruck sagen? Nichts als dies: das Publicum urtheilt selten (vielleicht hätte ich gerade heraussagen sollen, niemals) über seine Zeitgenossen richtig; theils, weil es so vielen einzelnen Personen, woraus es besteht, an der Einsicht oder dem Geschmack, oder den Kenntnissen fehlt, welche zum richtigen Beurtheilen gewisser Personen oder Sachen unumgänglich erfodert werden; theils weil sich Privat-Neigungen und zufällige Nebenumstände in die Urtheile mischen. Allein nach und nach vermehrt sich die Summe der Begriffe, welche den Geist der Nation leiten; die Umstände, welche das Urtheil von Tausenden verfälscht hatten, verschwinden; der Autor, der Artist, u. s. w. tritt vom Schauplatz ab; seine Freunde und Feinde auch; die Nachwelt sieht nicht mehr den Mann, sondern was er gethan hat, oder (richtiger zu sprechen) sie urtheilt nicht mehr von den Werken nach ihren Vorurtheilen für oder wider den Mann, sondern von dem Manne, nach dem herrschenden Eindruck, den seine Werke machen. Unpartheyische Kunstverständige treten auf; sie haben diese Werke studieret, verstanden, geprüft; sie haben den Verfasser mit sich selbst, mit seinen Umständen, mit dem Charakter seiner Zeit, mit andern Verfassern seiner Gattung verglichen; sie haben das, was ihn unterscheidet, ausgefunden; sie kennen seine starke und schwache Seite; nichts hindert sie, gegen seine Vorzüge oder Verdienste gerecht zu seyn; nichts schließt ihre Augen gegen seine Fehler. Sie sprechen ihr Urtheil öffentlich, und das Publicum bestätigt es, denn jedermann fühlt oder glaubt zu fühlen, daß er eben so gesprochen hätte. Hier und da mag sich wohl in der Folge ein Widersprecher hören lassen, der, zum Exempel, die Verehrung ganzer Jahrhunderte und Nationen für einen Homer zum Vorurtheil machen will. Ein Aristoteles kan durch zufällige Umstände das Schicksal haben, bald in feyerlichstem Gepränge auf die scholastischen Altäre gestellt und angebetet, bald wieder durch Bannblitze herunter geschleudert zu werden. Aber die Zeit hat den grossen Mann in ihren Schutz genommen. Die Nebenursachen, welche oft veranlassen, daß ein solcher viele Jahrhunderte nach seinem Tode wieder der Gegenstand partheyischer Leidenschaften werden kan, verliehren sich: Aber Homer und Aristoteles bleiben, jener der Fürst der Dichter, dieser der Erste unter den Philosophen; ihr Ansehen steigt oder fällt mit dem Steigen oder Fallen des menschlichen Geistes; und in dem Augenblicke, da die Vernunft sich wieder auf den Thron schwingt, werden ihre Bildsäulen wieder hergestellt.

Diese kleine Abschweifung hat mich nicht von meinem Ziel entfernt: denn sie macht augenscheinlich, wie nothwendig das Amt derjenigen sey, welche durch unpartheyische und auf gründliche Einsichten gestützte Urtheile über Werke des Genies und der Litteratur das Publicum gegen falsche Eindrücke zu verwahren, von bereits gefaßten Vorurtheilen zu befreyen, und auf den rechten Standpunct, aus welchem die Gegenstände gesehen werden müssen, zu setzen suchen. Sie werfen sich keineswegs zu eigenmächtigen Tyrannen der Litterarischen Welt auf; sie verlangen nicht, daß andre ihre Urtheile nachhallen sollen. Das Publicum behält sein Stimmrecht frey und ungekränkt; es wird nur von der Beschaffenheit der Sachen besser unterrichtet, und in den Stand gesetzt, ein erleuchtetes Urtheil zu fällen. Wir sind weit entfernt, die Verdienste derjenigen zu mißkennen, welche in diesem Felde bisher mit Ruhm und Erfolg gearbeitet haben, und es hoffentlich noch ferner bearbeiten werden. Es sind derer so viele nicht, daß sie unsre Mitwürkung, oder wir die ihrige, unnöthig und vergeblich machen sollten. Wir wissen auch sehr wohl, daß viele Leser sich selbst ein Gesetz sind, und keine fremde Leitung vonnöthen haben. Allein es ist doch wohl gewiß, daß diese nur einen kleinen Theil des lesenden Publici, welches täglich zahlreicher wird, ausmachen, und daß der grössere Theil gerade derjenige ist, für den man am meisten besorgt seyn muß.

Es ist Zeit, diesen Vorbericht zu schliessen, wiewohl dessen Länge dadurch genugsam gerechtfertigt wird, daß er zugleich allen folgenden zur Vorrede dient. Alles, was ich noch hinzu zu fügen habe, ist eine kleine Erklärung an einige meiner Freunde, welche mir zu erkennen gegeben haben, daß sie Meisterstücke, und, was für den Herausgeber noch fürchterlicher ist, lauter Meisterstücke vom Merkur erwarteten, und sehr wenig zufrieden seyn würden, sich in ihrer Erwartung betrogen zu finden. – Meisterstücke! – Ich weiß nicht, ob wir deren in unsrer Sprache manche haben: denn nicht alle Stücke von einem Meister sind Meisterstücke. – Oder, wenn meine besagten Freunde dies für gleichbedeutende Redensarten halten, so wollen wir nicht um Worte streiten. Dem sey aber wie ihm wolle, ich meines Orts verlange von keinem Verfasser, so wenig als von irgend einem Künstler, ein vollkommnes, ein untadeliches Werk. Auch kan nicht alles gleich gut seyn, und nicht alles Allen gefallen. Der Gäste, die der Merkur zu befriedigen hat, sind sehr viele, und von sehr verschiedener Beschaffenbeit. Die einen fordern eine einfache, die andern eine künstlichere Zubereitung; einige wollen, daß jede Speise ihren eigenthümlichen Geschmack habe und sich selbst gleich sehe; andre lieben nur Haut-gout und maskierte Schüsseln; einige haben schwere, andre leichte Speisen vonnöthen. Unsre Leser müssen also billig genug seyn zu denken, daß man für keinen unter Ihnen allein schreibt und sammelt: oder die Verfasser ziehen ihren Schild wieder ein, und koche wer da will! Alles, wofür ich stehen kan, ist, daß wir Ihrem Geist und Herzen lauter gute, gesunde Nahrung vorsetzen, und sie von Zeit zu Zeit mit einer oder zwoen deliziösen Schüsseln bewirthen werden. An Cremen von allen Arten soll es auch nicht fehlen; – wiewohl ich in der That aus Liebe zu unsrer allerseitigen Gesundheit wünschen könnte, daß unsre sämtlichen Magen stark genug seyn möchten, von Rostbeef und Pudding leben zu können. Und nun – habe ich nichts weiter zu sagen.

Der Teutsche Merkur, 1733, 1. Bd., S. III–XXII.

Lais an Aristipp

Ich bin eine so große Liebhaberin vom *Leben*, mein lieber Aristipp, als daß ich mich nicht sehr gern überreden lassen sollte, daß ich *immer* leben werde. Ich rechne es dem spitzfindigen Plato (der so viel dabey gewänne, wenn er es weniger wäre) zu keinem geringen Verdienst an, daß er dir durch seinen *Fädon* Anlaß gegeben, mich über diesen Punkt (der am Ende doch Alten und Jungen, Schönen und Häßlichen gleich angelegen seyn muß) mit mir selbst ins Reine zu bringen. Indessen mag es wohl ganz gut für uns seyn, daß alles Gewicht der Gründe, die uns den Tod in einem so fröhlichen Lichte zeigen, dennoch keine völlige Gewißheit hervorbringen, so daß ein Sokrates selbst nicht mehr dadurch gewinnt, als es zuletzt, mit einer gewissen zwischen Hoffnung und Gleichgültigkeit leise hin- und herschwebenden Ruhe, darauf ankommen zu lassen, was an der Sache seyn werde. Wären wir völlig gewiß, daß uns der Tod zu einer so großen Verbesserung unsrer Existenz befördern werde, wie ihr andern Filosofen uns so sinnreich vorzuspiegeln wißt, wer wollte in den nackten Felsen von *Serifos* grau werden, wenn er nur seinen Kahn vom Ufer abzuschneiden brauchte, um in das zauberische Land der *Hesperiden* oder in Platons *überirdische Erde* hinüber zu fahren? Denn was dieser seinen Sokrates über unsre vorgebliche Soldatenpflicht – »unsern Posten nicht eher zu verlassen bis wir abgelöst werden« – sagen läßt, überzeugt mich *nicht*; und ich sehe nicht ein, was meine Freyheit über mich selbst zu gebieten beschränken sollte, sobald meine dermahlige Existenz nicht anders als unter unerträglichen Bedingungen verlängert werden kann.

Es ist sehr artig von dir, Lieber, daß du es in meine Wahl stellst, ob ich *mit* oder *ohne Körper* fortzuleben hoffen will. Als ich deinen Brief erhielt, saß ich eben einem großen Spiegel gegenüber, und (ich gestehe dir meine Thorheit) ich konnte mich nicht entschließen bey meiner künftigen Reise in die Geisterwelt, nicht wenigstens die *Gestalt*, die mir entgegen sah, mitzunehmen, wenn ich auch allenfalls großmüthig genug seyn könnte, dem *palpabeln* Theil meines dermahligen Doppelwesens zu entsagen. Ob ich selbst ein zu materielles Wesen bin, oder woran es sonst liegen mag, genug ich kann mich mit der Vorstellung einer so ganz ausgezogenen splitternackten Seele nicht befreunden; ein wenig Drapperie muß um mich herfließen; darauf habe ich, wie du weißt, nun einmahl meinen Kopf gesetzt. Der subtile Leib, den du meiner Seele zugestehst, würde mir also seiner Leichtigkeit und Gewandtheit wegen nicht übel behagen; aber die *Unsichtbarkeit*, die du ihm (ich weiß nicht warum) beyzulegen beliebst, steht mir nicht an, und ich muß dich bitten, ihn mit so viel Lichtstoff zu durchweben, daß er wenigstens aus einem halbdurchsichtigen Rosenwölkchen gebildet zu seyn scheine, und von meinen guten Freunden in der andern Welt ohne Anstrengung ihrer Augen gesehen werden könne. Die sublime Gestalt, worin ich dir im Traume zu erscheinen pflege, giebt mir gute Hoffnung, daß es gerade dieselbe seyn könnte, welcher ich mich ihnen zu zeigen wünsche. Indessen wittre ich doch einige Schwierigkeiten, und ich möchte es wohl wissen, wie du es z. B. mit der Geschlechtsverschiedenheit zu halten gedenkst? Ich gebe zu, daß ich bey der Umgestaltung in einen *Adonis* oder *Nireus* von Seiten der Schönheit mehr gewinne als verlöre; aber man ist doch immer lieber was man ist, und wenn der ätherische Leib, den du den Leuten in der andern Welt allenfalls noch lassen willst, nichts, was vermuthlich keinen Gebrauch mehr in derselben haben wird, behalten soll, so muß eine Gestalt heraus kommen, gegen welche ich meine jetzige nicht vertauschen möchte. Wie viel fällt bloß deßwegen weg, weil wir (denke ich) nicht mehr essen und trinken, oder wenigstens, um uns von Nektar und Ambrosia zu nähren, keine so animalischen Verdauungs-

und Absonderungswerkzeuge nöthig haben werden, wie dermahlen? Und was wollten wir mit *Armen* und *Beinen* machen, da vermuthlich alle die Bedürfnisse und Verrichtungen, wozu sie in *diesem* Leben nöthig sind, dort aufhören werden? Kurz, ich sehe nicht, was von unsrer jetzigen Organisazion übrig bleiben könnte, als *der Kopf*, an welchen etwa noch ein paar *Flügel* gesetzt werden könnten, die ihm zugleich zur *Bewegung* und zur *Einhüllung* dienen würden. Wirklich gefällt mir diese Idee immer besser je mehr ich ihr nachdenke, und mir ist ich würde mich an eine so leichte geistige Existenz in Gesellschaft guter und schöner Köpfe sehr bald gewöhnen können. – »Aber *ein bloßer Kopf*, meint die kleine *Musarion*, wäre doch ihre Sache nicht; sie kann sich keine Glückseligkeit *ohne Liebe* denken, und eine Liebe, die bloß im Kopfe sitzt, scheint ihr etwas so Kaltes und Langweiliges, daß sie lieber ganz darauf Verzicht thun wollte.« – Du kannst leicht denken, Aristipp, daß ich mich der *Köpfe* mit gehörigem Eifer annahm, und behauptete: Was ihnen allenfalls an Feuer und Innigkeit abginge, würde reichlich dadurch ersetzt, daß sie die Liebe desto feiner zu behandeln, ihr mehr Reitz der Mannigfaltigkeit zu geben, und sie dadurch viel besser zu unterhalten und vor langer Weile und Sättigung zu verwahren wüßten, als wenn sich die *Hypochondrien* mit ins Spiel mischten. Wir stritten uns lange darüber, und kamen zuletzt doch darin überein, daß unsre dermahlige Art zu seyn vor der Hand wohl die beste seyn möchte. Dabey, lieber Aristipp, wollen wir's denn auch einstweilen bewenden lassen, und der guten Mutter Natur zutrauen, sie würde uns weder das *Verlangen* noch die *Kraft* ins Unendliche fort zu leben gegeben haben, wenn nicht ihr Ernst wäre, daß mit der Zeit noch etwas bessers aus uns werden sollte. *Wie* sie das anstellen will, ist *ihre* Sache; genug daß sie unser vollständigstes Zutrauen verdient, und (wie Plato weislich sagt) in allem andern so verständig zu Werke geht, daß wir nicht zu besorgen haben, sie werde in diesem Punkte allein sich selbst ungleich seyn und nicht wissen, was sie mit uns anfangen wolle.

Aristipp und einige seiner Zeitgenossen (1800–1802): SW, Bd. 34, S. 117–122.

Was ist das Schöne? Was ist das Gute? Eh wir diese Fragen beantworten können, müssen wir, deucht mich, vorher fragen: Was ist das, was die Menschen schön und gut nennen? Wir wollen vom Schönen den Anfang machen. Was für eine unendliche Verschiedenheit in den Begriffen, die man sich bei den verschiedenen Völkern des Erdbodens von der Schönheit macht! Alle Welt kommt darin überein, daß ein schönes Weib das schönste unter allen Werken der Natur sei. Allein wie muß sie sein, um für eine vollkommne Schönheit in ihrer Art gehalten zu werden? Hier fängt der Widerspruch an. Stelle dir eine Versammlung von so vielen Liebhabern vor, als es verschiedne Nationen unter verschiednen Himmelsstrichen gibt; was ist gewisser, als daß ein jeder den Vorzug seiner Geliebten vor den übrigen behaupten wird? Der Europäer wird die blendende Weiße, der Mohr die rabengleiche Schwärze der seinigen vorziehen; der Grieche wird einen kleinen Mund, eine Brust, die mit der hohlen Hand bedeckt werden kann, und das angenehme Ebenmaß einer feinen Gestalt; der Africaner wird die eingedrückte Nase, und die aufgeschwollnen dickroten Lippen; der Persianer die großen Augen und den schlanken Wuchs, der Serer die kleinen Augen, die Kegelrunde Dicke und winzigen Füße an der seinigen bezaubernd finden. Hat es mit dem Schönen in sittlichen Verstande, mit dem was sich geziemt, eine andre Bewandtnis? Die Spartanischen Töchter scheuen sich nicht, in einem Aufzug gesehen zu werden, wodurch in Athen die geringste öffentliche Metze sich entehrt hielte. In Persien würd' ein Frauenzimmer, das an einem öffentlichen Orte sein Gesicht entblößte, eben so angesehen, als in Smyrna eine die sich nackend sehen ließe. Bei den morgenländischen Völkern erfordert der Wohlstand eine Menge von Beugungen und untertänigen Gebärden, die man gegen diejenigen macht, die man ehren will; bei den Griechen würde diese Höflichkeit für eben so schändlich und sclavenmäßig gehalten werden, als die attische Politesse zu Persepolis grob und bäurisch scheinen würde. Bei den Griechen hat eine freigeborne ihre Ehre verloren, die sich den jungfräulichen Gürtel von einem andern, als ihrem Manne auflösen läßt; bei gewissen Völkern die jenseits des Ganges wohnen, ist ein Mädchen desto vorzüglicher, je mehr es Liebhaber gehabt hat, die seine Reizungen aus Erfahrung anzurühmen wissen: Diese Verschiedenheit der Begriffe vom sittlichen Schönen zeigt sich nicht nur in besondern Gebräuchen und Gewohnheiten verschiedner Völker, wovon sich die Beispiele ins Unendliche häufen ließen; sondern selbst in dem Begriff, den sie sich überhaupt von der Tugend machen. Bei den Römern ist Tugend und Tapferkeit einerlei; bei den Atheniensern schließt dieses Wort alle Arten von nützlichen und angenehmen Eigenschaften in sich. Zu Sparta kennt man keine andre Tugend als den Gehorsam gegen die Gesetze; in despotischen Reichen keine andre, als die sclavische Untertänigkeit gegen den Monarchen und seine Satrapen; am caspischen Meere ist der tugendhafteste der am besten rauben kann, und die meisten Feinde erschlagen hat; und in dem wärmsten Striche von Indien hat nur der die höchste Tugend erreicht, der sich durch eine völlige Untätigkeit, ihrer Meinung nach, den Göttern ähnlich macht. Was folget nun aus allen diesen Beispielen? Ist nichts an sich selbst schön oder recht? Gibt es kein gewisses Modell, wornach dasjenige, was schön oder sittlich ist, beurteilt werden muß? Wir wollen sehen. Wenn ein solches Modell ist, so muß es in der Natur sein. Denn es wäre Torheit, sich einzubilden, daß ein Pygmalion eine Bildsäule schnitzen könne, welche schöner sei als Phryne, die kühn genug war, bei den Olympischen Spielen, in eben dem Aufzug worin die drei Göttinnen um den Preis der Schönheit stritten, das ganze Griechenland zum Richter über die ihrige zu machen. Die Venus eines jeden Volks ist nichts anders als die Abbildung eines Weibes, die bei einer allgemeinen Versammlung dieses Volks für diejenige erklärt würde, bei der sich die National-Schönheit im höchsten Grade befinde. Allein welches unter so vielerlei Modellen ist denn an sich selbst das schönste? Der Grieche wird für seine rosenwangichte, der Mohr für seine rabenschwarze, der Perser für seine schlanke, und der Serer für seine runde Venus mit dem dreifachen Kinn streiten. Wer soll den Ausschlag geben? Wir wollen es versuchen. Gesetzt, es würde eine allgemeine Versammlung angestellt, wozu eine jede Nation den schönsten Mann und das schönste Weib, nach ihrem National-Modell zu urteilen, geschickt hätten; und wo die Weiber zu entscheiden hätten, welcher unter allen diesen Mitwerbern um den Preis der Schönheit der schönste Mann, und die Männer, welche unter allen das schönste Weib wäre: Ich sage also, man würde gar bald diejenigen aus allen übrigen aussondern, die unter diesen milden und gemäßigten Himmelsstrichen geboren worden, wo die Natur allen ihren Werken ein feineres Ebenmaß der Gestalt, und eine angenehmere Mischung der Farben zu geben pflegt. Denn die vorzügliche Schönheit der Natur in den gemäßigten Zonen erstreckt sich vom Menschen bis auf die Pflanzen. Unter diesen Auserlesnen von beiden Geschlechtern würde vielleicht der Vorzug lange zweifelhaft sein; allein endlich würde doch unter den Männern derjenige den Preis erhalten, bei dessen Landesleuten die verschiednen gymnastischen Übungen am stärksten, und Verhältnisweise in dem höchsten Grade der Vollkommenheit getrieben würden; und alle Männer würden mit einer Stimme diejenige für die schönste unter den Schönen erklären, die von einem Volke abgeschickt worden, welches bei der Erziehung der Töchter die möglichste Entwicklung und Cultur der natürlichen Schönheit zur Hauptsache machte. Der Spartaner würde also vermutlich für den schönsten Mann, und die Perserin für das schönste Weib erklärt werden. Der Grieche, welcher der Anmut den Vorzug vor der Schönheit gibt, weil die griechischen Weiber mehr reizend als schön sind, würde nichts desto weniger zu eben der Zeit, da sein Herz einem Mädchen von Paphos oder Milet den Vorzug gäbe, bekennen müssen, daß die Perserin schöner sei; und eben dieses würde der Serer tun, ob er gleich das dreifache

Kinn und den Wanst seiner Landsmännin reizender finden würde. – Laß uns zu dem sittlichen Schönen fortgehen. So groß auch hierin die Verschiedenheit der Begriffe unter verschiednen Zonen ist, so wird doch schwerlich geleugnet werden können, daß die Sitten derjenigen Nation, welche die geistreichste, die munterste, die geselligste, die angenehmste ist, den Vorzug der Schönheit haben. Die ungezwungne und einnehmende Höflichkeit des Atheniensers muß einem jeden Fremden angenehmer sein, als die abgemessene, ernsthafte und ceremonienvolle Höflichkeit der Morgenländer; das verbindliche Wesen, der Schein von Leutseligkeit, so der erste seinen kleinsten Handlungen zu geben weiß, muß vor dem steifen Ernst des Persers, oder der rauhen Gutherzigkeit des Scythen eben so sehr den Vorzug erhalten, als der Putz einer Dame von Smyrna, der die Schönheit weder ganz verhüllt, noch ganz den Augen preis gibt, vor der Vermummung der Morgenländerin oder der tierischen Blöße einer Wilden. Das Muster der aufgeklärtesten und geselligsten Nation scheint also die wahre Regul des sittlichen Schönen, oder des Anständigen zu sein, und Athen und Smyrna sind die Schulen, worin man seinen Geschmack und seine Sitten bilden muß. Allein nachdem wir eine Regul für das Schöne gefunden haben, was für eine werden wir für das, was Recht ist finden? wovon so verschiedene und widersprechende Begriffe unter den Menschen herrschen, daß eben dieselbe Handlung, die bei dem einen Volke mit Lorbeerkränzen und Statuen belohnt wird, bei dem andern eine schmähliche Todesstrafe verdient; und daß kaum ein Laster ist, welches nicht irgendwo seinen Altar und seinen Priester habe. Es ist wahr, die Gesetze sind bei dem Volke, welchem sie gegeben sind, die Richtschnur des Rechts und Unrechts; allein was bei diesem Volk durch das Gesetz befohlen wird, wird bei einem andern durch das Gesetz verboten. Die Frage ist also: Gibt es nicht ein allgemeines Gesetz, welches bestimmt, was an sich selbst Recht ist? Ich antworte ja, und dieses allgemeine Gesetz kann kein andres sein, als die Stimme der Natur, die zu einem jeden spricht: Suche dein Bestes; oder mit andern Worten: Befriedige deine natürliche Begierden, und genieße so viel Vergnügen als du kannst. Dieses ist das einzige Gesetz, das die Natur dem Menschen gegeben hat; und so lang er sich im Stande der Natur befindet, ist das Recht, das er an alles hat, was seine Begierden verlangen, oder was ihm gut ist, durch nichts anders als das Maß seiner Stärke eingeschränkt; er darf alles, was er kann, und ist keinem andern nichts schuldig. Allein der Stand der Gesellschaft, welcher eine Anzahl von Menschen zu ihrem gemeinschaftlichen Besten vereiniget, setzt zu jenem einzigen Gesetz der Natur, suche dein eignes Bestes, die Einschränkung, ohne einem andern zu schaden. Wie also im Stande der Natur einem jeden Menschen alles recht ist, was ihm nützlich ist; so erklärt im Stande der Gesellschaft das Gesetz alles für unrecht und strafwürdig, was der Gesellschaft schädlich ist, und verbindet hingegen die Vorstellung eines Vorzugs und belohnungswürdigen Verdienstes mit allen Handlungen, wodurch der Nutzen oder das Vergnügen der Gesellschaft befördert wird. Die Begriffe von Tugend und Laster gründen sich also eines Teils auf den Vertrag den eine gewisse Gesellschaft unter sich gemacht hat, und in so ferne sind sie willkürlich; andern Teils auf dasjenige, was einem jeden Volke nützlich oder schädlich ist; und daher kommt es, daß ein so großer Widerspruch unter den Gesetzen verschiedner Nationen herrschet. Das Clima, die Lage, die Regierungsform, die Religion, das eigne Temperament und der National-Character eines jeden Volks, seine Lebensart, seine Stärke oder Schwäche, seine Armut oder sein Reichtum, bestimmen seine Begriffe von dem, was ihm gut oder schädlich ist; daher diese unendliche Verschiedenheit des Rechts oder Unrechts unter den policiertesten Nationen; daher der Contrast der Moral der glühenden Zonen mit der Moral der kalten Länder, der Moral der freien Staaten mit der Moral der despotischen Reiche; der Moral einer armen Republik, welche nur durch den kriegerischen Geist gewinnen kann, mit der Moral einer reichen, die ihren Wohlstand dem Geist der Handelschaft und dem Frieden zu danken hat; daher endlich die Albernheit der Moralisten, welche sich den Kopf zerbrechen, um zu bestimmen, was für alle Nationen recht sei, ehe sie die Auflösung der Aufgabe gefunden haben, wie man machen könne, daß eben dasselbe für alle Nationen gleich nützlich sei.

Geschichte des Agathon (1766/67): GA, S. 98–104.

Die Wahrheit ist, wie alles Gute, etwas *verhältnißmäßiges*. Es kann vieles für *die menschliche Gattung* wahr seyn, was es für höhere oder niedrigere Wesen nicht ist; und eben so kann etwas von dem einen Menschen mit innigster Überzeugung als wahr empfunden und erkannt werden, was ein andrer mit gleich starker Überzeugung für Irrthum und Blendwerk hält.

Die *Übereinstimmung* eines Gefühls oder einer Vorstellung mit den allgemein anerkannten Grundwahrheiten der Vernunft ist eben so wenig als der *Zusammenhang* einer Vorstellung mit allen übrigen, welche die gegenwärtige innere Verfassung eines Menschen ausmachen, ein sicheres Merkmahl der Wahrheit. *Jene* läßt uns weiter nichts als die Möglichkeit der Sache erkennen: und *dieser* kann eben so wohl bey der wahresten Vorstellung fehlen, als bey der täuschendsten zugegen seyn. Geschiehet nicht öfters was jedermann für unmöglich hielt? Und wie oft betrügt die höchste Wahrscheinlichkeit? Erweitert sich nicht der Kreis, der Möglichkeiten mit unsrer Kenntniß der Natur und mit dem Anwachs unsrer Erfahrungen? Daher zum Theil, daß Leichtgläubigkeit eine karakteristische Eigenschaft des hohen Alters ist, und, was seltsam scheinen mag, neben dem Unglauben besteht, der es nicht weniger ist. *Kinder* sind leichtgläubig aus Unwissenheit dessen was möglich oder unmöglich ist: *Alte* sind es, weil sie so oft unglaubliche Dinge sich haben zutragen sehen, daß ihnen nichts mehr unglaublich scheint. Jene glauben alles, weil sie das Mißtrauen noch nicht kennen: bey diesen ist Mißtrauen eine der bittern Früchte des Lebens, und macht sie eben so geneigt, an allem zu zweifeln, als die Erfahrenheit auf der andern Seite, alles für möglich zu halten.

Die subtilste und kaltblütigste Vernunft hat von je her die subtilsten Zweifler hervorgebracht. *Karneades, Pyrrho, Sextus, le*

Vaver, Bayle, Hume, waren Männer von großer Vernunft – und ich frage einen jeden, der sich nicht erst seit ehegestern in der Welt umgesehen hat, was ist es, als gerade die kaltblütige, spitzfindige, immer zurückhaltende, immer argwöhnische, immer voraus sehende, immer räsonierende Vernunft, was von je her am geschäftigsten gewesen ist, *Glauben* und *Liebe*, die einzigen Stützen unsers armen Erdenlebens, zu untergraben und umzustürzen? – Wer wollte darum verkennen, wie viel der Mensch diesem Strahle der Gottheit, dem wir den so sehr gemißbrauchten Nahmen *Vernunft* geben, schuldig ist? Allerdings kann sie nichts dafür, daß Solisten und Witzlinge von je her ihren natürlichen Gebrauch in den unnatürlichen verwandelt haben: aber da der Mensch nun einmahl diesen unglücklichen Hang hat, wehe ihm, wenn seine Vernunft die *einzige* Führerin seines Lebens ist!

Man hat sich schon so lange über die Leute aufgehalten, die ein unerklärbares *inneres Licht* zum Leitstern ihres Glaubens und Lebens machen; man hat sie in Schimpf und Ernste bestritten, zu Boden gespottet und zu Boden räsoniert: und dennoch haben unläugbar alle Menschen etwas das die Stelle eines, solchen innern Lichts vertritt, und das ist *das innige Bewußtseyn dessen was wir fühlen.* Unter allen Kennzeichen der Wahrheit ist dieß unläugbar das *sicherste*; vorausgesetzt, daß ein Mensch überhaupt gesund, und des Unterschieds seiner Empfindungen und Einbildungen sich bewußt ist. Beweiset einem Menschen, seine Vernunft sey eine Zauberin die ihn alle Augenblicke täusche und irre führe – das wird ihn noch nicht verwirren: beweiset ihm, daß er seinen Sinnen, seinem innern Gefühle nicht trauen dürfe – *das* verwirrt ihn! Und wenn es möglich wäre, daß euer Beweis seine volle Wirkung auf diesen Menschen thäte: so bliebe nichts übrig, als ihn stehendes Fußes ins Tollhaus zu führen.

Zum Glück ist der Glaube an sein eignes Gefühl gerade das, was sich der Mensch am schwersten und seltensten nehmen läßt, ja was sich schwerlich irgend ein Mensch, wie schwach er immer sey, in irgend einem Falle nehmen läßt, wo er sich *innigst bewußt ist* das er gefühlt hat. Das Einzige, wodurch er dahin gebracht werden könnte, an der Wahrheit seines eignen Gefühls, oder, was eben dasselbe ist, *an sich selbst* und *seinem eignen Daseyn* zu zweifeln, wäre der Fall, in welchen (in einer der Arabischen Erzählungen, die Herr *Galland le Dormeur eveillé* betitelt) der Kalife Harun Alraschid den armen Kaufmann Abu-Hassan durch einen Betrug, den dieser unmöglich entdecken konnte, versetzte; der aber auch, unvermeidlicher Weise, die Folge hatte, daß Abu-Hassan darüber in *Raserey* verfiel, und nicht anders als durch Entdeckung des Betrugs wieder hergestellt werden konnte.

Aber, sagt man, wie häufig sind die Fälle, wo ein Mensch durch seine Sinne oder durch sein *inneres Gefühl* betrogen wird? wo er, ohne darum ganz wahnsinnig zu seyn, für *Empfindung* hält was bloße *Einbildung* ist? wo er einen Gegenstand in dem verfälschenden Lichte der Leidenschaft oder des Vorurtheils sieht? u. s. w.

Unstreitig sind diese Fälle häufig. Und eben so häufig geschieht es, daß von *zweyen*, die einander durch ihr *Gefühl* widerlegen, *beide* betrogen werden; daß, während der eine *Jupiter* ist und die sündige Welt mit Feuer zu zerstören droht – der andre uns dagegen seines gnädigen Schutzes versichert, weil er *Neptunus* ist, der durch seine Gewässer den Brand gar leicht wieder löschen kann. – Aber alle diese Fälle vermögen gleichwohl nichts gegen die Grundfeste des allgemeinen Menschensinnes; und der Glaube, den ein jeder an sein eignes Gefühl hat, bleibt nichts desto minder in seiner vollen Kraft. Ich kann von *der Natur, von unsichtbaren Mächten*, kurz von *Ursachen, die ich nicht kenne*, getäuschet werden: aber so lange ich mir bewußt bin *daß* ich etwas gefühlt, beschaut, betastet habe so *glaube ich meinem Gefühl* mehr als einer ganzen Welt die dagegen zeugte, und als allen Filosofen, die mir *a priori* beweisen wollten ich träume oder rase.

Freylich ist es *verdächtig*, wenn ein Mensch in *Sachen des Gefühls* eine *ganze Welt*, oder, was nicht viel besser ist, die *vernünftigsten* Leute in der Welt wider sich hat; oder wenn er in sehr zusammen gesetzten und verwickelten Dingen, in Sachen, die von scharfer Zergliederung, und von richtiger Zusammenstellung und Verknüpfung einer Menge von Begriffen abhangen, welche selbst wieder Resultate von eine Menge andrer sind, – es ist, sage ich, verdächtig, wenn jemand in Sachen *dieser Art* dem Wege der *scharfen Untersuchung* ausweicht, und immer nur auf *Sein Gefühl* oder *Unser Gefühl* provociert. Aber was wollen wir mit ihm anfangen, wenn er uns nicht zur Untersuchung *stehen* will? Und wenn wir ihn auch dazu nöthigen könnten: wer soll zwischen *seiner* Empfindung und der *unsrigen*, oder zwischen *unsrer Vernunft* und *seinem Gefühl* oder *Glauben* Richter seyn? Wo ist der *Areopagus*, wo sind die *Amfiktyonen*, deren Ausspruch man in solchen Fällen sich unterwerfen *könnte, wollte, müßte*?

In metafysischen und ästhetischen Dingen, das ist, in Sachen wo das meiste auf Einbildung und Sinnesart ankommt, wäre das billigste, einen jeden im Besitz und Genuß dessen, was er für Wahrheit hält, ruhig und ungekränkt zu lassen, so lange er andre in Ruhe läßt. Wer hat ein Recht in seines Nachbars Verzäunung einzudringen und den Frieden seiner Hausgötter zu stören? Mag doch seine *Melusine* einen Fischschwanz unter ihrem Rocke tragen; was geht das andre an? Aber freylich, so bald der Mann ins Kreuz und in die Quere auf allen Landstraßen herum reitet, und alle, die da ruhig ihres Weges gehen, anhalten und mit eingelegter Lanze zwingen will, zu bekennen, daß *seine* Prinzessin schöner ist als die ihrige, oder wohl gar daß sie *allein* schön, und jedes andre Gesicht ein Meerkatzengesicht ist – das ist etwas sehr unangenehmes für Leute die keine Lust haben sich zu balgen: und wiewohl die irrenden Ritter, die solche Thaten thun, in den Augen kluger Leute ihre Entschuldigung unter dem Hute tragen; so mögen sie sichs doch selbst zuschreiben, wenn sie dann und wann unter Mauleseltreiber und Preller fallen, die nicht so säuberlich mit ihnen verfahren.

Die *Wahrheit* (wenn wir noch einen Augenblick mit dem Gleichniß spielen dürfen) flieht vor der keichenden Verfolgung ihrer feurigsten Liebhaber, um in die Arme dessen zu laufen der sie weder erwartete noch suchte. Der einfältigste Menschensinn findet sie am ersten, und genießt ihrer, wie der Luft die er athmet, ohne daran zu denken. Der Grübler, der sie überall sucht, findet sie nirgends, just darum, weil er sich nicht einbilden kann daß sie ihm so nahe sey. Und so bald ihrer zwey sich über ihren ausschließenden Besitz in die Haare gerathen, so darf man sicher rechnen, daß sie es ihnen macht, wie *Angelika* den beiden Rittern im *Ariost*: während die tapfern Männer sich bey den Köpfen haben, geht die Dame davon, und lacht über beide.

Ist dieß Bild zu komisch? – »Nun, so ist hier ein andres das eben so gut zur Sache paßt. Die *Wahrheit* ist weder hier noch da – Sie ist, wie die Gottheit und das Licht worin sie wohnt, *allenthalben: ihr Tempel ist die Natur*, und wer nur *fühlen*, und seine Gefühle zu *Gedanken* erhöhen, und seine Gedanken *in ein Ganzes zusammenfassen* und *ertönen* lassen kann, ist ihr *Priester*, ihr *Zeuge*, ihr *Organ*. Keinem offenbart sie sich *ganz*; jeder sieht sie nur *stückweise*, nur von *hinten*, oder nur den *Saum ihres Gewandes* – aus einem andern Punkt, in einem andern Lichte; jeder vernimmt nur *einige* Laute ihres Göttermundes, keiner die *nehmlichen* –

Und was haben wir also zu thun?

Anstatt mit einander zu hadern, wo die *Wahrheit* sey? *wer* sie besitze? wer sie in ihrem schönsten Lichte gesehen? die meisten und deutlichsten Laute von ihr vernommen habe? – lasset uns in Frieden zusammen gehen, oder, wenn wir des Gehens genug haben, unter den nächsten Baum uns hinsetzen, und einander offenherzig und unbefangen erzählen, was jeder von ihr gesehen und gehört hat, oder gesehen zu haben glaubt: und ja nicht böse darüber werden, wenn sichs von ungefähr entdeckt, daß wir falsch gesehen oder gehört, oder gar (wie es brünstigen Liebhabern, die ihr zu nahe kommen wollen, öfters begegnet) *eine Wolke für die Göttin* umarmt haben.

Vor allem aber, lieben Brüder, hüten wir uns vor der Thorheit, unsre *Meinungen* für *Axiome* und *unumstößliche Wahrheiten* anzusehen, und andern als solche vorzutragen. Es ist ein widerlicher, harter Ton um den *Ton der Unfehlbarkeit*; aber es giebt einen der noch unausstehlicher ist – *der Ton eines Energumenen,* der, auf dem heiligen Dreyfuße sitzend, alle seine Reden als Göttersprüche von, sich giebt. – *Bescheidenheit* würde uns vor dem einen und vor dem andern sicher stellen.

Was ist Wahrheit? (1778): SW, Bd. 24, S. 42–51.

Geschehe nun was die Götter über uns beschlossen haben, oder
– um den guten Göttern kein Unrecht zu thun – was von dem allgewaltigen Einfluß der beiden großen Regenten unsers wetter-
launischen Planeten, der *Thorheit*, die uns von innen, und dem
Zufall, der uns von außen beherrscht, vernünftiger Weise zu erwarten ist.

Aristipp und einige seiner Zeitgenossen (1800–1802):
SW, Bd. 33, S. 131.

–

Wenn Ordnung und Zusammenhang die Kennzeichen der
Wahrheit sind, o! wie ähnlich dem ungefähren Spiel der träu-
menden Phantasie sind die Zufälle meines ganzen Lebens! – Von
Kindheit an unter den heiligen Lorbeern des Delphischen Gottes
erzogen, schmeichle ich mir unter seinem Schutz, in Beschauung
der Wahrheit und im geheimen Umgang mit den Unsterblichen,
ein stilles und sorgenfreies Leben zuzubringen. Tage voll Unschuld, einer dem andern gleich, fließen in ruhiger Stille, wie Augenblicke vorbei, und ich werde unvermerkt ein Jüngling. Eine
Priesterin, deren Seele eine Wohnung der Götter sein soll, wie
ihre Zunge das Werkzeug ihrer Aussprüche, vergißt ihre Ge-
lübde, und bemüht sich meine unerfahrne Jugend zu Befriedigung ihrer Begierde zu mißbrauchen. Ihre Leidenschaft beraubt
mich derjenigen, die ich liebe; ihre Nachstellungen treiben mich
endlich aus dem geheiligten Schutzort, wo ich, seit dem ich mich
selbst empfand, von Bildern der Götter und Helden umgeben,
mich einzig beschäftigt hatte, ihnen ähnlich zu werden. In eine
unbekannte Welt ausgestoßen, finde ich unvermutet einen Vater

und ein Vaterland, die ich nicht kannte. Ein schneller Wechsel von Umständen setzt mich eben so unvermutet in den Besitz des größten Ansehens in Athen. Das blinde Zutrauen eines Volkes, das in seiner Gunst so wenig Maß hält als in seinem Unwillen, nötigt mir die Anführung seines Kriegsheers auf; ein wunderbares Glück kömmt allen meinen Unternehmungen entgegen, und führt meine Anschläge aus; ich kehre siegreich zurück. Welch ein Triumph! Welch ein Zujauchzen! Welche Vergötterung! Und wofür? Für Taten, an denen ich den wenigsten Anteil hatte. Aber kaum schimmert meine Bildsäule zwischen den Bildern des Cecrops und Theseus, so reißt mich eben dieser Pöbel, der vor wenigen Tagen bereit war, mir Altäre aufzurichten, mit ungestümer Wut zum Gerichtsplatz hin. Die Mißgunst derer, die das Übermaß meines Glücks beleidigte, hat schon alle Gemüter wider mich eingenommen, und alle Ohren gegen meine Verteidigung verstopft; Handlungen, worüber mein Herz mir Beifall gibt, werden auf den Lippen meiner Ankläger zu Verbrechen, mein Verdammungs-Urteil wird ausgesprochen. Von allen verlassen, die sich meine Freunde genannt hatten, und kurz zuvor die eifrigsten gewesen waren, neue Ehrenbezeugungen für mich zu erfinden, fliehe ich aus Athen, mit leichterm Herzen, als womit ich vor wenigen Wochen, unter dem Zujauchzen einer unzählbaren Menge, durch ihre Tore eingeführt wurde; und entschließe mich den Erdboden zu durchwandern, ob ich einen Ort finden möchte, wo die Tugend, von auswärtigen Beleidigungen, sicher, ihrer eigentümlichen Glückseligkeit genießen könnte, ohne sich aus der Gesellschaft der Menschen zu verbannen. Ich nahm den Weg nach Asien, um an den Ufern des Oxus die Quellen zu besuchen, aus denen die Geheimnisse des Orphischen Gottesdiensts zu uns geflossen sind. Ein Zufall führt mich unter einen Schwarm rasender Bacchantinnen, und ich entrinne ihrer verliebten Wut bloß dadurch, daß ich in die Hände seeräuberischer Barbaren falle. In diesem Augenblicke, da mir von allem was man verlieren kann nur noch das Leben übrig ist, finde ich meine Psyche wieder; aber kaum fange ich an meinen Sinnen zu glauben, daß sie es sei, die ich in meinen Armen umschlossen halte, so verschwindet sie wieder, und ich finde mich auf diesem Schiffe, um zu Smyrna als ein Sclave verkauft zu werden – Wie ähnlich ist alles dieses einem Traum, wo die schwärmende Phantasie, ohne Ordnung, ohne Wahrscheinlichkeit, ohne Zeit oder Ort in Betracht zu ziehen, die betäubte Seele von einem Abenteur zu dem andern, von der Crone zum Bettlers-Mantel, von der Wonne zur Verzweiflung, vom Tartarus ins Elysium fortreißt? – Und ist denn das Leben ein Traum, ein bloßer Traum, so eitel, so unwesentlich, so unbedeutend als ein Traum? Ein unbeständiges Spiel des blinden Zufalls, oder unsichtbarer Geister, die eine grausame Belustigung darin finden, uns zum Scherz bald glücklich bald unglücklich zu machen? Oder, ist es eben diese allgemeine Seele der Welt, deren Dasein die geheimnisvolle Majestät der Natur ankündiget; ist es dieser allesbelebende Geist, der die menschlichen Sachen anordnet; warum herrschet in der moralischen Welt nicht eben diese unveränderliche Ordnung und Zusammenstimmung, wodurch die Elemente die Jahres- und Tages-Zeiten, die Gestirne und die Kreise des Himmels in ihrem gleichförmigen Lauf erhalten werden? Warum leidet der Unschuldige? Warum sieget der Betrüger? Warum verfolgt ein unerbittliches Schicksal die Tugendhaften? Sind unsre Seelen den Unsterblichen verwandt, sind sie Kinder des Himmels; warum verkennt der Himmel sein Geschlecht, und tritt auf die Seite seiner Feinde? Oder hat er uns die Sorge für uns selbst gänzlich überlassen, warum sind wir keinen Augenblick unsers Zustandes Meister? Warum vernichtet bald Notwendigkeit, bald Zufall, die weisesten Entwürfe? –

Geschichte des Agathon (1766/67): GA, S. 34–37.

–

Das Leben der meisten Menschen, und (wenn wir es sagen dürften) der Lebenslauf der großen Staats-Körper selbst, in so fern wir sie als eben so viel moralische Wesen betrachten, gleicht den

Haupt- und Staats-Actionen im alten gothischen Geschmack in so vielen Puncten, daß man beinahe auf die Gedanken kommen möchte, die Erfinder dieser letztern seien klüger gewesen als man gemeiniglich denkt, und hätten, wofern sie nicht gar die heimliche Absicht gehabt, das menschliche Leben lächerlich zu machen, wenigstens die Natur eben so getreu nachahmen wollen, als die Griechen sich angelegen sein ließen sie zu verschönern. Um izo nichts von der zufälligen Ähnlichkeit zu sagen, daß in diesen Stücken, so wie im Leben, die wichtigsten Rollen sehr oft gerade durch die schlechtesten Acteurs gespielt werden – – was kann ähnlicher sein, als es beide Arten der Haupt- und Staats-Actionen einander in der Anlage, in der Abteilung und Disposition der Scenen, im Knoten und in der Entwicklung zu sein pflegen. Wie selten fragen die Urheber der einen und der andern sich selbst, warum sie dieses oder jenes gerade so und nicht anders gemacht haben? Wie oft überraschen sie uns durch Begebenheiten, zu denen wir nicht im mindesten vorbereitet waren? Wie oft sehen wir Personen kommen und wieder abtreten, ohne daß sich begreifen läßt, warum sie kamen, oder warum sie wieder verschwinden? Wie viel wird in beiden dem Zufall überlassen? Wie oft sehen wir die größesten Würkungen durch die armseligsten Ursachen hervorgebracht? Wie oft das Ernsthafte und Wichtige mit einer leichtsinnigen Art, und das Nichtsbedeutende mit lächerlicher Gravität behandelt? Und wenn in beiden endlich alles so kläglich verworren und durch einander geschlungen ist, daß man an der Möglichkeit der Entwicklung zu verzweifeln anfängt; wie glücklich sehen wir durch irgend einen unter Blitz und Donner aus papiernen Wolken herabspringenden Gott, oder durch einen frischen Degen-Hieb den Knoten auf einmal zwar nicht aufgelöst, aber doch aufgeschnitten, welches in so fern auf eines hinaus lauft, daß auf die eine oder andere Art das Stück ein Ende hat, und die Zuschauer klatschen oder zischen können, wie sie wollen oder – – dürfen.

Geschichte des Agathon (1766/67): GA, S. 472 f.

ANHANG

Daten zu Leben und Werk

1733

Am 5. September Geburt in dem oberschwäbischen Dorf Oberholzheim bei Biberach als Sohn des pietistischen Pfarrers Thomas Adam Wieland und dessen Frau Regina Katharina Wieland (geb. Kick).

1735–1752

1735: Geburt des Bruders Thomas Adam. 1736: Übersiedlung der Familie in die Freie Reichsstadt Biberach. Bereits im vierten Lebensjahr Beginn des Schulunterrichts. 1739: Eintritt in die Lateinschule. Schon im Kindesalter gelangt der hochbegabte Schüler zu einer sicheren Beherrschung der lateinischen Sprache sowie einer gründlichen Kenntnis der römischen Literatur. Daneben kommt es zu ersten dichterischen Versuchen. 1747: Besuch der pietistisch ausgerichteten Internatsschule Klosterberge bei Magdeburg. 1749: Beginn eines Philosophiestudiums. Beschäftigung mit den Philosophen Gottfried Wilhelm Leibniz und Christian Wolff sowie dem *Don Quijote* von Cervantes. 1750: Rückkehr nach Biberach und Verlobung mit der Cousine Sophie Gutermann, der späteren Verfasserin des Romans *Geschichte des Fräuleins von Sternheim*. Beginn eines Studiums der Rechtswissenschaft in Tübingen. 1752: Abbruch des ungeliebten Studiums und Wechsel nach Zürich.

1752–1759

1752–1754: Aufenthalt in Zürich als Gast des Freundes und Förderers Johann Jacob Bodmer. Erscheinen des naturphilosophischen Lehrgedichts *Die Natur der Dinge oder die vollkommenste Welt*. Im literarischen Streit Leipzig (Gottsched) gegen Zürich (Bodmer/Breitinger) schlägt sich Wieland auf die Seite der Schweizer. 1753: Auflösung der Verlobung durch Sophie, die den Ministerialbeamten Georg Michael Franck von La Roche heiratet. Auf Anregungen Bodmers sowie aus der Enttäuschung über die Trennung von Sophie entstehen religiös gestimmte Dichtungen im Stil Klopstocks. 1754: Umzug in das Haus Salomon Geßners. Tätigkeit als Hauslehrer in Zürich. Allmähliche Abkehr von der einseitig religiösen Dichtung. 1758: Aufführung des Trauerspiels *Lady Johanna Gray* in Winterthur (erstes deutsches Trauerspiel in fünffüßigen Jamben). 1759: Fortsetzung der Hauslehrertätigkeit in Bern. Verlobung mit der Salonnière und Femme de lettres Julie Bondeli, der späteren Freundin Jean-Jacques Rousseaus. Erste Ideen zur *Geschichte des Agathon*.

1760–1768

1760: Nach Zusage einer zunächst provisorischen Anstellung als städtischer Kanzleidirektor Rückkehr nach Biberach. 1761: Direktor der evangelischen Komödiantengesellschaft. Beginn der Liebesbeziehung zu Christine Hogel. Beginn der Übersetzung der Dramen Shakespeares ins Deutsche (erschienen 1762–1766). 1762: Neubelebung des Kontakts zu Sophie La Roche im »Musenhof« des Grafen Anton Heinrich Friedrich von Stadion auf Schloss Warthausen. In dessen umfangreicher Bibliothek macht sich Wieland mit der Aufklärungs- und Rokokoliteratur vertraut (Shaftesbury, Condillac, Helvetius, Voltaire, Chrébillon). 1764: Trennung von Christine Hogel nach Geburt der unehelichen Tochter Caecilia Sophie Christine. Erscheinen des an Cervantes orientierten Romans *Don Sylvio von Rosalva oder der Sieg der Natur über die Schwärmerei*. 1765: Erscheinen der Comischen Erzählungen. Eheschließung mit der Augsburger Kaufmannstochter Anna Dorothea von Hillenbrand. Aus der Ehe gehen vierzehn Kinder hervor. 1766–1767: Erscheinen des Romans *Geschichte des Agathon* (erster deutscher Entwicklungsroman). 1768: Erscheinen der Verserzählung *Musarion oder die Philosophie der Grazien*. Tod des Grafen Stadion. 1769: Übersiedlung nach Erfurt aufgrund der Ernennung zum Professor der Philosophie an der dortigen Universität. 1770 erscheint das Versepos *Die Grazien*. 1771: Rheinreise. Erscheinen des komischen Epos

Der Neue Amadis. Herausgabe der *Geschichte des Fräuleins von Sternheim* von Sophie von La Roche.

1772–1796

1772: Erscheinen des Staatsromans *Der goldne Spiegel oder Die Könige von Scheschian*. Wieland wird von Herzogin Anna Amalia als Erzieher der Prinzen nach Weimar berufen. 1773–1810: Herausgabe der Literaturzeitschrift *Der Deutsche Merkur* (später *Der Teutsche Merkur* und *Der Neue Teutsche Merkur*) nach dem Vorbild des französischen *Mercure de France*. 1773: Erscheinen der Singspiele *Alceste* und *Die Wahl des Herkules*. 1774: Beginn des Abdrucks der zeitkritischen Satire *Die Geschichte der Abderiten* (Buchausgabe 1781). *Die Geschichte des weisen Danischmend und der drei Kalender* (Buchausgabe 1795). 1775: Nach dem Regierungsantritt von Herzog Carl August erhält Wieland seine Entlassung mit einer Pension auf Lebenszeit und lebt künftig als freier Schriftsteller, Kritiker und Übersetzer. Beginn der Freundschaft mit Goethe. 1776: Eintreffen Herders in Weimar. 1777: Reise nach Frankfurt a. M. 1778: Kritik der spekulativen Vernunft in dem Aufsatz *Was ist die Wahrheit?* 1781: Erscheinen des romantischen Gedichts *Oberon*. 1787: Zusammenarbeit mit Friedrich Schiller, der häufig in Wielands Haus verkehrt. 1788: *Gedanken über den freyen Gebrauch der Vernunft in Gegenständen des Glaubens*. Ab 1789 erscheinen im *Teutschen Merkur* mehrere Beiträge Wielands zur Französischen Revolution. 1791: Buchausgabe des Romans *Geheime Geschichte des Philosophen Peregrinus Proteus* (auszugsweise bereits 1788/89 im *Teutschen Merkur*) 1794: Beginn der Veröffentlichung der *Sämtlichen Werke* bei Georg Joachim Göschen. 1796: Reisen nach Leipzig, Dresden und Zürich. Bekanntschaft mit Johann Heinrich Pestalozzi und Johann Kaspar Lavater. Herausgabe der Zeitschrift *Attisches Museum* (1796–1802).

1797–1803

1797: Umzug auf das Landgut Oßmannstedt bei Weimar, mit dem Wieland für sich und seine Familie »eine Insel des Friedens und des Glücks« zu schaffen versucht. Beginn der Freundschaft mit Herder. 1799: Sophie von La Roche und deren Enkelin Sophie Brentano besuchen Wieland in Oßmannstedt. Erscheinen des Romans *Agathodämon. In sieben Büchern* und der *Gespräche unter vier Augen*. 1800: Tod der 25-jährigen Sophie Brentano auf Gut Oßmannstedt. 1800/01: Erscheinen des Romans *Aristipp und einige seiner Zeitgenossen*. 1801: Tod Dorothea Wielands. 1802/03: Heinrich von Kleist kommt als Gast nach Oßmannstedt. 1803: Verkauf des Landguts und Rückkehr nach Weimar.

1804–1813

1804: Erste Begegnung mit Madame de Stael. 1805: Herausgabe der Zeitschrift *Neues Attisches Museum* (1805–1809) 1807: Sophie von La Roche stirbt in Offenbach. Tod der Herzogin Anna Amalia. 1808: In Weimar und Erfurt begegnet Wieland Napoleon, der ihn mit dem Kreuz der Ehrenlegion auszeichnet. Kurz darauf Verleihung des Sankt-Annen-Ordens durch Zar Alexander I. 1809: Eintritt in die Freimaurerloge »Anna Amalia zu den drei Rosen«. 1813: Am 20. Januar stirbt Wieland in Weimar. Die Beisetzung erfolgt im Park von Oßmannstedt an der Seite seiner Frau und Sophie Brentanos.

Literaturhinweise

I. Christoph Martin Wieland – Primärliteratur

Sämmtliche Werke. 39 Bde. u. 6 Supplement-Bde. nebst »Wielands Leben« von J. G. Gruber. Reprint der »wohlfeilen Göschen-Volksausgabe letzter Hand« 1794–1811. Herausgegeben von der »Hamburger Stiftung zur Förderung von Wissenschaft und Kultur« in Zusammenarbeit mit dem »Wieland-Archiv«, Biberach/Riß, und Hans Radspieler, Neu-Ulm. Nördlingen 1984. [Im vorliegenden Band abgekürzt: SW.]

Gesammelte Schriften. 21 Bde. Herausgegeben von der Preußischen Akademie der Wissenschaften. Berlin 1909–1940. Reprint Hildesheim 1986f.

Werke. Herausgegeben von Manfred Fuhrmann, Gonthier-Louis Fink, Klaus Manger. Frankfurt am Main 1986ff. [3 Bde.]

Schriften zur deutschen Sprache und Literatur. Herausgegeben von Jan Philipp Reemtsma, Hans Radspieler und Johanna Radspieler. Frankfurt am Main 2005.

Geschichte des Agathon. Unter Mitwirkung von Reinhard Döhl herausgegeben von Fritz Martini. Stuttgart 1979. [Im vorliegenden Band abgekürzt: GA.]

Briefwechsel. Herausgegeben von der Berlin-Brandenburgischen Akademie der Wissenschaften. Berlin 1963ff.

II. Sekundärliteratur

1. Einführungen, Gesamtdarstellungen

Brender, Irmela: Christoph Martin Wieland. Mit Selbstzeugnissen und Bilddokumenten. 3. Aufl. Reinbek 2003.

Jørgensen, Sven-Aage u.a.: Christoph Martin Wieland. Epoche, Werk, Wirkung. München 1986.

Schaefer, Klaus: Christoph Martin Wieland. Stuttgart, Weimar 1996.

Schmidt, Arno: Wieland oder die Prosaformen. In: Ders.: Dya na sore. Gespräche in einer Bibliothek. Karlsruhe 1958. S. 231–275.

Starnes, Thomas C.: Christoph Martin Wieland. Leben und Werk. Aus zeitgenössischen Quellen chronologisch dargestellt. 3 Bde. Sigmaringen 1987.

Zaremba, Michael: Christoph Martin Wieland. Aufklärer und Poet. Eine Biografie. Köln, Weimar, Wien 2007.

2. Monographien, Aufsätze

Erhart, Walter: Entzweiung und Selbstaufklärung. Christoph Martin Wielands »Agathon«-Projekt. Tübingen 1991.

Frick, Werner: Providenz und Kontingenz. Untersuchungen zur Schicksalssemantik im deutschen und europäischen Roman des 17. und 18. Jahrhunderts. Tübingen 1988.

Heinz, Andrea (Hrsg.): »Der Teutsche Merkur« – die erste deutsche Kulturzeitschrift? Heidelberg 2003.

Jacobs, Jürgen: Wielands Romane. Bern u. München 1969.

Jordheim, Helge: Der Staatsroman im Werk Wielands und Jean Pauls. Gattungsverhandlungen zwischen Poetologie und Politik. Tübingen 2007.

Manger, Klaus: Klassizismus und Aufklärung. Das Beispiel des späten Wieland. Frankfurt am Main 1991.

Michel, Sascha: Ordnungen der Kontingenz. Figurationen der Unterbrechung in Erzähldiskursen um 1800 (Wieland – Jean Paul – Brentano). Tübingen 2006.

Oettinger, Klaus: Phantasie und Erfahrung. Studien zur Erzählpoetik Christoph Martin Wielands. München 1970.

Petersdorff, Dirk von: Das Gerede danach. Christoph Martin Wieland therapiert die Aufklärung. In: Ders.: Verlorene Kämpfe. Essays. Frankfurt am Main 2001. S. 50–55.

Preisendanz, Wolfgang: Die Auseinandersetzung mit dem Nachahmungsprinzip in Deutschland und die besondere Rolle der Romane Wielands (›Don Sylvio‹, ›Agathon‹). In: Nachahmung und Illusion. Herausgegeben von Hans Robert Jauss. München 1964. S. 72–93.

Reemtsma, Jan Philipp: Der Liebe Maskentanz. Aufsätze zum Werk Christoph Martin Wielands. Zürich 1999.

Reemtsma, Jan Philipp: Das Buch vom Ich. Christoph Martin Wielands »Aristipp und einige seiner Zeitgenossen«. München 2000.

Rorty, Richard: Kontingenz, Ironie und Solidarität. 2. Aufl. Frankfurt am Main 1993.

Schelle, Hansjörg (Hrsg.): Christoph Martin Wieland. Wege der Forschung. Darmstadt 1981.

Vogl, Joseph: Kalkül und Leidenschaft. Poetik des ökonomischen Menschen. München 2002.

Fischer Klassik

Mein Klassiker
Autoren erzählen
vom Lesen
Band 90001

Jane Austen
Stolz und Vorurteil
Band 90004

Giovanni Boccaccio
Das Dekameron
Band 90006

Karl Marx
Das große Lesebuch
Herausgegeben von
Iring Fetscher
Band 90002

**Phantastisch zwecklos
ist mein Lied**
Deutsche Gedichte
vom Mittelalter bis zur
Klassischen Moderne
Band 90003

Honoré de Balzac
Die Frau von dreißig Jahren
Band 90005

Miguel de Cervantes Saavedra
**Don Quixote von
la Mancha**
Übersetzt von Ludwig Tieck
Band 90007

Choderlos de Laclos
Schlimme Liebschaften
Übersetzt von Heinrich Mann
Band 90025

Dante Alighieri
Die Göttliche Komödie
Band 90008

Charles Dickens
David Copperfield
Band 90009

Fjodor Dostojewskij
Verbrechen und Strafe
Neu übersetzt von S. Geier
Band 90010

Das ausführliche Programm von Fischer Klassik
finden Sie unter:
www.fischer-klassik.de

Fischer Taschenbuch Verlag

fi 666 040 / 1 / a

Fischer Klassik

Franz Kafka
**Das Urteil /
Die Verwandlung**
Originalfassung
Band 90020

Immanuel Kant
**Zum ewigen Frieden
und andere Schriften**
Band 90021

Gottfried Keller
**Kleider machen Leute /
Romeo und Julia
auf dem Dorfe**
Band 90022

Heinrich von Kleist
Michael Kohlhaas
Band 90023

Adolph Freiherr Knigge
**Über den Umgang
mit Menschen**
Band 90024

Heinrich Mann
Der Untertan
Band 90026

Thomas Mann
**Der Tod in Venedig und
andere Erzählungen**
Band 90027

Prosper Mérimée
**Carmen und
andere Novellen**
Band 90028

Michel de Montaigne
**Von der Freundschaft
und andere Essais**
Band 90029

Das Nibelungenlied
Mittelhochdeutscher Text
und Übertragung. Band 1
Band 90131

Das ausführliche Programm von Fischer Klassik
finden Sie unter:
www.fischer-klassik.de

Fischer Taschenbuch Verlag

fi 666 040 / 1 / c

Fischer Klassik

Das Nibelungenlied
Mittelhochdeutscher Text
und Übertragung. Band 2
Band 90132

Edgar Allan Poe
**Der Untergang des
Hauses Usher und
andere Erzählungen**
Band 90031

Friedrich Schiller
**Die Räuber /
Kabale und Liebe**
Band 90032

Gustav Schwab
**Die schönsten Sagen des
klassischen Altertums**
Band 90033

William Shakespeare
Hamlet
Übertragen von
August Wilhelm Schlegel
Band 90034

Sophokles
Antigone / König Ödipus
Band 90035

Theodor Storm
**Der Schimmelreiter /
Immensee**
Band 90036

Mark Twain
**Die Abenteuer
von Tom Sawyer**
Band 90037

Virginia Woolf
Mrs Dalloway
Übersetzt von
Walter Boehlich
Band 90038

Carl Zuckmayer
**Der Hauptmann
von Köpenick**
Band 90039

Das ausführliche Programm von Fischer Klassik
finden Sie unter:
www.fischer-klassik.de

Fischer Taschenbuch Verlag

fi 666 040 / 1 / d